吉林振兴丛书
JILIN ZHENXING · CONGSHU

◎刘立新　丁晓燕　丛书主编

东北振兴与吉林新型城镇化

◎崔　巍　李　平　王天新　著

吉林文史出版社

图书在版编目（CIP）数据

东北振兴与吉林新型城镇化 / 崔巍, 李平, 王天新著 . — 长春 : 吉林文史出版社 , 2023.9
（吉林振兴丛书 / 刘立新 , 丁晓燕主编）
ISBN 978-7-5472-9667-7

Ⅰ . ①东… Ⅱ . ①崔… ②李… ③王… Ⅲ . ①城市化 —研究—吉林 Ⅳ . ① F299.273.4

中国国家版本馆 CIP 数据核字 (2023) 第 157770 号

吉林振兴丛书

东北振兴与吉林新型城镇化

DONGBEI ZHENXING YU JILIN XINXING CHENGZHENHUA

丛书主编：刘立新　丁晓燕
本书著者：崔　巍　李　平　王天新
出 版 人：张　强
责任编辑：钟　杉　王　新　马铭烩
封面设计：杨兆冰
出版发行：吉林文史出版社
电　　话：0431-81629357
地　　址：长春市福祉大路5788号
邮　　编：130117
网　　址：www.jlws.com.cn
印　　刷：吉林省吉广国际广告股份有限公司
开　　本：710mm×1000mm　1/16
印　　张：17.5
字　　数：250千字
版　　次：2023年9月第1版
印　　次：2023年9月第1次印刷
书　　号：ISBN 978-7-5472-9667-7
定　　价：138.00元

"吉林振兴丛书"编委会

丛书主编: 刘立新　丁晓燕

编　　委: 刘　颖　刘　辉　杨春风　佟大群

张丽娜　金美花　周笑梅　赵光远

郭永智　郭连强　蒋　戎

序

　　党中央高度重视东北地区发展，2003年作出实施东北地区等老工业基地振兴战略的重大决策，出台了一系列支持东北地区振兴发展的政策措施。历经20年的凤凰涅槃，东北老工业基地再现繁荣与发展新面貌。

　　2003年，中央出台《中共中央 国务院关于实施东北地区等老工业基地振兴战略的若干意见》，明确提出"支持东北地区等老工业基地加快调整改造，是党中央从全面建成小康社会全局着眼作出的又一重大战略决策，各地区各部门要像当年建设沿海经济特区、开发浦东新区和实施西部大开发战略那样，齐心协力，扎实推进，确保这一战略的顺利实施"，拉开振兴东北老工业基地的序幕。

　　在党中央领导下，2003—2013年，东北振兴取得阶段性成果。经济总量迈上新台阶，东北三省地区生产总值年均增长10.3%。体制机制改革初见成效，增值税转型、农业税减免、国有企业政策性破产、豁免企业历史欠税等重大改革在东北地区先行先试，90%的国有工业企业完成产权制度改革，国有企业竞争力明显增强。产业竞争优势逐渐显现，大型发电设备、特高压输变电设备、高档数控加工中心、重型数控机床等一批重大装备成功研制，一批龙头企业重塑行业竞争力，能源原材料、食品工业等产业规模大幅提升。2016年，中央出台《中共中央 国务院关于全面振兴东北地区等老工业基地的若干意见》，进一步明确了新时期推动东北振兴的新目标、新要求、新任务、新举措，标志着东北振兴进入了全面振兴新阶段。党的十八大以来，习近平总书记多次赴东北地区考察，召开专题座谈会，对东北全面振兴作出系列重要讲话和指示批示，充分体现了以习近平同志为核心的党中央对东北全面振兴的高度重视和殷切期望，为新时代推进东北振兴提供了根本遵循。2019年，党中央、国务院对支持东北地区深化改革创新推动高质量发展作出重要部署。2020年，党的十九届五中全会要求"推动东北振兴取得新突破"。在各方面的共同努力下，东北地区经济运行逐步企稳，营商环境进一步优化，结构调整扎实推进，粮食综合生产能力显著提升，基础设施不断完善，社会事业蓬勃发展，人民生活水平不断提高。2020年，东北三省实现地区生产总值5.1万亿元，人均地区生产总值5.2万元，常住人口城镇化率67.7%。2021年，国务院关于《东北全面振兴"十四五"实施方案》的批复正式公布。批复强调，内蒙古自治区、辽宁省、吉林省、黑龙江省人民政府要深化改革开放，强化政策保障，优化营商环境，推动实施一批对东北全面振兴具有全局性影响的重点项目和重大改革举措，着力增强内生发展动力。

20年来，吉林省振兴发展取得了重大进展和积极成效，各项事业也取得了显著成就。吉林省立足于自身发展现状、国家"双循环"发展新格局的总体要求以及中央对东北振兴提出的"五大安全"要求，充分发挥创新优势、产业优势、资源优势、区位优势，大力推进高质量发展，释放吉林发展潜力，积极融入国家"双循环"新发展格局。在习近平总书记三次视察吉林重要讲话重要指示精神指引下，经济社会全面发展，振兴步伐坚实稳健。一是经济运行稳中向好。全力打造现代新型汽车和零部件、农产品及其深加工和食品细加工、冰雪和避暑休闲生态旅游这三个万亿级大产业。2021年，GDP（国内生产总值）增速在全国位次有所提升，在东北三省一区居于首位。固定资产投资增速已经连续两年居全国第四位。10年间，粮食产量连续跨上700亿斤、800亿斤两个大台阶，2021年，粮食产量增长率在全国居第一位，以2%的土地面积贡献了5.92%的粮食产量。二是重大项目蓄势赋能。中车松原新能源基地、吉化120万吨乙烯、西部"陆上风光三峡"、东部"山水蓄能三峡"、沿边开放旅游大通道等一大批重点项目陆续开工建设。三是创新能力大幅提升。在区域创新能力全国排名中，2021年，吉林省前进9个位次，上升幅度最大。长春自主创新示范区、长春国家农业高新技术产业示范区相继获得国家批准并启动建设。高铁变轨等一批关键核心技术取得突破，"吉林一号"在轨运行卫星达到70颗，建成了我国目前最大的商业遥感卫星星座。四是营商环境持续优化。投资平台在线审批率居全国首位，不动产登记效率居全国第二位，连续两年新登记市场主体增速居全国第三位。五是人民生活显著改善。2020年迈入全面小康社会，70万人摆脱贫困。2021年脱贫群众人均收入同比增长20.18%，增速排在东北三省一区首位。六是生态强省建设全面推进。大气、水、土壤等多项生态环境指标持续改善，空气优良天数达到94%。长白山、查干湖等旅游品牌叫响全国，冰雪旅游市场占有率稳居全国第一。

吉林省社会科学院（社科联）是中共吉林省委直属的、全省唯一一家哲学社会科学综合性研究机构。长期以来，吉林省社会科学院在坚持基础研究，保持传统学科优势的同时，注重发展地方特色，大力加强应用研究。现有一支从事东北振兴、吉林振兴研究的科研队伍并取得了一批重要的东北振兴研究成果，为东北振兴吉林振兴提供了智慧支持。在东北振兴20年之际，吉林省社会科学院推出"吉林振兴丛书"，旨在全面总结20年来吉林省振兴发展取得的重要进展和积极成效，发现问题，直面短板，探求路径，助力吉林省高质量发展。

本系列丛书共七本，分别是《东北振兴与吉林产业转型升级》《东北振兴与吉林农业农村现代化》《东北振兴与吉林民生建设》《东北振兴与吉林旅游高质量发展》《东北振兴与吉林新型城镇化》《东北振兴与吉林社会治理》《东北振兴与吉林绿色发展》。本系列丛书全面总结了东北振兴过程中吉林省经济转型、民生建设、社会治理以及绿色发展等问题，再现了吉林振兴取得的成果，分析了存在的问题，探寻了东北振兴的吉林之路。

"推动东北全面振兴取得新突破"，实现吉林振兴，是国家区域协调发展战略的重要组成部分，事关我国区域发展总体战略布局，事关我国新型工业化、信息化、城镇化、农业现代化的协调发展。吉林省是我国重要的工业和农业基地，维护国家国防安全、粮食安全、生态安全、能源安全、产业安全的战略地位十分重要，关乎国家发展大局，实现吉林振兴新突破是新时代党中央、国务院赋予吉林省的新使命。本系列丛书立足于为党委和政府打造有价值的决策咨询研究成果，必将增强社会各界对东北振兴，尤其是对吉林振兴发展的关注度，为东北地区，尤其是吉林省相关部门的决策提供一些有价值的参考意见。

未来，在习近平新时代中国特色社会主义思想指引下，吉林省将在东北振兴、吉林振兴研究上再接再厉，提供更高层次、更高水平的理论成果，为东北振兴、吉林振兴作出更大的贡献。

2023年6月

于长春

目　录

第一章

东北振兴背景下推进新型城镇化的重大意义

2003年东北振兴战略实施以来，吉林省综合考虑国家新型城镇化要求和我省城镇化发展态势，把握国家新型城镇化政策导向，以人的城镇化为核心，以提高城镇化质量为重点，以体制机制创新为动力，围绕创新发展、统筹发展、绿色发展、开放发展、安全发展，打造吉林特色，坚持质量与速度双提升，走出一条以人为本、四化同步、优化布局、生态文明、传承文化的新型城镇化道路。对新时代全省经济社会高质量发展、全面振兴、全方位振兴具有重要意义。

第一节　新型城镇化的基本概念

一、城镇化

按照国家《城市规划基本术语标准》，城镇化的含义是"人类生产和生活方式由乡村型向城市型转化的历史过程，表现为乡村人口向城市人口转化，以及城镇不断发展和完善的过程"。所谓城镇化就是城镇形成和发展的过程和结果。其核心是产业结构以及就业结构变动的结果，表现是人口的空间转移。城镇化的结果是通过城镇化实现产业、人口等的合理布局，最终消灭城乡差别。

一是人口迁移。即：农村剩余劳动力在城乡空间上的迁移，即有序推进农业转移人口市民化，部分农村剩余劳动力进入城市，逐渐地转为从事二、三产业的城市人口，进入城市生活并真正转换为市民。二是产业演进。即：非农产业尤其是第三产业向城镇聚集，即在整个国民经济当中，非农产业尤其是服务业所占的比重越来越大，农业的比重越来越小。三是就业转型。即：农村中农业劳动力向非农业劳动力转移，即随着农业劳动生产率、土地生产率和农产品商品率的不断提高，农业部门富余劳动力向农村内部和外部的非农产业部门转移，这是人类社会经济发展的共同规律。四是城乡一体。即：基本实现城乡公共服务的均等化或均质化，原有城乡分割的二元结构破除，相应的社会结构和社会管理方式等随之变化，形成城乡机会平等、城乡差距逐步缩小的局面，最终达到共同富裕。

二、新型城镇化

新型城镇化概念既不同于传统城镇化，也不同于西方城市化，而是我国在社会经济发展过程中提出的一个具有中国特色的独特概念。

（一）我国新型城镇化的提出

城镇化概念的出现晚于城市化概念。新型城镇化概念又是在城镇化概念的基础上形成的。城镇化和新型城镇化都是中国本土创造的新词。党的十七大报告对新型城镇化做了进一步补充：走中国特色城镇化道路，按照统筹城乡、布局合理、节约土地、功能完善、以大带小的原则，促进大中小城市和小城镇协调发展。党的十八大报告中又明确提出："坚持走中国特色新型工业化、信息化、城镇化、农业现代化道路，推动信息化和工业化深度融合、工业化和城镇化良性互动、城镇化和农业现代化相互协调，促进工业化、信息化、城镇化、农业现代化同步发展。"站在时代的制高点上，回望国家历次关于推进新型城镇化发展重要决定的精神脉络，可以清楚地看到：符合中国国情的中国特色社会主义城镇化和新型城镇化的内涵完全是一致的，新型城镇化概念本身已经含有中国特色和中国特色社会主义的性质。故而，本文在研究中，统一使用新型城镇化概念。

新型城镇化的本质就是：以中国国情为基础，以经济社会发展为目的，以人民根本利益为出发点，在尊重城镇化一般规律和吸取国内外城镇化经验教训的前提下，走出一条具有中国特色的新型城镇化发展道路，以实现我国新型城镇化进程又好又快的发展。新型城镇化的具体内容就是以人口城镇化为核心，以城市群为主体形态，以综合承载力为支撑，以体制机制为保障，产业发展、就业转移和人口集聚相统一，走以人为本、集约高效、绿色智能、以新型工业化道路带动城镇化、工业化和信息化并存、四化同步的中国特色新型城镇化道路。

（二）新型城镇化的内涵

新型城镇化作为我国城镇化发展的必然趋势和历史转折的需要，是城市转型及其健康稳定发展的全新引擎，有着十分丰富的科学内涵，涉及地理学、经济学、生态学、人口学、资源环境学、社会学等多个学科和视角，是一个非常复杂的系统工程，需要运用综合性的科学思维循序渐进地实现，但是至今为止尚未形成明确统一的界定标准，学者们从不同学科和视角赋予其许多不同的概念（表1-1）。

表1-1　学者关于新型城镇化的概念界定

主要学者	主要观点
王发曾	新型城镇化与传统城镇化有着根本区别，是有中国特色的健康城镇化，包括功能、结构、质量的内涵优化和规模、数目、地域的外延扩张，是能够适应和推动社会进步与生产力提高的城镇生产生活方式、性质状态逐步扩展和深化的过程
彭红碧	新型城镇化以科学发展观为引领思想，以集约化和生态化为发展模式，以城镇功能的多元化和城镇体系的合理化为基本内容，以城乡一体化为基本目标
张占仓	新型城镇化与传统城镇化相对而言，是经济高效、资源节约、环境友好、社会和谐、文化繁荣、大中小市与小城镇协调、城乡互促共进、个性鲜明的城镇化
牛文元	新型城镇化重点在于城乡一体化，着力改善农村和新增城镇居民的生活生存质量，根本上是城乡动力、城乡质量和城乡公平的有机统一
张占斌	新型城镇化强调要素城镇化与人的城镇化的双核驱动、协调并举，强调水平适当、速度适中、城乡协调、布局合理和发展可持续，包括四化协调、产城融合、城乡统筹和农村文明延续；人口、资源、经济和环境协调，生态文明和中华民族永续发展；以城市群为主体，大中小城市与小城镇协调；农业转移人口市民化和公共服务协调的全面发展
王凯	新型城镇化是未来社会经济发展的必然选择，内涵主要体现在五个方面，即：以人为本、四化协调、布局合理、生态文明和弘扬文化
单卓然	新型城镇化是以民生、质量和可持续发展为核心内涵，以幸福、平等、绿色、转型、集约、健康城镇化为目标，以区域统筹与协调、产业升级和低碳转型、集约高效和生态文明、体制化的改革与创新为重点内容的城镇化过程
马永欢	新型城镇化以城镇化、工业化、农业现代化和信息化的同步发展为导向，以城乡统筹为特征，以资源节约型和环境友好型"两型"社会的建设为契机，以城乡均质化理念为纲领，提升农村生产生活与文化方式，实现土地的单一资源属性向"资源—资产—资本"方向转变
方创琳	新型城镇化是高效低碳、节约创新、智慧平安、生态环保的可持续健康城镇化，是一种综合型、质量型、主动型、渐进式、市场主导型的城镇化，与全面建成小康社会和实现可持续现代化的战略目标一致

综上所述，新型城镇化是时代背景下的产物，即：新型城镇化是在科学发展观和可持续发展理念引领下，坚持四化协调、生态文明、城乡统筹、集约高效和因地制宜等基本原则，将以人为本理念贯穿于城镇化发展始终，通过实现人口城镇化、提升城镇化质量、优化城镇化格局以及创新体制机制等，探索并创新城镇化发展的新模式、新机制和新路径，最终促进经济转型升级与社会和谐进步的城镇化过程，是一种可持续的城镇化发展道路。

新型城镇化是以新型工业化为基本动力，统筹兼顾，核心是"以人为本"，重点是提高城市生态化、城市现代化、农村城市化水平，以此全面提高城镇化质量。走科学发展、功能完善、社会和谐、特色鲜明、城乡一体的城镇化发展道路。新型城镇化是"六位一体"，即社会公平和谐、空间结构合理、智慧城市创建、经济持续增长、资源有效利用、环境友好保护的六位一体的"城镇化"（图1-1）。

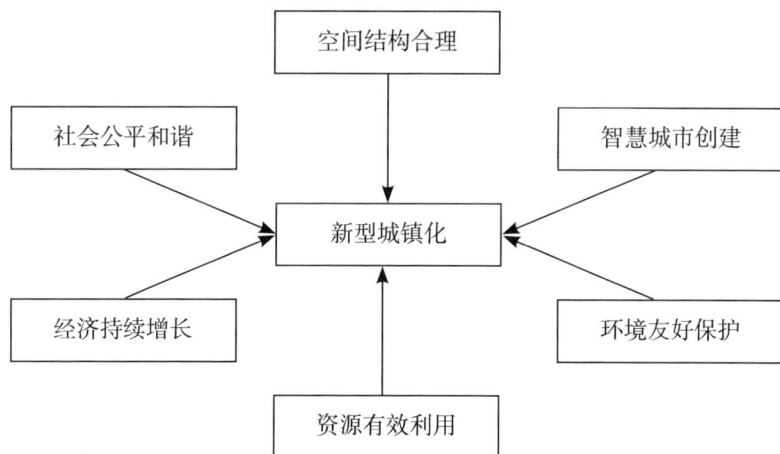

图1-1 新型城镇化的内涵

（三）新型城镇化的特点

新型城镇化建设的关键，依然是农村人口向城市转移的问题，并完成农民到市民的转变。但是与传统城镇化进行比较，我国推进的新型城镇化，具有鲜明的国情特色和制度特色。它既不同于以往国外发达国家的城市化道路，也不同于拉美一些发展中国家的城镇化道路。中国的新型城镇化具有以下四个鲜明的特征：

1.技术引领

新型城镇化是与工业化、农业现代化协调发展的城镇化。

城镇化是工业化的依托，是农业现代化的支撑，相互联系，相互促进。推进城镇化，要充分发挥工业化的引领作用、农业现代化的基础作用，实现"三化"有机融合。同时，新型城镇化要从城乡分割的现实出发，注重工业反哺农业、城市支持农村；注重城市公共服务向农村覆盖、城市时代文明向农村扩散，让城镇化的进程成为促进农业增效、农民增收、农村繁荣的过程，以形成城乡互补、共同发展的良好格局。为农业和农村的发展创造更有利的条件，使落后的二元经济结构转变为工业化城镇化协调推进、城市和农村协调发展的一元化现代化结构。

2.低碳节约

新型城镇化是人口、经济、资源和环境相协调的城镇化。

新型城镇化按照"资源节约和环境友好"的要求，依托城镇的资源和环境承载能力聚集产业和人口，努力发展低耗经济、低碳经济、循环经济，节能减排，保护和改善生态环境，按照城市标准，对垃圾、污水、噪声等污染物进行达标处理和控制，增加绿地、林地面积，突出城市生态建设，推动城市与自然、人与城市环境和谐相处，建设生态城市。保障城镇化的质量、效益和福利，实现城镇化的可持续推进。

3.格局优化

新型城镇化是大、中、小城市与小城镇协调发展的城镇化。

以资源环境承载能力和公共服务功能配套完善为原则，合理控制大城市过度扩张，加快健全中小城市硬件设施和软件服务，注重产业的合理布局与配套集群发展；注重做大做强新兴产业，尤其是现代服务业；注重生产和工艺流程创新升级，推动城镇向数字域、信息域、智能域、知识域方向发展，引导人口和产业集中集聚，形成大、中、小城市合理有序发展格局，促使城镇地理空间优化、中心城市与卫星城镇共同繁荣，造就城镇宜居、宜业、宜游的环境。

4.以人为本

新型城镇化是人口集聚、"市民化"和公共服务协调发展的城镇化。

只有劳动力的非农业化和劳动力的空间转移不是真正意义上的城镇化，仅有人口的集聚和产业的优化，而不能让进城农民享有基本的公共服务，没有生活质量的提升、人居环境的改善也称不上高质量的城镇化。要改革城镇人口社会管理制度，逐步建立城乡统一的居住地登记体制，让外来常住人口在医疗、教育、养老、失业救济等方面与城市人口享受平等的权利，赋予外来落户人口以完全的"市民权"。

关于这些特点，《中共中央关于全面深化改革若干重大问题的决定》明确指出："坚持走中国特色新型城镇化道路，推进以人为核心的城镇化，推动大中小城市和小城镇协调发展、产业和城镇融合发展，促进城镇化和新农村建设协调推进。优化城市空间结构和管理格局，增强城市综合承载能力。"

第二节　新型城镇化的理论基础

一、城镇化相关理论

城市发展理论是基于西方发达国家的城镇化实践逐步形成的。迄今为止，西方发达国家的城镇化已经经历了四个发展阶段，即初级城镇化阶段、少数城市郊区化阶段、城市郊区化阶段、后城镇化阶段。在城镇化初级阶段，农村人口大量向城市转移，农业劳动力向工业生产转移，这使城市人口在这一阶段快速膨胀。在少数城市郊区化阶段，虽然城市人口仍然在不断增加，但随着城市中心区域公共服务设施的健全和完善，城市中心区域地价不断上升。少数城市的一些工业部门开始向外迁移，伴随着产业的转移，少数居民迁移到城市郊区。在城市郊区化阶段，由于城市中心区域的生活成本上升、交通拥挤、产业结构变化，大量的城市居民开始向郊区转移。在这一阶段会出现城市中心区人口减少而城市郊区人口大量增加的现象。第四阶段是后城镇化阶段。经历了城市郊区化阶段，城市郊区的人口也大量膨胀，变得十分拥挤。这迫使相当一部分城市居民开始向更加外围的区域转移。通常，学术界又把这一现象称为"逆城镇化现象"。逆城镇化现象是由于城市环境、产业结构、人们的生活观念等综合性因素造成的。西方发达国家的这一过程主要发生在20世纪60年代。逆城镇化并不是对城镇化本身的否定和倒退，相反，它是城镇化的另一种形式，是更高水平、更高发展阶段的城镇化，它包括两个方面：一方面是城市居民搬迁到城市外围区域，二是大城市的人口迁移到附近的小城镇。

（一）中心地理论

中心地理论是从地理学的视角认识和研究城镇化问题的理论。其代表人物是著名德国地理学家克里斯泰勒。克里斯泰勒在《德国南部的中心地》一书中系统地提出了中心地理论。和许多其他理论一样，中心地理论的前提是一系列的基本假设：第一，一定区域内的人口要均匀分布；第二，研究区域是平原地区；第三，研究的区域要相对封闭，不与外界发生联系；第四，按照利润进行布局和分配。基于这四个方面的假设条件，克里斯泰勒认为："城镇是区域的核心，应建在位于乡村中心的地点，起周围乡村中心地的作用；中心地依赖于收集输送地方产品，并向周围乡村人口提供所需货物和服务而存在。"克里斯泰勒认为："城市的基本功能是作为其腹地的服务中心，为其腹地提供中心性商品和服务，如零售、批发、金融、企业、管理、行政、专业服务、文教娱乐等。由于这些中心性商品和服务依其特性可分成若干档次，因而城市可按其提供的商品和服务的档次划分成若干等级，各城市之间构成一个有规则的层次关系。这样，高级中心地才有可能提供高档货物和服务，称之为'高级中心地功能'，低级中心地则没有这种功能。根据是否提供高档货物和服务，可以决定某一中心地在中心地系统中的位置。"克里斯泰勒的中心地理论只能用来说明个别城市的产生和发展，但是面对各种各样不同规模和类型的城市的产生和发展却明显缺乏说服力和解释力。其根本原因在于这一理论是基于一系列假设基础上的理论推导，而不是对城镇化发展实践的理论归纳和总结。中心地理论的意义在于较早地给我们提供了一种认识和研究城镇化的科学视角。

（二）增长极理论

增长极理论最初由法国经济学家佩鲁（Francois Perroux）提出，他认为，一个国家理论上不可能平衡发展，在现实中，经济增长通常是从一个或数个"增长中心"逐渐向其他部门或地区传导。法国经济学家布代维尔认为，增长极在经济场域中不断涌现，在区域中，经济中心围绕增长极发展，不断推进复合体城镇出现和发展。因此，他主张，通过"最有效地规划配置增长极并通过其推进工业的机制"，来促进区域经济的发展。经济增长极自身拥有强大的规模效应，作为一个区域的经济发展核心力量，对其他经济也具有支配效应和极化与扩散效应。

（三）点轴开发理论

点轴开发模式是增长极理论发展的延伸，认为经济区域内一个增长极形成的过程，必然吸纳周围的生产要素，并对周边地区产生极化作用，当吸收作用达到一定程度之后，增长极将发生几何类乘数效应，向周围地区不断辐射，带动周围区域产业发展和经济增长。这意味着，经济中心的主导产业形成过程，既依赖于自身的产业资源基础，又得益于周边地区的要素流动，在点对点的链接和点轴发展之中，主导产业地位逐渐巩固，后向联系产业和旁侧联系产业乘数效应不断增强。

（四）新城市主义理论

新城市主义是20世纪90年代初针对城郊问题形成的新的城市规划理论，这种理论主张借鉴美国战后城市发展和建设的模式，塑造具有生活氛围、功能齐全的社区，取代郊区蔓延的发展模式。它反对僵化的行政区划，主张利用规划设计熟人社会的邻居关系，在基于互相联动、互相认同、自然友好的设计理念之上，减少对土地和资源的消耗，实现高质量发展。可见新城市理论引入了环保、和谐、宜居、综合功能性等要素，与我国城镇化道路的发展理论和发展路径相耦合，也为新型城镇化建设提供了借鉴。

（五）推拉理论

推拉理论认为，劳动力迁移是由迁入与迁出地的工资差别所引起的。迁移的推拉因素除了更高的收入以外，还有更好的职业、更好的生活条件、更好的受教育的机会，以及更好的社会环境等。对流动人口来说，原居住地的不利因素形成推力，促使大量人口离开原住地，向更具有有利因素的地区迁移，而迁入地的"比较优势"成为"拉力"，不断吸引怀着改善生活愿望的移民迁入。我国长期以来形成的城乡二元差距导致近些年大量的人口流动，为城镇化发展和研究带来的新的问题，如城镇化流动人口市民化问题、中小城镇空心化问题等等，对二元结构的推拉力量进行分析才能解决这些问题，进而找到平衡的路径。

（六）生态学派理论

突出强调以人为本，即在城镇化过程中的人与自然和环境的关系。主张城镇化的发展要注重人与环境、人与自然的和谐共存。生态学派理论主张通过科学城市规划、合理的城市布局以实现人和自然环境相互适应、相互协调的目标。生态学派理论的众多学派之中比较有代表性的是新城市理论。20世纪后期，欧美发达国家的城市长期出现了城市郊区化现象，城市的中心区域作用不再明显。针对这一现象，社会学者提出了新城市理论。内容如下：一是加强维护城市的独有文化和城市特点；二是着力加强城市的品质；三是城市设计要考量众多因素并使之有机结合。这对我们当前一些老旧城区的改造具有重大的现实意义。生态学派理论的代表人物有卡斯托、帕克等，生态学派理论的一大特征是把自然界的一系列规律和理论用于城镇化问题的研究。与其他城镇化理论相比，生态学派理论突出强调以人为本，强调人与自然的和谐，这都是我们所提倡的新型城镇化道路的重要特征。所以，生态学派理论对于当下城镇化问题的研究具有重大而特殊的意义。

（七）可持续发展理论

可持续发展一词在国际文件中最早出现于《世界自然资源保护大纲》。1987年，在《我们共同的未来》报告中，联合国世界环境与发展委员会提出了可持续发展的定义："既满足当代人的需要，又不对后代人满足其需要的能力构成危害的发展。"1992年，巴西里约召开了"世界环境与发展大会"，可持续发展理念真正被世人接受。此后，我国也将可持续发展理念应用于重大战略和政策研究项目。可持续发展包括三个基本原则：公平性、持续性、共同性。公平性原则强调不同地域、不同人群之间的代内公平以及代际公平，持续性原则强调在资源环境承载能力之内满足人类需求，共同性即要实现可持续发展需要人类共同合作。在公平性、持续性、共同性基本原则指导下，可持续发展理论追求经济、社会、生态三方面综合效益最高，它既包含人地关系认识研究、环境承载能力认识研究，又包含资源环境价值认识研究，还包括生态经济平衡理论研究。可持续发展理论中，人口社会追求的最终目标是实现不断发展和进步，进而提升物质生活水平和精神生活水平，这与城镇化的目标有极大相关性。实现城镇化的可持续发展是政府和相关学者最关注的问题。

将可持续发展理念应用于城镇化发展进程，可以提高资源利用效率，改善当前高投入、高消耗、高污染、低效益的粗放发展模式，有效解决经济发展与环境保护之间的矛盾关系，改进土地城镇化速度大于人口城镇化速度的空间无序发展现状；重视经济发展过程中产业结构调整，注重选择与区域发展相协调的产业结构，明确产业结构升级的思路，实现区域经济的可持续发展；真正实现"人"的城镇化，而不是人的数量的城镇化，真正实现进城农民在生活方式、发展状况上的市民化。

二、发展模式

随着城镇化实践素材的不断丰富，出现了"传统城镇化""特色城镇化""新型城镇化"等新概念，新型城镇化是城镇化发展的新阶段，是特色城镇化适应发展阶段的新要求与全球经济变化新趋势的必然性选择。

由于研究角度的差异，对新型城镇化概念的理解呈现出多样化特征，在众多新型城镇化概念界定的基础之上，新型城镇化在逻辑上是传统城镇化发展的自然结果，两者之间既有联系，又有区别；新型城镇化与传统城镇化的时代背景、侧重点、发展模式、动力机制都有区别，但两者并不是泾渭分明，新型城镇化是对传统城镇化的发展扬弃（表1-2）。总体上，传统城镇化概念更多地强调"硬件城镇化"，而新型城镇化将向"软件城镇化"转型；传统城镇化更多地强调"物的城镇化"，而新型城镇化更关注"人的城镇化"。因此，新型城镇化内涵的基本核心是"人的城镇化"，强调的是城镇内涵增长及质量持续升级，是依托于新型工业化的发展，以现代新兴技术为主要动力，以城乡一体化和城市现代化为目标的可持续发展的集约型城镇化。

表1-2 "传统城镇化"与"新型城镇化"的区别与联系

		传统城镇化	新型城镇化
区别	时代背景	农业经济、计划经济主导体制	农业经济向工业经济结构转型 计划经济向市场经济体制转型
	侧重方向	人口城镇化、城镇规模、空间扩张	城镇化质量提升、城乡统筹发展、资源环境与人的协调发展
	推进主体	各级政府	政府与市场
	发展模式	"自上而下"为主，"自下而上"为辅	"自下而上"为主，"自上而下"为辅
	动力机制	传统工业化	农业现代化、新型工业化、信息化
联系	新型城镇化是对传统城镇化的扬弃，吸收传统城镇化的精髓，如发挥政府的宏观引导作用、关注经济发展；新型城镇化摈弃传统城镇化中的不足，如忽视经济、社会、城乡、区域之间的协调发展		

（一）传统城镇化发展模式

传统城镇化发展模式是在传统发展观指导下的，与传统工业化和粗放的经济发展方式相适应的城镇化发展模式。这里是特指我们过去城镇化所走过的老路，是"旧的"模式，这种发展模式是以物为本，以城乡二元体制为基础，以政府主导推动，以经济增长，特别是城市经济增长为主要目标，以工业化为发展主线，以粗放型为发展方式，以土地城镇化为主要内容的不可持续的城镇化。这种发展模式会导致资源能源过度消耗，经济社会发展不协调，大中小城市和小城镇不协调，区域发展、城乡发展失衡，生态退化等一系列问题。同西方发达国家走过的路子一样，我国在城镇化发展过程中也形成了粗放式发展模式。在相当长的时期里，人们把发展等同于增长，采用高投入、高消耗、高污染、高排放的发展模式追求快速增长。在物质利益驱动下，城镇化的目标是为工业和经济增长服务，而非改善人民的生活。城市经济、开发区经济、乡镇企业经济快速发展，但随之而来的却是城镇化与工业化发展不协调、资源能源短缺、环境污染、生态失调、交通拥堵、贫富分化、城乡发展失衡等一系列严重问题，影响了人们生活质量的提高，也使城镇化走上不可持续的道路。虽然近年来的体制改革有力地推动了工业化和城镇化发展方式向良性方向发展，但无论是工业化还是城镇化，其发展进程都存在"路径依赖"，旧体制留下的政府配置重要经济资源、导向性的政绩评价标准，财税体制缺陷和要素价格扭曲等一系列"遗产"，使各级官员难于走出传统增长模式。

（二）新型城镇化发展模式

新型城镇化发展模式是与传统的、旧的发展模式相对而言的。它是指在科学发展观指导下的，与新型工业化和集约的经济发展方式相适应的城镇化发展模式。所谓新型工业化，就是以信息化带动工业化，以工业化促进信息化，走科技含量高、经济效益好、资源消耗低、环境污染少、人力资源优势得到充分发挥的工业化发展道路。与新型工业化相适应，新型城镇化以人为本，注重内涵发展、质量提升，追求经济和社会效益统一，依靠科技进步和产业结构优化升级，实现城镇化集约、绿色、低碳、智慧发展，走的是资源集约、环境友好、功能完善、社会和谐、城乡一体、大中小城市和小城镇协调发展，新型工业化、信息化、城镇化和农业现代化同步推进的发展道路。

概括来说，新型城镇化发展模式是以人为核心，以生态文明为红线，以城乡统筹为基础，以市场主导、政府引导推动，以经济社会和人的全面发展为目标，以新型工业化、信息化、城镇化和农业现代化同步发展为主线，以集约、绿色、低碳、智慧为发展方式，以人口城镇化为主要内容的可持续的城镇化。

（三）国内城镇化模式典型案例

改革开放以来，特别是进入21世纪以后，全国先后出现过各种新型城镇化的改革尝试，如温州模式、天津模式、成都模式、珠三角模式、广东模式、苏南模式和浙江模式。其共性主要是：工业向产业园区集中，农地向集约经营集中，村民向新型社区集中和土地有偿转让使用。

一是温州模式。温州利用其有利的地理优势，在改革开放初期就开始推进城镇化，小城镇呈现蓬勃发展的局面。截至目前，全市的建制镇数量已由改革开放之初的18个增加至146个，建制镇人口占比在2/3以上，建制镇工业总产值占比80%以上。经过30多年的积累，温州市城镇化率已经超过60%，农业产值的比重由63.8%下降至2%左右。温州城镇化模式有四大特点：一是城镇化与工业化同时推进。乡村工业和乡镇企业的蓬勃发展是城镇化的主要动力，不仅形成了比较集中的产业集群，还不断吸引人口由乡村向城镇集中，推动城镇化水平持续上升。二是市场机制与政府调控相结合。温州率先突破计划经济体制的思维，积极引入市场机制，坚持"谁投资谁受益、谁受益谁投资"的原则，实现公共服务由开发型供给向经营型供给转变，形成了"以路养路、以桥养桥、以电养电、以水养水"的自我积累、自我平衡、自我补偿机制。三是土地有偿使用。温州率先在全国推行土地有偿使用制度，政府通过土地出让、抵押、投资入股等形式获得了大量的财政资金，为推进城镇化进程奠定了良好的基础。

二是珠三角模式。珠三角的城镇化代表了我国城镇化的发展趋势，其最原始的动力来自农村商品经济的发展。乡镇企业的大量兴起有力地促进了集体经济和非公有制经济特别是外资经济的融合，继而带动人口向各个中心城镇集聚。目前，珠三角的城镇化率已经超过80%，并且城镇化有比较牢固的产业基础，堪称国内城镇化模式的典范。珠三角城镇化模式具有三大特点：一是工业化与城镇化并行。受港澳地区的带动，珠三角早在21世纪初期就实现了产业升级、结构调整，中心城镇承载高端产业的能力得以提升，有力带动了城镇化的发展。二是城镇群推进城乡一体化。珠三角地区沿海沿江，又毗邻港澳，具有得天独厚的优势，这些城镇借鉴港澳发展模式，完善城镇基础设施，形成了一批城镇群，有力推进了城乡一体化。三是大量外资加入。珠三角地区最早进行改革开放，来自国外和我国港澳地区的资金大量拥入，成就了一批大型企业，也造就了一批综合实力强的工业重镇。

三是苏南模式。苏南地区主要涉及苏州、无锡、常州三个市及所辖的十二市县。苏南地区的城镇化一般通过自筹资金发展以乡镇企业为主体的非农业生产活动，逐步实现了农村人口职业的转化，并通过小城镇的扩张发展推进农村地区的城镇化，属于典型的小城镇发展模式。苏南城镇化模式也有其自身的特点：一是分阶段推进。在城镇化的初级阶段，通过大力招商引资，扶持一批乡镇企业发展壮大，逐步实现农村工业化，就地推进城镇化。第二阶段主要依托各类开发区建设，带动农村推动型城镇化向外资拉动型城镇化转变。二是依托乡镇企业创造一批工业和人口重镇。苏南地区集体经济实力比较雄厚，政府通过大力培育发展乡镇企业，实现人口的聚集，进而就地实施城镇化建设。三是以人为本。农村、农业和农民为城镇化做出了较大的牺牲，苏南地区在推进城镇化的过程中十分注重工业反哺农业，以乡镇企业带动农业的产业化、现代化发展，努力提升农村居民生活水平，逐步完善农村居民社会保障制度。

三、影响因素

尹占娥等采用ArcGIS软件和遥感技术，从人口、城市基础设施投资总额、道路长度等6个方面，研究了1979年、1990年、2000年和2009年上海的城镇化空间格局以及城镇化发展的驱动力。赵永平等关于城镇化动力机制方面的分析采用了面板计量模型，结果表明市场机制对我国新型城镇化的驱动作用最大，其次是外部机制和政府机制的驱动作用，最后是内在机制的驱动作用。按东中西部地区划分，各地区的驱动作用具有差异性。张引等在分析重庆市新型城镇化发展质量评价与比较的研究中，构建了城镇化发展水平与效率两个子系统在内的新型城镇化发展质量的指标评价体系，采用重庆市1996—2014年的数据，对重庆市的城镇化发展水平进行综合分析。张世杰等以中部六省的城镇化发展为研究对象，从行政力、市场力、外向力和内源力四个动力方面出发，通过构建的模型表明市场力是促进中部地区城镇化发展的真实动力，并提出了未来中部六省的新型城镇化路径选择以及可能遇到的问题。

王建康等从四个方面建立新型城镇化指标评价体系，基于285个地级市的面板数据，利用熵值法算出各地区的城镇化综合得分。基于Cobb-Douglas生产函数构造新型城镇化影响因素的空间计量分析模型，表明新型城镇化存在空间相关，以及发展水平存在地区的差距性，即低水平较集中。徐亚茹等围绕"以人为本"的新型城镇化内涵，进行新型城镇化的空间分析，结果表明中国新型城镇化发展水平空间差异性整体呈现扩大的趋势。研究东、中、西部地区的驱动因素，回归结果表明不同地区的驱动力是不同的，针对不同地区相应的驱动力对各地区的城镇化发展路径提出建议。熊湘辉等认为，新型城镇化的动力是形成空间集聚效应的原因。研究新型城镇化水平与影响因素之间的关系，结果表明，市场动力的作用大于外部动力，内源动力和政府动力的作用相当，针对不同的影响因素对新型城镇化的发展提出针对性的建议。

李佛关和郎永健认为，城镇化水平与全要素生产率之间存在高度正相关关系，城镇化进程对提升全要素生产率有促进作用。郑垂勇等以城镇化率为门槛变量研究了城镇化与绿色全要素之间的关系，当长江经济带发展不平衡时，城镇化率对绿色全要素生产率产生负向影响作用。张敏认为，城镇化与全要素生产率之间具有耦合协调性，而且整个系统都朝着良好的方向发展。何文举分析了湖南省的全要素生产率对城镇化的影响，全要素生产率通过影响经济的发展速度和规模对经济水平产生影响，进而对城镇化进程产生影响。

第三节　东北振兴战略背景下吉林省
推动新型城镇化的现实意义

一、新型城镇化有利于推进供给侧结构性改革，营造良好营商环境

（一）新型城镇化与供给侧结构性改革互为动力

在我国经济发展进入增速换挡、结构优化、动力转换的新常态下，中央做出以"三去一降一补"为核心的供给侧结构性改革的重大决策，是重大的宏观经济管理的理论创新和经济社会发展的实践创新，对于提高供给体系质量和效率，保持经济中高速增长、推动产业迈向中高端水平，具有重大的现实意义和深远的历史影响。新型城镇化是现代化的必由之路，是最大的内需潜力和发展动能所在，是推进供给侧结构性改革的重要内容，也是一项重大的民生工程。

从宏观经济发展层面来看，吉林省在东北振兴战略实施以来，以实现吉林老工业基地全面振兴为目标，针对供给性不强、市场化程度不高、国有企业活力不足、民营经济发展不充分等问题，吉林省供给侧结构性改革定位于从提高供给质量出发，用改革的办法推进结构调整，矫正要素配置扭曲，减少无效和低端供给，扩大有效供给，提高供给结构对需求变化的适应性和灵活性，提高全要素生产率，更好地满足人民对美好生活的向往，促进经济社会健康可持续发展。供给侧结构性改革的内容主要是完善人口政策、优化土地制度、优化投资和融资结构、提高产业质量、以创新培育新的经济增长动力、调整政府职能并建立配套的社会服务体系，在促

进经济发展的同时提高人民的生活品质。新型城镇化是城乡之间、产业之间相互协调、绿色集约的城镇化，其核心在于实现城乡协调发展和共享共富。

当前，吉林正处在推动新一轮振兴发展的新起点上，推进供给侧结构性改革可谓恰逢其时。以新型城镇化为契机，推进供给侧结构性改革，从提高供给质量出发，用改革的办法推进结构调整，矫正要素配置扭曲，扩大有效供给，提高供给结构对需求变化的适应性和灵活性，提高全要素生产率，促进经济社会持续健康发展。这是做好"加减乘除"法，促进结构调整和优化升级的重要推进器；是实现市场资源优化配置，推进简政放权、优化服务、增强市场信心的关键举措；是破解吉林省供给性不强、市场化程度不高、国有企业活力不足、民营经济发展不充分等问题的必由之路。以加快推进乡村振兴为战略目标，深化农业供给侧结构性改革，发展生态绿色高效安全的现代农业技术，支持黄金玉米带、黄金水稻带区域发展现代绿色农业，支持畜牧大县和畜牧养殖优势区域发展现代绿色畜牧业，开展先进技术和模式集成创新与应用推广，加快破解吉林省农业发展资源约束性强、组织化程度不高、优质农产品供给不足、产业链条过短等问题。聚集新技术、新模式、新业态等现代生产要素，建设以农业全链条增值和品牌化发展为导向的现代农业产业园区，构建融合多功能、轻简高效益、绿色可持续的现代农业发展模式，带动农民增收致富。

新型城镇化的核心内容是实现"人的城镇化"，这就要求彻底解决好城乡二元结构问题，也就是说，需要城镇给予进城落户的农村转移人口以平等的就业、住房、教育、医疗、社保等社会公共服务资源。但是在完全实现农村人口市民化之后，就很可能对原有市民的就业、教育、医疗等公共资源的占有造成一定的冲击。因此，想实现"人的城镇化"，就必须加大供给侧结构性改革，以制度性变革创造新供给，着力构建城镇就业、住房和教育医疗社保等公共服务的供给机制。在供给侧结构性改革中，人口政策是夯实供给基础的关键。随着新型城镇化进程的不断深入，吉林省人口政策亦随之不断调整和完善，这不仅夯实了供给基础，也奠定了吉林省经济调整转型和发展进步基础。吉林省新型城镇化的进程加快推动了土地制度改革，合理的土地制度安排对于激励生产要素和公共产品供给、释放供给活力、促进经济增长和经济发展方式转变，发挥着重要的微观管理和宏观调控功能。城镇化过程包含人口结构的变化、产业结构的转变等，这些与供给侧结构性改革中的各大要素的整合不谋而合，因而推进新型城镇化也以供给侧结构性改革为动力，并且推进了供给侧结构性改革。

（二）新型城镇化促进要素流动和优化配置

要素即生产要素，指进行社会生产经营活动所需要的资源投入。劳动力、土地、资本、技术和信息等都属于要素的范围。要素流动则是生产要素通过地域和空间上的位移达到优化配置，促进经济增长。城乡在资源要素、产业分工等方面各具特点和优势，乡村拥有丰富的土地要素、劳动力要素和其他开发或有待开发的广阔的自然要素等，因而在发展农、林、牧、渔方面具有天然优势；城市则是工商业集聚地，是地区经济、政治和文化的中心，科技、人才、资本、信息汇聚于此。这些差异正是城乡要素双向流动、优势互补的客观基础。随着新型城镇化综合质量的提高，社会基础设施建设逐步加强，促使政策与市场合力，引导资源配置的优化，通过政策释放就业机会、劳动报酬、投资收益等方式，借助市场机制的引导和调节促使各种生产要素、市场主体及公共设施等在地理上自然流动和聚散。推进人才、技术、资金、土地等资源要素的市场化配置，实现各类资源要素在城乡之间的自由流动，资源要素利用达到经济效益、社会效益和生态效益的最优化。

吉林省的城市建成区面积为1293.82平方千米，共计28个城市。其中，人口超出100万的城市有长春、吉林2个城市；人口处于50万至100万之间的城市共计2个；人口处于20—50万之间的城市共计7个；人口低于20万的城市共计17个；此外，吉林省的建制镇数量较多，总计434个；乡的数量紧随其后，达到184个；同时拥有市辖区21个，最终构成了吉林省城镇化独有的"一群三组团"格局。一是优化布局，构筑"一群三组团"的城镇化形态格局。"一群"即做大做强中部城市群，充分发挥城镇化核心增长极的主体带动作用，推进长吉一体化，同时建设一批特色"卫星城"，有效地发挥卫星城镇承接中心市区产业、功能扩散的作用。"三组团"：一是以延龙图组合城市为核心的图们江区域城镇组团，着力打造图们江区域国际化中心城市和吉林省东部地区核心城市；二是以通化市和白山市双核构成的通白城镇组团，着力打造资源型产业新优势；三是以白城为核心的西部城镇组团，着力打造吉林省开发开放新格局的重点区域。在打造城市群的同时，着力发展全省重点镇，以城市群和重点镇为"双支点"，最终实现大城市引导小城镇发展的可行模式，彼此协作，相互促进，以要素流动带动全省城镇化的全面发展。依托长吉图开发开放先导区建设与长吉一体化发展，打造吉林省的城市群建设布局。一方面，将珲春市作为吉林省对外贸易发展的窗口，联动发展延吉、龙井、图们，以延边州为开放基地，连接吉林市和长春市腹地地区，形成点线面综合发展。另一方面，深化长吉一体化发展，加强长春市和吉林市的经济发展竞争力和城际交通便捷度，进一步加强中心城市对城乡高质量融合发展的核心带动力。特别是2021年长吉接合片区作为东北唯一的国家城乡融合发展试验区，主要在土地资源利用与促进农民增收方面，开展一系列城乡融合发展试验项目，促进土地资源合理利用与适度规模经营，推进城乡统一建设用地市场建设，搭建城乡产业协同发展平台，健全农民持续增收体制机制，促进城乡高质量融合发展。推进城乡融合发展。新型城镇化是一个多层次、全方位的变革过程，通过新型城镇化建设，畅通城乡要素自由流动渠道，推动城市人才到乡村创业，深化农村土地制度改革，完善乡村金融服务体系，鼓励和引导工商资本进入农业领域，推动科技成果入乡转化。推进城乡公共资源合理配置，推进城乡基本公共服务普惠共享，推动城乡基础设施一体化发展，健全乡村治理体系。促进城乡产业协同发展，完善农业支持保护制度，培育乡村新产业新业态，搭建城乡产业协同发展平台。缩小城乡居民收入差距，拓宽农民增收渠道，创新农民工职业技能培训方式，培育发展新型农业经营主体，提升农业发展水平。新型城镇化既要造"城"，又要造"市"，促进要素流动，优化资源配置，实现"产、城、人"三者相互促进、融合发展。

（三）新型城镇化促进营造良好的营商环境

2018年，习近平总书记就深入推进东北振兴提出了新的要求，贯穿新发展理念，在坚持创新发展、协调发展、绿色发展、开放发展、共享发展的基础上，强调"以优化营商环境为基础，全面深化改革"。新型城镇化的发展也是基于"五大发展"理念基础上，新型城镇化促进了要素流动，优化要素配置，优化营商环境目的也在于吸引聚集发展要素，促进资金、技术、人才等各类发展要素的流入与集聚，促进区域经济从传统的成本优势向以品牌、资本、技术、服务、人才为核心的综合竞争优势转变，进而对经济增长、产业发展、财税收入、社会就业等产生重要影响。在新型城镇化进程中，伴随着各种要素政策的改革，既有利于推动供给侧结构性改革，又有利于营造公平高效、诚实守信、民主法治、稳定有序的营商环境。

营商环境是政府的综合治理能力的体现，也是外界对于一个地方发展潜力的评判标准之一，优化营商环境就是解放生产力，就是在提高综合竞争力。吉林省作为东北老工业基地，虽然具有地理环境优越、资源丰富、气候宜人等诸多优点，但是所处的国有企业占主导地位的局面，与南方一些发达地区相比，尤其是和东南沿海发达地区相比，营商环境存在一定差距，这已成为当前东北地区经济发展的一个重要制约因素。释放社会活力、提高经济效率、吸引国内外优质资本，优化营商环境势在必行。以营商环境的优越性吸引外地资本进入本区域和留住本区域资本在吉林省投资，以及吸引更多的人才来到吉林省为吉林省的经济发展做出贡献。良好的营商环境是一个地区能够持续良好发展的基础，优化营商环境是吉林省保持经济增长、完成经济转型的必经之路。吉林省以城镇化为推动，不断增强自身的吸引力和竞争力，为了实现更高质量、更加高效、更加公平、更可持续的发展，就必须持续改善和优化营商环境，在更大程度上激发市场活力和社会创造力。一是进一步提升政务服务水平，持续推进简政放权和放管结合；二是提高市场化法治化水平，深化"放管服"改革，促进要素合理流动，放开资金、技术、信息、土地、劳动力等要素快速流动；三是促进审批流程标准化简捷化，逐步构建方便高效的政务服务体系。新型城镇化的发展离不开良好的经济基础，只有在高质量发展中才能实现新型城镇化。

促进营商环境，提高城镇化质量，是城镇化进程中的关键。城市建设，设施先行，城镇建设步伐的加快，可以直接带动物流业、建筑业、能源业等诸多工业产业的投资，还可以增加就业机会，提供大量就业岗位，稳定居民收入，刺激消费，从而提升整体经济运行水平，开发新的市场环境。良好的市场环境可以带动招商引资，推动县域经济大发展。另外，城镇建设本身更是拉动投资的热点，包括房地产开发、项目建设、道路桥梁铺设、城市绿化环卫的搭建、排污垃圾处理设施等基础设施的建设，均能大幅度拉动地方经济发展和百姓就业。同时，许多基础设施投入本身也是经营性投入。道路、桥梁、电力、通信、水厂、公园等基础设施建设，都可用经营的办法收回投资并取得较高的效益，从而培植新的财源，拉动城镇的投资与消费需求。优化营商环境是经济发展的重要条件，其所带来的直接效果是市场活力的增强和经济总量的增长，而通过"放管服"等方式助力供给侧结构性改革，也会在推进新型城镇化的同时进一步提高经济增长的质量。因此，在优化营商环境助推新型城镇化发展、新型城镇化助推营商环境优化这一逻辑主线下，"营商环境"与"新型城镇化"之间建立了紧密的联结，互为作用，相互推进。

二、新型城镇化有利于加快创新驱动发展，实现"三大变革"

创新是引领发展的第一动力，现代产业体系是全面建设社会主义现代化国家的基础支撑。实施创新驱动发展战略是党的十八大提出转变经济发展方式的必经之路。

（一）新型城镇化促进动力变革

动力变革是指对于支撑供给和需求动力及经济发展动力的变革，供给和需求动力的调整就是对于供给和需求主导地位的调整；经济发展动力的调整包括创新动力调整、产业结构调整、制度机制调整。创新驱动发展战略就是要在原始创新、集成创新和引进消化吸收再创新的基础上注重协同创新，形成以企业为主体、市场为导向、产学研相结合的区域和国家创新体系。城镇化的过程是技术融合劳动、土地和资本等要素聚集成生产和生活功能性产业的过程，产业的生成和产业的转移构成城镇化进程的重要推动力。经济新常态下，城镇化发展面临着从"要素驱动"向"创新驱动"的转变，进而推进城镇化走上新型的可持续发展的道路。以科技创新引领新型城镇化发展，是切实提高新型城镇化发展速度和质量的必然选择，也是推进吉林省新型城镇化的有效途径，促进城镇化发展的各个动因相互联系、相互作用、相互影响，形成合力。推动城镇化发展的运作过程称为城镇化动力机制，动因不仅包括城镇化发生发展过程中的推力，更包括维系和推动这股合力的各种经济组织、制度规划等，共同构成了整个动力系统。

经济发展动能中的创新动力调整主要就是通过技术创新，提高生产能力和生产效率，进而增加企业的经济增长点，最后达到经济持续增长的目的。企业是创新的主体，支持以企业为主导，学校和科研机构为辅助的模式进行新产品的开发；政府是创新的后备力量，加强科研人员的奖励机制，同时完善知识产权的保护，就会带动创新活力在全社会的持续进发。产业结构调整主要就是用新兴产业和第三产业来带动传统产业效率的提升，淘汰落后产能，培育新型产能。利用第三产业和新兴产业的蓬勃发展，实现一、二、三产业融合发展，建立完善的现代产业体系，传统产业应具体问题具体分析，有针对性地进行升级改造；利用新型资源，如文化、教育、旅游等，建立现代服务业模式。制度机制调整是经济发展动能中的关键，是创新动能调整和产业结构调整的基础，具体需要发挥市场机制作用、激发企业竞争活力、实现新型城镇化。制度机制调整首先就要处理好市场与政府的关系，发挥市场的决定性作用，利用市场机制推动公共服务的发展，实行新型城镇化战略，落实乡村振兴，做到城乡之间、区域之间的协调发展，为企业营造良好的创业环境，为我们的经济发展注入发展动能。

吉林省通过技术引进和集成创新，推动装备制造、农产品加工等传统产业转型升级，发展智能绿色制造等新兴产业，推动产生重点配套工程，引领形成特色鲜明、具有区域竞争力的产业集群。把创新作为引领高质量发展的第一动力，协同推进产业链、创新链、资金链深度融合，加快建设国家创新型城市。补齐服务业"短板"，通过云计算、大数据、物联网等在服务业的广泛应用，推动城乡要素、产业、空间在县域深度融合，促进服务业向集群化、高端化、特色化和智慧化发展，形成一批现代服务业集聚区，推动要素跨界流动与产业发展有机融合，促进县域一、二、三产业同步升级、协调发展。强化产学研用有效对接，持续加强五大校城融合细分产业研究中心、六大创新创业基地建设，谋划建立生物诊断试剂等七大产业创新支撑平台。深化与中国科学院苏州医工所、吉林大学的科技合作，加快碳纤维复合材料等重点项目研发。完善科创云大数据平台功能。加大对企业创新发展的支持力度，在科技金融、孵化服务、研发服务等方面精准施策，全面落实普惠性扶持举措，激发中小企业技术创新活力，发展高新技术企业，为全省产业转型升级提供强大动力。

（二）新型城镇化推动质量变革

质量变革是经济高质量发展的核心，具体包括产业结构优化、产品质量提升和生态环境保护三个维度。首先，产业结构优化是进行质量变革的关键途径，其核心就是提高产业结构层次，提升资源配置效率，促进现代高端制造业、战略性新兴产业、现代服务业快速发展，进而促进本省经济高质量发展。根据经济学中的市场理论，充分发挥"看不见的手"——使市场在资源配置中起决定性作用，能够激发各类市场主体的积极性和创造性，提高资源在不同产业的配置效率。其次，产品质量提高是进行质量变革的重要内容，这里的产品不仅包括符合现行标准和满足人民需求的消费品，而且也包括推动产业链提升和对创新具有支撑能力的中间产品。生态环境保护是进行质量变革的题中之义，要从企业生产、产品流通、消费者购买、生活方式等各个环节引导国民经济向着绿色发展转型，严格控制废渣、废气、废水的排放，提高资源能源利用效率，使绿色、低碳、环保成为产品和服务生产的重要特征。

相关数据表明，吉林省工业、消费、外贸等领域总体超过同期水平。2021年，全省实现农林牧渔业增加值1604.18亿元，比上年增长6.3%；全省全部工业增加值3839.49亿元，比上年增长4.6%；全省批发和零售业增加值817.81亿元，比上年增长10.0%；全省社会消费品零售总额4216.63亿元，比上年增长10.3%；实现货物进出口总额1503.77亿元，比上年增长17.3%。可以看出，吉林省无论是在供给数量上还是供给质量上，均呈现出明显而稳定的上升趋势，这意味着党的十八大以来，政府出台的多项政策在吉林省得到了充分贯彻落实，积极调整产业结构，严格把控产品生产质量，鼓励研发高新产品，摆脱以环境污染换取经济增长的粗放型发展模式，向着高质量发展持续迈进。高质量发展是推进新型城镇化建设的主题，实施以人为核心的新型城镇化战略，转变城市发展方式作为主线，体制机制改革创新作为动力，促进农业转移人口市民化，完善大中小城市协调发展格局，推动城市健康宜居安全发展，推进城市治理体系和治理能力现代化。用改革的办法破解城镇化发展难题，借此加强产业支撑、增强城市功能、全面提升基本公共服务水平、提高城镇治理水平，强化规划引领、试点示范、资金、组织领导等各项保障，推进新型城镇化。

吉林省提出"一主、六双"产业空间布局。"一主"是在长春经济圈发展移动装备和战略性新兴产业、文旅等产业，加强产业集群的效果，对接哈尔滨都市圈和沈阳经济区，利用对外大通道和开发开放经济带，强化与东北亚区域的合作。"双廊"聚焦工业与医药发展。"双带"依托交通条件加强与周边国家地区的经济交流。"双线"利用吉林省独特的生态资源和民俗文化发展旅游产品。"双通道"推动吉林省与周边省份和国家基础设施互联互通。"双基地"集中科学教育和风能、太阳能优势，发展人工智能、数字产业等高技术产业以及高新技术支撑。"双协同"旨在推动核心省级城市城镇化。吉林省城乡生产要素合理化配置处于起步阶段，在吉林省经济增速趋缓的背景下，推动城乡生产要素市场化配置从一方面来讲体现市场决定资源配置，从另一方面来说也发挥了政府的作用。由过去"粗放型"城镇化发展道路转变为符合当下发展要求的城乡生产要素合理化配置的发展道路。因此，吉林省实现高质量发展，需要推动城乡生产要素合理化配置，推动生产要素在城乡双向流动，推进新型城镇化建设，以此实现吉林省全方位振兴。

（三）新型城镇化加快效率变革

效率变革，就是要找到在经济高速发展时期存在的低效率问题，在高质量发展阶段将低效率转化为高效率。创新驱动发展是新型城镇化的原动力，通过新型城镇化的高质量发展，可以提高投入产出效率，并推动生产与消费达到均衡，从而使消费者获得最大效用，经营者获得最大利润，生产要素所有者获得最大报酬。从经济学的角度出发，投入产出的效率体现了成本与收益的关系，在成本固定的情况下若收益更大，投入产出效率就能够提升。从效率变革角度看，效率变革就是依托技术创新和体制机制改革，实现资源的优化配置并进而提升宏观、中观和微观经济运行效率，进而实现节约资源消耗和劳动投入、维护生态环境、促进经济高质量发展之目标。

效率变革和新型城镇化相辅相成、相互促进。效率变革通过促进产业结构和就业结构演变、工业和服务业聚集及基础设施建设四个方面促进新型城镇化发展，新型城镇化则通过影响投入要素、人力资本、分工和制度变迁来促进效率变革。吉林省是我国的老工业基地，特别是在"一五""二五"时期，由于国家在吉林省规划了一批重点工业项目，包括一汽、吉化等，城镇化伴随着工业化进程的步伐，起步较早，发展较快。长期以来，吉林省的城镇化水平既超前于全国水平，又超前于本省的工业化水平。近年来，吉林省以中部城市群为中心，东中西部互为支撑的发展格局逐渐成形，汽车、石化、农产品加工三大支柱产业不断发展壮大、支撑带动作用日益凸显；高端装备制造、医药、旅游、高新技术以及现代农业、现代服务业等产业已具备一定规模、呈现出集群发展态势，为推进城镇化建设注入了较强动力。但是仍然存在城镇化建设增速不快、质量不高，城镇化发展不均衡、结构不合理，城镇实力不强、辐射带动功能差、产业支撑能力不强、关联度不高等效率性问题。吉林省通过深入实施以推进人的城镇化为核心、以高质量发展为导向的新型城镇化战略，推动农业转移人口保障水平不断提高，城镇体系规模不断优化，城镇综合承载能力不断增强，提升城市治理现代化水平，完善城市治理体系，提高城市运营和资源配置效率。一是优化城市空间治理，提升城市规划水平，优化城市空间布局，促进城镇建设用地节约集约利用；二是提升城市社会治理水平，健全城市基层社会治理机制，加强城市基层社区治理，健全社会矛盾综合治理机制；三是提升行政管理效能，优化行政资源配置，优化行政区划设置，促进行政管理与城镇化发展水平相匹配；四是创新城市发展资金保障机制，发挥好财政资金引导作用，创新城镇化建设投融资机制，建立现代财税体制，健全政府债务管理制度，提升金融服务质效。吉林省推进城镇化建设，把大量的农村人口变为城市居民，城市可以利用农村丰富的剩余劳动力，降低产品生产的成本，农村也可以利用城市发达的科技水平，提高农业生产的效率，实现规模化和集约化经营，提高劳动生产率，加快效率变革，推动高质量发展，改善生活质量，实现农村与城市的双赢。

三、新型城镇化有利于加速城乡融合发展，实现"乡村振兴"

以往的城镇化进程导致了城乡"二元结构"，引起"三农"问题，这不仅影响城乡之间的协调发展，也阻碍了我国现代化进程。传统的城镇化就是以城市论城市，这会进一步引起城乡之间的对立，制约城镇化的高质量发展，因此，迫切需要新型城镇化，让城乡之间协调有效地沟通，建立新型的城乡之间关系。

（一）新型城镇化是解决"三农"问题的根本路径

新型城镇化有利于转变经济发展方式，促进结构优化升级，促进一、二、三产业协调发展，有利于扩大消费需求，拉动国民经济发展，是破解"三农"问题、促进乡村振兴的重要途径，农村的发展需要城市的辐射和拉动，农村的促进和支撑也反哺城市发展，但长期以来城乡发展的不平衡不协调也是不可否认的事实，城乡二元割裂、两极分化仍是当前最严重的社会结构性矛盾。实施乡村振兴战略，是我国在脱贫攻坚战胜利完成后"三农"工作重心发生转移的重要历史任务，也是新的使命和机遇。"三农"问题是关系国民经济大局的关键问题。走中国特色新型城镇化道路，统筹城乡社会经济协调发展，是解决"三农"问题的根本出路。新型城镇化是精神文明和物质文明进步的体现，它源于工业化，推动现代化，带动农村自然经济向城镇社会化大生产转变。

作为农业大省，吉林省2020年粮食生产总产量达到760.6亿斤，在阶段性层面连续8年稳定在700亿斤，对保障我国农业产业正常运行有着不可替代的作用。但是距离《吉林省乡村振兴战略规划（2018—2022年）》总体部署和《吉林省率先实现农业现代化总体规划（2016—2025年）》目标要求，还存在较大差距与诸多挑战。吉林省农村人口多，农业大而不强，"三农"问题是阻碍"三化"协调科学发展的最大问题，人多地少是最现实的问题。从根本上解决"三农"问题，才能实现赶超发展、加快崛起。发展实践证明，破解用地刚性需求与保护耕地硬性约束难题，只有依靠加快推进新型城镇化进程；减少农村人口、推动农业规模化生产和组织化经营，只能拓宽工业发展与城镇建设空间，同时提高农业劳动生产力和综合生产能力，特别是把新型农村社区建设作为重要节点，既能够促进农村扩大投资、增加消费，又能提高农村公共服务水平，打造成经济发展的一个新的重要增长点。吉林省城镇化和"三农"息息相关，科学推进城镇化，实现城镇化，唯一的出路就是着力抓好"三农"问题。

新型城镇化的核心是人的城镇化，把"有序推进农业转移人口市民化"作为核心任务。受制于历史原因，吉林省存在农民工和"三区"（矿区、林区、垦区）职工及其家属，没有真正享受到与城镇户籍人口平等的权利和待遇。

吉林省还有大量的相关人员没有真正享受到与城镇户籍人口平等的权利和待遇，以农民工和"三区"（矿区、林区、垦区）职工及其家属为主要群体。为此，吉林省必须重点解决已进入城市的农业转移人口市民化，切实抓好此核心问题。具体来说，要努力解决好三类人的城镇化问题：一是已转移人口的"半城镇化"问题，保障权益，逐步实现相同待遇；二是林区、垦区和矿区人口的"虚城镇化"问题，推进居住区改造，促使融入城市环境和生活；三是原地转移人口的"新城镇化"问题，建设新型农民社区，推进稳定就业。坚持"四化"的总体统筹规划，以工业化为核心，以城镇化为载体、以农业现代化为基础、以信息化为先导。同时，推进信息化与产业化的深度融合，产业化与城镇化的良性互动，城镇化与农业现代化的协调。因此，要促进我省新型城镇化，必须依托产业培育和发展，以产业培育和发展为重要支撑，利用产业发展强化人口聚集能力，增强生产—城市互动的内生力量。依托优势资源，大力发展重点县城的特色产业和城镇，探索适合实际的生产和城市一体化发展的路径，努力提高全省产业发展水平，真正建立产业发展、结构优化、力量增强和充分就业的城镇化基础。新型城镇化的重要起点是打破阻碍、加强城镇化管理创新和机制建设。要把握户籍制度创新的重点，坚持限制存量，逐步解决增量，推进居住证制度；要把握土地制度创新的重点，探索建立"同地同价同权"的土地市场，做好土地权登记认证，探索和完善农村宅基地管理制度和农村集体经营性建设用地流转，加快征地制度改革。要把握公共服务均等化的体制创新的重点，全面提高公共服务的保障能力，建立城乡一体化的制度机制，把握融资体系创新的重点。要把握公共服务均等化的体制创新的重点，提高公共服务的保障能力，建立城乡一体化的制度机制；把握融资体系创新的重点。逐步形成政府领导、市场运营、多元化投资的投融资模式，探索有效途径，建立农业转移人口市民化的成本分担机制和农民"带地进城"的有效方式。

（二）新型城镇化是乡村振兴的战略选择

实现乡村振兴，推进新型城镇化战略的意义在于：一是必要性，加快非农业人口增长、解决剩余劳动力的闲置问题；二是关键性，增加农业生产、增加农民收入、缩小城乡差距；三是现实性，促进农业产业升级。如图1-2。

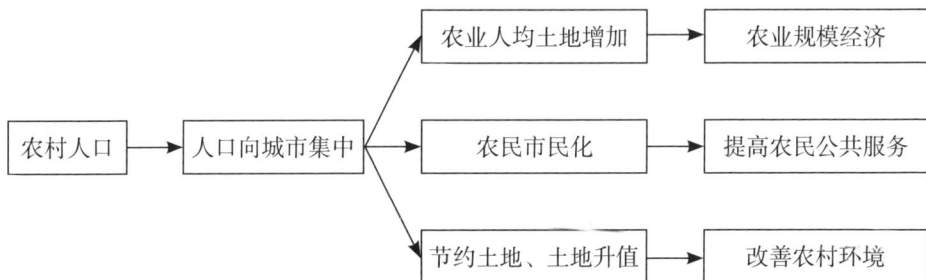

图1-2 新型城镇化对于乡村振兴的重大意义

　　"十三五"以来，吉林省正式进入全面振兴的重要阶段，除了农业现代化之外，还要努力实现新型城镇化，有利于经济、社会和人口的发展的同时，还将保障技术和生态。在全面实施乡村振兴战略的背景下，吉林省达成城镇化战略目标的基础是重视和建设新型城镇化。

　　首先，实现乡村振兴的重要途径是建设新型城镇化。产业振兴是乡村振兴的基础，生产要素在城乡之间的自由流动为乡村振兴提供了支持。城乡产业融合是新型城市化建设的基础性作用，新型城镇化建设的最终结果是城乡产业要素的自由流动。实施新型城镇化建设是将土地城市化转移为人口城市化的有效途径，摒弃以往浪费耕地的低效方式，更加合理有效地利用土地资源。其次，新型城镇化的建设是乡村振兴的融合剂。吉林省在我国农业领域占据重要地位，农村人口相对较多，在综合产业发展和城市建设的基础上，以城乡接合部为抓手，通过全面整合第一产业、第二产业以及第三产业促进城乡产业一体化的过程即新型城镇化。吉林省农村流动人口的不断增加，对服务业提出了更高的要求，必将有力拓展城市服务业的规模，涉及餐饮、娱乐、休闲等行业。在推进新型城镇化的同时，吉林省不仅要提高对人才和科技的需求，而且要增加对信息的需求，这不仅可以优化和提升产业结构，而且可以整合促进产业发展。同时，农村人口向城市的大规模流动和迁移，进一步增加了劳动力资源，保证了城镇产业的可持续发展。新型城镇化建设不仅可以显著促进乡村产业的发展，而且可以实现乡村与城市之间资源和要素的流动与整合，不仅推进了城镇化的发展，而且有效地实现了乡村的振兴。因此，新型城镇化在乡村振兴过程中具有融合作用。再次，实现可持续发展。在新型城镇化建设中，吉林省严格贯彻城乡统筹发展的方针，强调统筹城乡共同发展的重要性，明确提出了保护农村资源等发展要求。随着吉林省新型城镇化的不断推进，越来越多的农村剩余劳动力向非农产业转移，这不仅极大地促进了第三产业的发展，而且为现代农业的发展提供了动力，有效地刺激了市场供求，促进了经济的快速发展。吉林省在推进新型城镇化的过程中，坚持以人为本，可以有效地刺激市场供求，促进经济的快速发展。通过新型城镇化建设，农村人口逐步向城镇转移，改变了以往自给自足的生活方式，提高了人们的生活消费和水平。农村人口的消费模式除了改变消费观念外，还受到收入增长的影响。通过增加消费支出，提高消费效应，不仅可以增加总需求，而且可以实现经济增长的目标。最后，乡村振兴是新型城镇化的必然结果。新型城镇化的核心是人，新型城镇化的最终目标是人。从制度和机制的角度出发，推进新型城镇化，不仅可以完善户籍制度，而且可以改革土地制度，加快推进农村人口向城镇转移，大大促进城镇经济增长，创造新的就业机会，优化升级产业结构。从社会保障的角度出发，新型城镇化建设着重于"公正分享"，实现农村人口转移，不仅可以改变农村人口的工作和生活环境，而且可以实现农业转移人口的待遇与城市居民的待遇平等。在扩大医疗保险覆盖面和提升儿童受教育权利的同时，也将强化养老保险等社会保障力度。在基础设施建设方面，新型城镇化着重点是"生态宜居"，除了道路交通和垃圾污水外，它还可以显著提高供水供电能力，一方面有效地提高城镇的承载能力；另一方面，它显著提高了城市居民的生活幸福指数。

四、新型城镇化有利于统筹人与自然关系，实现"绿色发展"

在汹涌的城镇化和工业化浪潮下，环境污染和生态破坏越来越严重，自然的破坏进程不可避免：由于高度集中的城镇人口，产业、建筑发展不平衡，破坏了城镇生态系统和生态平衡，产生了一系列生态环境问题。生物栖息地遭到侵占，栖息地缩小，生态多样性遭到破坏，濒危物种越来越多。水土流失严重，泥石流频繁发生，沙尘暴加重，加剧了大气、水、土壤等环境污染，经常出现酸雨，雾霾天气时有发生，资源环境约束日益加剧。在人与自然的关系领域，新型城镇化要处理好、调整好、改善好人与自然的关系，科学协调人与自然的关系，才可以更加科学有效地利用和改造自然，在新型城镇化的绿色发展中实现人与自然的和谐发展。新型城镇化的主要目标即在城镇化的发展过程中，能够兼顾效率和公平，能够兼顾经济和生态环境。而绿色发展的主要目标是改变传统的经济增长模式，将生态、绿色的因素加入其中，也要求兼顾经济和生态环境，如图1-3。

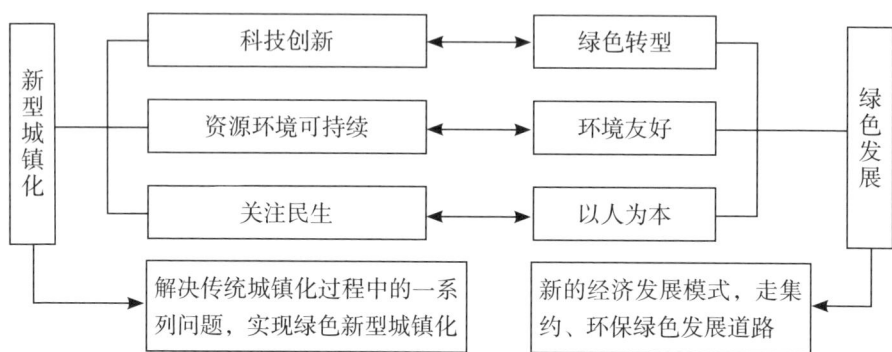

图1-3 新型城镇化与绿色发展目标内涵图示

　　吉林省正牢牢把握重大战略机遇期，主动适应经济发展新常态，突出发挥"五个优势"，推进"五项举措"，加快"五大发展"，结合稳增长、调结构、促改革、惠民生、扎实推进新型城镇化，努力建设蓝天白云、青山如黛、碧水清流、生态宜居、和谐交融的美好家园、美丽吉林。吉林省在开展新型城镇化建设期间严格贯彻城乡统筹发展原则，强调兼顾城镇和农村共同发展的重要性，努力走出符合实际、特色鲜明、生态文明、持续发展的新途径。

　　通过新型城镇化的实施，可以有效避免出现大量的"土地城镇化"问题，坚持以人为本实施城镇化，可以有效合理利用土地资源，提高耕地安全，降低城镇建设的盲目性，在农村转移人口成为市民的同时，可以有效降低农业兼职就业现象，符合土地流转和利用的标准；而且，城镇化水平的不断提高和城镇人口规模的稳步扩大，都将显著提升城市供需水平，不断强化农村的生产要素，除了农资和城镇产业，还涉及农业科技和经营理念，在实现农业现代化的同时，还可以改变农业经营模式，促进涉农产业再发展。总体来看，吉林省可以通过开展新型城镇化建设，实现城乡资源要素流动，奠定城乡协调发展的基础。

因为是老工业基地，吉林省的工业基础较好，城镇化率很久以来都高于全国总体水平。然而，以重工业为主导的产业结构消耗了大量的资源和能源，并且，吉林省具有重要的生态地位和明显的生态优势。作为中国重要的商品粮生产基地，吉林省对确保中国的粮食安全具有重要意义。长白山是中国北部的重要山脉，是松花江、图们江、鸭绿江的发源地，是我国的重点生态功能区。吉林省的生态安全，影响到东北、中国乃至东北亚的生态环境。因此，研究吉林省新型城镇化发展，是破解城镇化发展瓶颈、加快老工业基地绿色转型的关键点。应坚持绿色发展，注重以人为本。新型城镇化的核心是人，是人口向城镇集聚的过程，化地不化人的城镇化路径必须改变。2015年4月，《中共中央 国务院关于加快推进生态文明的意见》中第一次提出要"大力推进绿色城镇化"，党的十九大报告中指出，到本世纪中叶，把中国建成富强民主文明和谐美丽的社会主义现代化强国。"美丽"首次被写入全面建设现代化强国的奋斗目标。

吉林省新型城镇化建设必须坚持人与自然和谐共处，良好的生态环境就是民生福祉，在城镇化进程中，必须坚持绿色发展理念，以推动一、二、三产业绿色融合为核心，以绿色社区为空间主体，以绿色交通为城市规划建设的主导因素，以绿色建筑为手段，加快田园城市和特色小镇建设，深入推动生态文明理念融入城镇化进程。吉林省是目前中国社会经济发展相对落后的省份，生态环境类型多样，东西地形宽广，山脉、森林、丘陵、平原、草原错落有致。因此，要树立生态优先的理念，推进新型城镇化的重点是要严格保护生态环境，根据不同地区的生态资源条件，推进差异化发展战略。东部要充分发挥周围群山环绕、风景秀丽的生态优势，形成山水环抱、山水相连、山水一体的城镇群；中部要发挥空间辽阔、林田交替的优势，形成绿色宜居、人在城中、林中有城的绿色宜居城市群；

西部要发挥广袤草原、河湖辉映的生态优势，形成渔牧发达、草木茂盛、人水共存的城市群；农村地区要加快美丽乡村建设，以优质的乡村生活吸引城市人口"上山下乡"，引领农村综合发展。吉林省坚持以"集约节约、绿色低碳"为核心的发展理念，推进新型城镇化建设，不仅能大幅压减全省除绿色产业、环保产业外的"三高"产业，还能为低碳产业提供有力支撑，促进全省产业优化升级。

五、新型城镇化有利于化解重大安全风险，实现"共享发展"

2015年10月，中国共产党十八届五中全会审议国民经济和社会发展第十三个五年规划，习近平在对"十三五"规划建议做说明时提出了创新、协调、绿色、开放、共享的新发展理念，指出发展理念是发展行动的先导，是管全局、管根本、管方向、管长远的东西，是发展思路、发展方向、发展着力点的集中体现。2017年10月18日，习近平在中国共产党十九大做了题为《决胜全面建成小康社会 夺取新时代中国特色社会主义伟大胜利》的报告，在阐释"坚持总体国家安全观"时强调："统筹发展和安全，增强忧患意识，做到居安思危，是我们党治国理政的一个重大原则。必须坚持国家利益至上，以人民安全为宗旨，以政治安全为根本，统筹外部安全和内部安全、国土安全和国民安全、传统安全和非传统安全、自身安全和共同安全，完善国家安全制度体系，加强国家安全能力建设，坚决维护国家主权、安全、发展利益。"

总体国家安全观体现了新时代党和人民对国家安全的最新、最高水平的认识，同样，新发展理念也代表了新时代党和人民对发展的最新、最高水平的认识，这两种认知的视角、逻辑和方法论是完全一致的。一是以人与自然的关系为出发点，把发展和安全放在同一个位置，提出绿色发展、国家安全与国民安全并重。从工业革命开始了具有现代意义的发展，煤炭、石化、电力等先后引领驱动。全球气候变暖和极端天气频发，自然资源短缺、生态环境恶化，促使各国重新思考发展途径，随之产生了"可持续发展"和"低碳经济"。在新时代，全面振兴东北、推进吉林省新型城镇化具有十分重要的意义。是推进经济结构战略性调整、提高中国产业国际竞争力的战略举措，是推动区域协调发展、建设新经济支撑带的重要任务，是更好发挥国有经济主导作用、优化调整国有资产布局的客观要求，部署与完善中国开放战略布局，有力保障维护了国家粮食安全、构筑北方生态安全屏障。二是以境内外关系为维度，打通发展与安全，提出"开放发展"和"外部安全与内部安全并重"；谋划发展与安全，提出"共享发展"与"自身安全与共同安全并重"。2013年9月7日，习近平主席在倡议共建"丝绸之路经济带"时强调，要用创新的合作模式，以点带面，从线到片，逐步形成区域大合作。东北亚地区具有建设"一带一路"的历史渊源和现实基础，它既是海上丝绸之路的一部分，也是陆上丝绸之路的延伸区域，也是"一带一路"建设中的断裂和缺口。东北亚地区是亚太地区的核心和焦点，在建设"一带一路"中具有良好的辐射和带动作用。从地理位置看，吉林省是边疆近海省份，作为"中国参与东北亚战略合作的前沿和桥头堡"，"一带一路"倡议可以让其坐"船"出海，坐"路"进海关。长吉图先行区加强了东北城市群的沟通和连接，以新型城镇化引领区域发展战略和现代化战略衔接。立足国际国内环境的巨大变化，着眼于科学发展大局势和经济社会发展的大趋势，做好顶层设计和统筹谋划，发挥城镇化独特的整合引领作用，在发展均衡性、协调性、可持续性显著增强的基础上，推动区域协调发展。要从全局出发开展现代化建设，密切关注国际政治经济格局的变化，站在维护国家安全的高度，统筹规划和推进城镇化战略。城镇化布局既要遵循经济规律，又要考虑国家安全。结合区域发展和国际形势统筹布局推进城镇化，综合考虑全面推进现代化建设和区域空间均衡的要求，适时研究调整优化行政区域，推进区域要素流动和功能整合，区域规划以新型城镇化为核心，推动不同省或地区的区域合作，提高城镇化质量，以地区城镇化的快速发展，推动地区发展，促进出现新的经济增长点。

六、新型城镇化有利于建设特色文化体系，营造美好精神家园

特色文化是一个城市的精神坐标和价值体系，是独特存在的生活方式、生产方式和价值理念。地域特色文化的浓缩和深厚积淀表现是城镇，城镇是特色文化的容器和载体，城市发展的本质和核心是特色文化。要发挥特色文化的潜在价值，就需要产业支撑。做大做强特色文化产业，既是传承历史文化的迫切需要，也是推动城市经济发展的现实需要。在推动文化产业成为国民经济支柱性产业的决定中，党的十七届六中全会明确指出应发掘城市文化资源，发展特色文化产业，建设特色文化名城。2013年12月12日，《中央城镇化工作会议公报》明确提出"要传承文化，发展有历史记忆、地域特色、民族特点的美丽城镇""要发展各具特色的城市产业体系"。2014年8月，文化部、财政部联合印发的《关于推动特色文化产业发展的指导意见》，明确"特色文化产业"的内涵，是指：依托各地独特的文化资源，通过创意转化、科技提升和市场运作，提供具有鲜明区域特点和民族特色的文化产品和服务的产业形态。

新型城镇化更是人文城镇化、知识素养城镇化，在人的集聚过程中有利于提升意识形态工作效率，加速社会主义核心价值观传播，提升全民思想道德水平，生产更多社会主义文艺成果，让文化事业、文化产业更加繁荣兴盛。一是乡村文化具有鲜明的地方特色，当地人的生产生活方式通过历史传承和积淀形成的独特的地方文化。推进吉林省新型城镇化，必须赋予乡村文化新的时代内涵，增强其吸引力和受欢迎程度。乡村文化是构建特色文化体系的灵魂，吉林省必须重视文化元素的重要地位，重视保护和传承传统文化，通过物质载体融入文化创意，发展文化相关产业，提升文化影响力和知名度。其中的典型代表是长春市关东文化小镇和海兰湖文化旅游小镇。二是吉林省地域辽阔，各地区通过历史积淀形成了独特

的地域文化，如满族、朝鲜族、蒙古族等民族文化；艺术表演文化，如二人转、吉剧等；曲艺文化，如东北大鼓、好来宝等，这些地域文化中蕴藏着物质文明、精神文明的瑰宝。大力开发关东民族民俗文化体验产品，例如少数民族风情体验和地方民俗体验产品。合理利用民族聚落、民族文化和世界级、国家级非物质文化遗产，重点推动朝鲜族、满族、蒙古族等少数民族特色的文化旅游发展，积极开发民族聚落旅游、民族文化演出、特色生活体验、民族特色餐饮、民族体育赛事等旅游产品。依托国家级非物质文化遗产，大力发展民族手工艺、特色旅游纪念品等旅游商品和民俗文化演出。各城市历史文化背景、资源禀赋特征、地理区位条件差异较大，而传统文化具有凝聚、同化、规范社会群体行为和心理的功能，对社会稳定发挥着不可估量的作用，是人民群众的精神家园。三是新型城镇化建设的活力所在是优秀文化。城市建设的灵魂和个性是特色文化，新型城镇化建设必须遵循城市发展规律，继承传统文化，发展品牌文化产品，发挥独特的地域文化元素，体现差异性、倡导多样性，在城乡一体化背景下保护和传承优秀传统文化，坚持"取其精华、去其糟粕"，筑牢新型城镇化建设的根基。新型城镇化和建设特色文化体系，最终的目的都是人民幸福。因此，要营造和谐宜居的乡村环境，遵循自然规律，维护和保护好生态平衡，贯彻落实"小城镇、大生态"的理念，依据特色文化开展生态建设，建设更有特色和底蕴深厚的城镇化。同时，将新发展理念与产业发展相结合，在理念上促进城乡融合发展，这是吉林省加强乡村治理的新途径。

| 第二章 |

吉林省城镇化发展现状与特征

东北振兴战略实施以来，吉林省深入贯彻习近平总书记关于东北振兴和吉林工作重要讲话重要指示精神，坚决落实中共中央、国务院关于推进新型城镇化建设的决策部署，深入实施以推进人的城镇化为核心、提高质量为导向的新型城镇化战略，全省城镇化发展水平和质量稳步提升，农业转移人口保障水平不断提高，城镇化空间格局不断优化，城镇综合承载能力不断增强，《吉林省新型城镇化规划（2014—2020年）》确定的目标任务顺利完成，全省常住人口城镇化率达到62.64%。

第一节　吉林省城镇化发展现状

一、人口城镇化发展情况

（一）人口城镇化率持续提高

根据吉林省第七次全国人口普查公报，吉林省总人口中，有1500多万人口居住在城镇中，吉林省城镇化率为62.64%，与第六次全国人口普查结果相比，城镇人口增加40余万，城镇化率上升了9.28个百分点。2002年至今的20多年间，城镇人口由1373.5万增加至1505.15万，占总人口比重（常住人口城镇化率）由50.88%增长为63.36%。

就吉林省中小城市人口增长率变化情况看，四平市城镇化率为51.57%，比第六次全国人口普查结果增加了4.92个百分点；辽源市城镇化率为57.7%，与第六次全国人口普查相比，城镇化率提高了7.03个百分点；白山市城镇化由第六次全国人口普查的68.7%，增加到第七次全国人口普查的73.7%，增加了5个百分点；松原市由第六次全国人口普查的38.61%，提高到第七次全国人口普查的46.89%，提高了8.28个百分点；白城市第七次全国人口普查时人口城镇化率为54.44%，与第六次全国人口普查相比提高了6.05个百分点。

（二）人口城镇化质量不断提升

2003年东北振兴战略实施以来，吉林省加强中心城镇建设，以新型农村社区及特色城镇为重点，注重基础产业建设和人口规模建设。努力推动城乡融合发展，推进新农村建设。根据不同区域的不同特点，因地制宜合理安排，城镇体系初步搭建成功。多数城镇通过基础设施升级与改造，提升了城镇功能。据统计，目前全省有7座城镇人口达到5万以上，45个重点镇人口也达到2—5万人。省政府还从2013年开始启动了示范镇发展机会，选出22个有特点的试点单位，寻求探索一个符合吉林省地域特点的创新发展模式，并能够实现城镇一体化发展。延边州为了有效推进土地经营模式，专门建设专业农场，探索创新体制机制。梨树县为了扩大生产规模，提高农业人口素质，专门进行了农民专业合作社试点工作，既拓宽了农民的视野，又增加了农民收入。柳河县建立了土地流动市场，加强市场服务，集约经营农村土地，同时也积极推动剩余劳动力的转移，优化配置了农村的土地资源。从城镇规模数量增长情况看，全省县级市和镇的个数增加较多，城镇发展比城市更快。中华人民共和国成立以来，特别是改革开放以后，吉林省城市和城镇的建设进入了快速发展阶段。吉林省市镇个数呈几何级数增长，城镇规模数量有了较大幅度跃升。深化户籍制度改革，放宽大城市落户限制，放开中小城市和建制镇落户限制，健全随迁子女教育、社会保障、住房保障等配套政策改革。

"十三五"期间，吉林省引导农业转移人口和其他外来人口落户城镇。出台《吉林省全面深化户籍制度改革的意见》，全面放开放宽城镇落户条件，非户籍人口只要在居住地城区或建制镇有合法稳定住所（含租房居住）即可申请落户；出台《关于推进农业转移人口分类进城落户的意见》，积极引导举家迁徙农业转移人口、农村籍学生、参军、进城人口等重点群体进城落户，确保有意愿进城落户的农业转移人口应落尽落，全省共有25.5万外来人口落户城镇。

近年来，吉林省推进城镇基本公共服务覆盖常住人口。坚持"两为主"和"两纳入"政策，95%以上的随迁子女在公办义务教育学校就读，高于全国平均水平15个百分点；推动农村劳动力转移就业，组织开展"民营企业招聘周""春风行动"等专项行动，农村劳动者实现转移就业47.65万人；建立统一的城乡居民养老保险制度，全省城乡居民养老保险参保人数达到711.9万人；推进城乡居民基本医疗保险制度整合工作，实现了城乡居民医保覆盖范围、保障待遇等全面统一；将符合条件的农民工、进城落户农民纳入住房保障范围，全省8510户稳定就业的外来务工人员享受住房保障待遇。

二、城镇化空间格局发展情况

（一）区域城镇化体系不断优化

东北振兴战略实施以来，长春和吉林两座较大城镇在全省推进长吉一体化发展战略中得到了较快发展，城镇空间布局得到优化，对周边城镇起到积极带动作用，逐步完善了区域城镇化体系。长吉一体化步伐有所加快。特别是长春市作为吉林省会，核心功能定位进一步明确，以汽车和轻型轨道客车为主导的产业将继续发挥对全省经济的引领作用。吉林市规划了八大功能区，重在提升化工产业的高科技附加值，在基础设施配套服务、开放合作、政策引导等方面创造有利条件。建成了长吉一体化交通覆盖网络，加快长吉南线和北线的一级公路改造和九台区至双阳区的高速公路改扩建以及北大壶二级公路改造。

（二）城镇承载力进一步提升

城镇承载力进一步提升。一些具有区位优势的重要城镇开始科学地规划城镇空间，随着重大基础设施项目落成，城镇的承载功能得到加强，辐射带动周边城镇能力有了明显提升。特别是一些重要节点城镇，如梅河口市和公主岭市，加强对新城区改造，加大对工业集中区和特色工业园区的组建，使城镇综合实力得以提升，各项建设全面推进，具有区位优势和较强城镇承载能力的优势得到充分显现。

《哈长城市群发展规划》获得国家批复，吉黑两省在基础设施、产业、文化旅游等重点领域合作日益密切。长春现代化都市圈建设取得新进展，九台撤市设区，公主岭市划归长春市代管，长吉一体化、长平一体化协同发展不断加快，长春新区、中韩（长春）国际合作示范区、长春临空经济示范区相继获批。梅河口市、珲春市等重要节点城市加快建设，涌现出一批特色产业突出、生态环境优良的小城镇，成为推动农民就地就近城镇化的有效载体。

（三）特色城镇形成规模

2003年以来，全省各地重点加强人口规模、产业基础较好的特色城镇或中心城镇建设，并逐步向小型城镇推动，以打造新型农村社区为手段，推进新农村建设。根据区位特点，进行合理布局，形成小规模的城镇体系。随着城镇的基础设施改造，城镇功能得到增强，文教卫生事业同步推进，许多特色城镇不断涌现，这些特色城镇汇聚农村二、三产业，带动了区域经济发展，发挥了转移剩余农村劳动力，接纳农村人口转移的主渠道作用。据统计，目前全省有7座建制镇人口达到5万以上，45个重点镇人口也达到2—5万人。

（四）节点城市培育成效显著

2016年，《吉林省人民政府关于深入推进新型城镇化建设的实施意见》提出，要"加快推进公主岭市、梅河口市、敦化市、珲春市、抚松县、双辽市、扶余市、大安市等重要节点城市完善提升城市功能，增强集聚、承接、连接能力，将有条件的培育成中等城市"。2019年，吉林省政府印发《"一主、六双"产业空间布局规划》，细化实施"一主、六双"产业空间布局，作为重要节点城市的梅河口市、公主岭市、珲春市等城市得到长足发展。

以梅河口市为例，自2013年被省委省政府确定为扩权强县改革试点市以来，梅河口市全面践行新发展理念，经济社会发展取得长足进步，是吉林省县域经济发展的排头兵。"十三五"时期，梅河口市经济实力不断增强。2016年，梅河口市人均生产总值54801元，超过吉林省平均水平933元；2018年，梅河口市人均生产总值突破6万元，超过吉林省平均水平7191元；2019年受国内外诸多因素影响，吉林省经济下行压力增大，梅河口市人均生产总值虽然减少到48981元，但是仍然超过吉林省平均水平5506元。相较于吉林省大部分中小城市城区人口减少，城市建成区面积保持不变或者微增，存在不同程度的城市收缩问题，梅河口市则稳步扩张。2016年，梅河口市城区常住人口为28.48万，到2019年则增长为38.91万，2020年梅河口市城区人口较2019年虽然有所下降，但是梅河口市总人口却保持持续增长，是吉林省少有的几个人口流入的城市。2016年，梅河口市城市建成区面积为25.4平方千米，2019年增加到34.57平方千米，2020年继续增长为36.49平方千米，5年间城市建成区面积增加了11.09平方千米，增长43.7%。根据《梅河口市2020年政府工作报告》公布数据来看，2020年，梅河口市地区生产总值增长3.8%，高于吉林省地区生产总值增速；县域经济综合发展水平连续七年位居全省第1位，高新技术产业开发区在全省开发区综合实力考评中位列第1名；招商引资到位资金141.5亿元，增长15%；实际利用外资总量位居全省市州第二位。

2021年7月，吉林省人民政府办公厅正式印发《梅河口市建设高质量发展先行示范区规划（2021—2035年）》，将梅河口市确定为吉林省"一主、六双"产业空间布局"长辽梅通白敦医药健康产业走廊"节点城市。规划提到"到2025年将梅河口市建设成为吉林省高质量发展先行示范区，在经济发展质量、产业竞争力、公共服务、生态环境等方面达到省内领先水平。打造成为吉林省发展战略格局中的重要增长极，推动高质量发展的样板，吉林省向南开放的重要枢纽，现代化区域中心城市，为吉林省乃至东北全面振兴全方位振兴提供示范、探索经验"。

三、城乡融合发展情况

（一）吉林省城乡居民收入稳步提升

东北振兴发展以来，吉林省经济结构和发展动能逐年改善，农村建设持续进步，脱贫攻坚力度不断加大，城乡居民收入在二十年间实现稳步增长。2002—2021年，吉林省城镇居民人均可支配收入由6260元增加至35646元，增长了4.7倍。农村居民人均可支配收入由2361元增加至17642元，增长了6.5倍。

（二）吉林省城乡要素流动日益畅通

在两轮东北振兴战略引领下，吉林省持续加快城乡一体化发展进程，城乡要素流动情况发生了积极变化，农村要素单向流出的发展格局得到了有效改善，人口、土地、资金、技术等要素进一步投向农村发展，城乡要素交流与合作的通道日趋畅通，不仅重新焕发了吉林省农业农村的发展活力，也在很大程度上促进了城乡社会的融合发展。

吉林省长吉接合片区成为东北地区唯一一个国家城乡融合发展试验区。农村改革深入推进，成立了省级农村综合产权交易市场，全省农村土地确权颁证基本完成、颁证率达96.4%，九台区农村土地改革试点已完成235宗集体经营性建设用地入市。推进城乡公共资源合理配置，农村公路实现"村村通"，村通客运班车率达100%，第四代移动通信（4G）网络覆盖所有乡镇，城乡居民人均可支配收入比缩小至2.07∶1。

（三）城乡融合发展体制机制逐步健全

随着城乡融合发展的逐步推进，2019年，吉林省发布了《中共吉林省委　吉林省人民政府关于建立健全城乡融合发展体制机制和政策体系的实施意见》（下文简称为《实施意见》）。一是以城市群建设推动城乡融合发展。按照吉林省"一主、六双"产业空间布局，提出了"加快发展哈长城市群。谋划建设哈长一体化发展示范区""推动长春吉林一体化和长春公主岭同城化协同发展"等政策举措。二是明确推动城乡融合发展的载体平台。近年来，吉林省积极推进美丽乡村、示范城镇、特色产业小镇建设等工作，积累了丰富的工作经验。为推广这些经验做法，《实施意见》提出了大力推进特色产业小镇和特色小城镇建设、创新美丽乡村发展模式、优化提升农业园区三大载体平台。三是推动"双创"向农业农村延伸。吉林省是农业大省，许多地区在农村"双创"上已经进行了一些探索实践，比如，辉南县与通化师范学院合作，通过政府、高校、企业多方合作，共同打造了集科创、文创、农创为一体的"三合乡里"农创园，探索出了一条乡村振兴的新路径。为推广辉南县经验，提出了鼓励有条件的地区采取"高校+政府+企业融合""科创+文创+农创联动"等模式，建立双创基地，带动农村一、二、三产融合发展的工作举措。

四、城市可持续发展情况

（一）城市设施水平不断提升

东北振兴战略实施以来，城市设施水平不断提升，城镇品质得到新提升。长春地铁1号线、2号线和8号线实现运营。全省改造棚户区40.2万套，共建成地下综合管廊廊体197.37千米，城镇公共供水普及率和城市燃气普及率分别达到96.88%和91.05%，城市生活垃圾无害化处理率和污水集中处理率分别达到100%和96.88%，地级及以上城市空气质量优良天数比率达到89.8%，地级及以上城市建成区黑臭水体基本完成治理。

用水普及率、燃气普及率、建成区供水管道密度、人均城市道路面积、人均公园绿地面积、建成区绿地率等是衡量城市设施水平的主要指标。与"十二五"末期相比，"十四五"初期，吉林省用水普及率由93.4%增加到95.6%，建成区供水管道密度由7.97（千米/平方千米）增加到9.96；人均城市道路面积由14.96平方米增加到15.71平方米；建成区绿地率由31.32%增加到35.68%，增加了4.36个百分点。

从与城市居民生活密切相关的用水和燃气设施以及建成区绿地率指标变化情况看，吉林省26个中小城市的城市设施水平普遍提高。用水普及率方面，"十四五"初期，26个中小城市中有22个城市的用水普及率与"十二五"末期相比得到提升。其中，蛟河市、双辽市用水普及率达到100%，双辽市由"十二五"末期的79.43%提高到"十四五"初期的100%，提高了20.57个百分点；提高幅度最大的城市扶余市由"十二五"末期的57.23%提高到98.37%，增幅超过40%；四平市、大安市提高幅度均超过20%，德惠市、舒兰市、图们市、珲春市、龙井市提高幅度超过10%。城市用水情况普遍得到改善。燃气普及率方面，与上年相比，"十四五"初期，有17个城市燃气普及率增加，占吉林省中小城市总数的65%。其中，桦甸、舒兰、扶余、集安四个城市提高幅度超过10%。建成区绿地率方面，26个中小城市中，有19个城市的建成区绿地率相较

"十二五"末期有所提高，德惠、舒兰、双辽、扶余、大安、和龙六个城市的提高幅度均超过10%。

（二）公共服务质量日益提升

城市基本公共服务产品持续增加，公共服务质量日益提升。"十三五"时期，吉林省中小城市基本公共服务产品供给不断增加，政府基本公共服务水平逐年提高，基本公共服务质量显著提升。

教育水平稳步提升。从第七次全国人口普查公报看，吉林省人口文化程度较高，居于全国较为领先地位。七普公报显示：吉林省每10万人拥有大学文化程度的为16738人，高于全国平均水平，在31个省份中排在第11位，平均受教育年限为10.17年，排在全国第9位。

公共卫生服务能力不断增强。"十四五"初期吉林省有卫生技术人员21.21万人，比"十三五"末期增加2.38万人，增幅为12.6%，比"十二五"末期增加4.58万人，增加了27.5%；"十四五"初期拥有医疗床位16.71万张，比"十二五"末期增加2.43万张，增幅为17%。2021年，吉林省学习三明市医改经验，推进"三医联动"改革，进一步深化医药卫生体制改革。促进优质医疗资源均衡布局，统筹疫情防控与公共卫生体系建设，继续着力推动把以治病为中心转变为以人民健康为中心，着力解决看病难、看病贵问题。

社会保障范围稳步扩大。据统计，2002年，享受养老保险待遇的离退休人员达到104.94万人，2021年，吉林省城乡居民基本养老保险覆盖总人数945.57万人，比上年增长34.7%。城乡低保保障标准达到月人均546元和年人均4372元，分别比上年增长3.8%和8.0%，给全省94.1万名城乡低保对象提供了有效保障。

（三）试点示范取得新成效

近年来，先后有三批11个城市（镇）列入国家新型城镇化综合试点，长春市、吉林市、梅河口市、延吉市、梨树县、二道白河镇、范家屯镇试点经验在全国推广。省级城镇化试点成效突出，长春市红旗绿色智能小镇、安图县红丰矿泉水小镇、辽源袜业小镇建设经验纳入全国典型经验。二道白河镇、岔路河镇等22个示范城镇形成了特色资源开发带动、产城融合、多元投资建设、商贸物流促进、三产融合促动、城乡双向一体化等多种发展模式，有效带动全省小城镇加快发展。奢岭镇、山城镇等18个重点城镇扩权试点镇经济社会管理权限不断扩大，效能不断提升。敦化市、临江市、通化县、东丰县、镇赉县5个省级生态城镇化试点，形成了具有示范引领作用的有益经验。

（四）城市生态持续优化

新型城镇化是强调绿色、低碳、可持续发展的城镇化，伴随吉林省新型城镇化的持续发展，其城镇生态环境将不断改善，有利于提升吉林省新型城镇化发展质量，促进吉林省新型城镇化可持续发展。

近年来，吉林省城镇生活垃圾清运量总体呈下降趋势，新型城镇化发展转变了吉林省城镇居民的生活理念和发展方式，绿色发展成为新型城镇化发展的重中之重，在绿色、低碳、可持续发展理念的引领下，吉林省城镇生活垃圾量不断下降，垃圾清运量也逐步下降，基本实现了新型城镇化发展的目标要求。2002年，吉林省城镇污水集中处理率为18%，通过实施《吉林省松花江流域水污染防治（2011—2015年）规划》《吉林省辽河流域水污染防治（2011—2015年）规划》，2013年至今，吉林省城镇污水处理率不断上升，"十三五"末期，吉林省城镇污水处理率为91.56%，同比增长0.38个百分点，较2013年增长12.82个百分点。

在习近平"两山"理论指引下，吉林省农业可持续发展将进一步改善农村生态环境，建设美丽乡村，进而反哺农业现代化发展。至"十三五"末期，吉林省建成区绿地率37.64%，同比增长5.73个百分点，较"十二五"期间增加6.24个百分点，吉林省建成区绿地率呈上升趋势。

吉林省"十三五"末期农业化肥施用量423.96万吨，同比下降2.5%，与"十二五"末期相比下降4.5%。近年来，吉林省农业化肥施用量在逐渐下降，随着化肥施用量的下降，农业绿色发展水平将持续提升，进而加快农业现代化发展，提高了农业资源利用效率，加强了农村环境保护，有助于吉林省美丽乡村建设，从而加快农村可持续发展，既要绿水青山，又要金山银山，更好地为推进吉林省可持续发展创造了条件。吉林省城镇生态环境持续改善，新型城镇化发展水平不断提升。

东北振兴战略实施以来，吉林省城镇化发展取得了卓越的成就，但是，在新型城镇化发展进程中，吉林省城镇化发展不平衡不充分的问题依然存在。农业转移人口市民化质量有待提高。一些城市对普通劳动者的落户限制依然较多，未落户人口与户籍人口还不能同等享有住房保障、教育等基本公共服务，托育机构数量偏少、入园难等问题突出。产业带动就业不充分。支柱产业主要集中在大中城市，地域间产业配套协作程度较低，集群效应不明显，白山市、辽源市等资源型城市资源逐渐枯竭，接续替代产业发展不足，大部分县（市）民营经济发展不充分，难以创造更多的就业岗位，集聚和吸纳人口的能力不强。2010—2020年间全省总人口减少了338万。大中小城市发展不协调。长春市、吉林市两大城市集中了全省52.7%的人口，其他市（州）人口占比均不足10%，其中辽源市、白山市不足5%，长春"一城独大"造成"虹吸效应"，加剧了资源配置失衡。城乡公共设施存在短板。城市交通设施建设相对滞后，部分城市交通拥堵、停车难等问题十分突出；城市防洪排涝设施不足，内涝现象偶有发生。一些县城的污水收集处理率不足50%，多数县城采用填埋法进行垃圾处理，存在二次污染风险。长春市供热管网60%以上已经使用超过20年，陈旧设施造成热损失严重。城市治理水平有待提升。城市规划建设滞后，土地利用粗放，空间治理能力不高；城市管理体制不顺，精细化管理水平不高，法治化、制度化程度不高；城市政府负债率较高。

第二节　吉林省城镇化发展特征

一、农业转移人口市民化质量不断提升

（一）户籍制度改革推动农业转移人口全面融入城镇

吉林省通过全面取消县城镇落户限制，有意愿迁入县城镇地区落户的即可申请办理，剥离依附在户口上的城乡差别公共政策，提升服务效率。完善"人地钱"挂钩政策。全面贯彻实施国家和省、市支持农业转移人口市民化的财政政策，积极争取上级财政资金支持吸纳农业转移人口工作。全面落实城镇建设用地增加规模与吸纳农业转移人口落户数量挂钩政策，在安排全县城镇新增建设用地规模时，增加近5年来年均农业转移人口落户数量的权重，做到优先保障，应保尽保。完善新型城镇化建设项目融资制度。平衡好防风险与稳增长关系，有效防范地方政府债务风险，做好政府代发地方债争取工作。拓宽新型城镇化建设融资渠道，积极开展与政策性金融机构合作，争取农发行、国开行贷款投放；支持符合条件的企业发行债券，依法依规进行项目融资。保障农业转移人口随迁子女平等享有受教育权利。提前谋划并应对全面取消城镇落户限制带来的教育需求变化，做好农业转移人口随迁子女入学工作，保障随迁子女以公办学校为主接受义务教育，简化入学流程和证明要求，确保应入尽入。实施义务教育阶段薄弱环节提升计划，推动城乡教育资源均衡化配置。做好农业转移人口的住房保障。建立健全以市场为主满足多层次需求、以政府为主提供基本保障的住房体系。切实推进棚户区和城中村改造，加大宣传和推广力度，将更多农业转移人口、个体工商户、自由职业者纳入住房公积金覆盖范围。

做好农村劳动力职业技能培训。根据市场需求和人员情况,科学安排培训科目,扩大培训规模,提升农村劳动力技能培训的针对性。持续做好农业转移人口社会保险等服务。建立健全统一的城乡居民基本医疗保险、大病保险和基本养老保险制度。进一步扩大异地就医直接结算定点医疗机构范围,简化异地就医备案手续。将定点医院接入国家异地就医直接结算系统,为群众就医提供便利。落实好符合条件的农业转移人口在城镇平等享受最低生活保障的权利。依法保障进城落户农民在农村的合法权益。依法维护进城落户农民土地承包经营权、宅基地使用权、集体收益分配权,不得强行要求进城落户农民转让其在农村的上述权益,在持续做好土地承包经营权和宅基地使用权确权登记的基础上,积极稳妥推进农村集体产权制度改革,做好集体成员身份确认。支持引导进城落户农民依法自愿在本集体经济组织内部有偿转让上述权益。

(二)基本公共服务均等化提高了农业转移人口市民化质量

推动农业转移人口享受同等就业服务。吉林省人社部门将公共就业服务的对象,从城镇常住人员扩展到城乡劳动者,从制度上打破户籍限制,保障农村进城务工人员、非本省户籍人员与本省户籍人员享受同等公共就业服务。推进失业登记全省通办和线上线下多渠道受理,明确失业登记对象为劳动年龄内、有劳动能力、有就业需求,处于无业状态的城乡劳动者。组织开展就业援助、公益网络招聘等活动,为城乡求职者和企业搭建对接平台。

进城务工人员随迁子女实现平等接受义务教育。吉林省落实随迁子女平等接受义务教育"两为主"和"两纳入"政策,全省随迁子女在公办学校入学率达到95.6%。全省通过一系列措施来提升对随迁子女的服务水平,有效解决随迁子女难以融入学校的问题。一是简化入学程序。推行"一站式报名"和建立网上报名通道等方式,简化入学办理程序。按照相对就近的原则,为随迁子女划定公办学区学校。二是简化建籍、转学手续。各地各校简化随迁子女建籍、学籍异动工作，积极探索运用中小学生学籍信息管理系统的相关功能，全面取消纸质转学手续，为随迁子女办理转学工作提供便利条件。三是落实同等待遇。各地各校做到随迁子女义务教育与当地学生四个"同等对待"，确保随迁子女应入尽入。

公共卫生服务覆盖面不断扩大。将流动人口纳入基本公共卫生计生服务均等化。引导常住居民到辖区基层医疗卫生机构享受免费的国家基本公共卫生服务项目，基本公共卫生服务项目已达到人口全覆盖。针对商场中服务员外来务工人员居多的现象，开展健康知识及控烟知识宣传，向外来务工人员宣传吸烟危害健康，尤其是对老人、妇女、儿童的危害；利用宣传板在流动人口聚集地巡回展出，通过对控烟、中医、禽流感等知识的宣传，流动人口健康知识知晓率普遍提高，这些惠及民生的举措使得流动人口健康素养大幅提高。

二、城镇化空间格局持续优化

（一）构建"一圈三区四轴"城镇化空间格局

吉林省加快构建"一圈三区四轴"的城镇化空间格局，建设长春现代化都市圈，打造敦延珲、通白和白城三个城镇集聚发展区，推动形成哈大、珲乌、通白敦东部城镇和集双南部城镇四个集聚发展轴。一圈即为"建设长春现代化都市圈"，以长春市为核心，辐射带动吉林市、四平市、松原市、辽源市、梅河口市等周边城市协同发展，按照吉林省东西区域城镇布局结构以及发展基础，重点打造敦延珲城镇集聚发展区、通白城镇集聚发展区和白城城镇集聚发展区，提高城镇综合承载能力。立足区域发展基础和发展趋势，依托高速铁路、高速公路等交通轴线，构建哈大、珲乌两条城镇发展主轴，按照整合资源、创新模式、彰显特色和联动发展要求，打造通白敦东部城镇集聚发展轴和集双南部城镇集聚发展轴。吉林省根据省内的自然环境、资源禀赋、城市布局和经济基础，加快新型城镇化的建设步伐，促进各类要素合理流动和高效集聚，推进实现吉林省区域空间协调发展。在哈长城市群一体化发展背景下，优化城镇化空间格局，构建以"一圈三区四轴"为主体，以节点城市为支撑、以重点小城镇为补充，形成疏密有致、分工协作、功能完善的新型城镇化发展格局，促进各类要素合理流动和高效集聚，推进实现吉林省空间协调发展。

（二）培育和壮大中小城市、着力发展重点小城镇

吉林省坚持新发展理念，贯彻落实国家的有关区域发展的决策和部署，以协调发展理念为引领，加快推进吉林省城市的协调高效发展。加快培育中小城市，促中小城市健康发展，有利于推进新型城镇化进程，是吉林省城镇化发展的必然选择。小城镇具有连接城市和辐射农村的独特地位和作用，着力推进重点小城镇建设和发展，努力建设一批特色鲜明重点小城镇，有利于推进新型城镇化建设和培育吉林省经济增长新动能。立足不同资源禀赋特点，突出重点、体现特色，因地制宜，加强吉林省重点小城镇的建设。

（三）产城融合深入发展

东北振兴战略实施以来，吉林省受到引领和带动，积极转变产业发展思路。从适时推出《振兴吉林老工业基地规划纲要》，到着力推动产业提质增效发展，再到全面实施"一主、六双"高质量发展战略，经过二十年调整和发展，吉林省特色产业竞争力优势日益凸显，产业空间布局持续优化，支撑全省新型城镇化建设不断取得进步，充分体现出了两轮东北振兴发展下相关政策实施的积极效应。吉林省产城融合发展不断加快，不仅省域产业转型升级稳步推进，与产业发展良性融合的城镇形态也在加快形成，人本导向的宜居宜业空间日益增多，以产促城、以城兴产发展水平不断提升。以产促城方面，吉林省特色优势产业发展加快，新产业新业态势头良好，创新引领作用持续增强，开放合作水平持续提升，对城镇化建设

的支撑作用强于以往；以城兴产方面，吉林省配套基础设施建设提档升级，社会事业发展明显改善，城市更新改造进程加快，营商服务环境持续优化，为推动产业转型升级和优化空间布局夯实了基础。

三、城乡融合发展推进城乡共繁荣

（一）城乡融合发展体制机制加速城乡要素流动

城乡融合发展体制机制和政策体系初步建立。城乡融合发展是新时代实现乡村振兴的关键举措。吉林省通过城乡融合发展，逐步破解传统城乡二元结构的本源性体制障碍，实现城市与乡村的共享共荣和一体联动，实现乡村振兴。吉林省不断加快形成工农互促、城乡互补、全面融合、共同繁荣的新型工农城乡关系，全面建立城乡融合发展新格局，在两轮东北振兴战略引领下，吉林省持续加快城乡一体化发展进程，城乡要素流动情况发生了积极变化，农村要素单向流出的发展格局得到了有效改善，人口、土地、资金、技术等要素进一步投向农村发展，城乡要素交流与合作的通道日趋畅通，不仅重新焕发了吉林省农业农村的发展活力，也在很大程度上促进了城乡社会的融合发展。

（二）城乡公共资源配置的优化推动了城乡基础设施一体化的发展

东北振兴发展的二十年来，各级财政对吉林省城乡公共建设的支持和投入不断加大，带动乡村基础设施、公共服务水平有所提升，为新型城镇化建设和乡村振兴发展强化了基础和保障。基础设施方面，吉林省城乡交通基础设施、市政基础设施、新型基础设施等持续完善，老旧小区和棚户区改造加快推进，亮点工程、地标建筑也有所增多，带动城乡功能品质明显提升。公共服务方面，吉林省始终将民生保障摆在经济社会发展的重要位置，东北振兴以来持续在就业、教育、医疗、社会保障、文化服务等方面加大投入力度，推进建设多项惠民工程，使各地民生面貌获得了很大改观。

（三）国家城乡融合发展试验区推进了城乡融合发展的路径探索

吉林省长吉接合片区于2020年获批建设国家城乡融合发展试验区，侧重在依法自愿有偿退出农村权益、农村集体经营性建设用地入市、乡村资产抵押担保、搭建城乡产业协同发展平台、促进农民持续增收等方面实施改革任务。经过近两年的发展，长吉接合片区国家城乡融合发展试验区建设成效明显，农村土地、金融改革不断深化，农业农村现代化建设稳步推进，农村居民增收渠道日益拓宽，为全省乃至全国城乡融合发展及推进就近、就地城镇化提供了经验借鉴。

（四）吉林省城乡产业融合推进了城乡产业的协同发展

东北振兴战略实施以来，吉林省城乡产业融合程度不断加深，各类平台载体建设取得重要进展，产业协同发展趋势日益增强，不仅有效盘活了乡村特色产业资源，也极大促进了城镇化建设质量提升。一是各类农业园区量质齐升，吸引了一批涉农项目和投资入园建设，助推全省农业农村加快向特色化、多样化发展。二是特色产业小镇快速发展，通过发挥特色资源优势、培育壮大特色主导产业，有力地推动了当地产业转型和镇域经济发展，也为形成就近、就地城镇化特色模式提供了经验。三是小城镇联结城乡功能日益增强，有望发展为推动吉林省城乡融合发展的新空间载体。四是美丽乡村建设水平不断提升，推进乡村建设由清脏向治乱、村庄向庭院、统一向特色转变。

四、城市可持续发展能力不断增强

（一）宜居性城市建设提升了城市内在品质

吉林省秉承城市发展新理念新趋势，加快转变城市发展方式，统筹安排城市人口，发展基础设施和生态环境建设，推动建设和谐宜居、健康安全、富有活力、各具特色的新型现代化城市，全面提升城市内在品质。科学配置城市公共资源，提高公共服务能力和市政公共设施水平，有序推进城市更新，为市民提供舒适便利的宜居环境，建设舒适便利的宜居城市。增强应对重大突发事件的能力，健全城市应对公共卫生等突发事件反应机制，增强城市管理者的指挥管理能力和有效动员社会力量及居民参与与配合的协调能力。建设安全灵敏的韧性城市。

（二）智慧型城市建设促进城市可持续发展

吉林省深入实施创新驱动发展和人才强省战略，营造优良营商环境。围绕产业链部署创新链，围绕创新链打造产业链，提升城市产业核心竞争力和吸纳就业能力，以建设有活力的创新城市为目标。此外，吉林省以建设运行高效的智慧城市为目标，充分利用物联网互联网、云计算智能科学等新兴信息技术手段，构建为人民提供美好生活环境，为企业创造可持续发展环境，提升城市运行效能质量的智慧城市。

（三）绿色人文城市建设提高了城市生态文明水平

贯彻尊重自然，顺应自然，保护自然的习近平生态文明思想，把城市放在大自然中，把绿水青山保留给城市居民，尊重自然原貌，降低城市发展对环境的影响。改善环境质量，提升城市园林绿化水平，构建城市型"丽水长廊"，建设清洁低碳的绿色城市。注重培育和挖掘城市文化，保护历史文化遗产，健全公共文化设施，丰富城市居民精神文化生活，加强文物保护利用，传承优秀历史文化，加强文化体育设施建设，建设具有魅力的人文城市。

| 第三章 |

吉林省新型城镇化与农业人口转移

为深入贯彻落实省委、省政府和公安部全面深化"放管服"改革决策部署,全面畅通人才落户渠道,营造良好的创新创业环境,全面取消各类人群落户限制,确保应落尽落;推进城乡基本公共服务均等化;改革以城区人口规模和城市综合承载能力为划分标准,进一步放宽城市落户限制;全面统筹配套政策,推进农业转移人口进城落户;开展多种形式的职业技能培训,提升农业转移人口技能素质。

第一节 完善非户籍人口进城落户制度

一、吉林省户籍改革取得的成效

(一)全面优化户口迁移政策,放开放宽城镇落户条件

分类施策,推动农业转移人口有序落户城镇。为深入贯彻落实国务院

办公厅《推动1亿非户籍人口在城市落户方案》精神，2017年1月，吉林省公安厅、教育厅、民政厅、人社厅、国土厅、住建厅、农委、卫计委联合制定了《关于推进农业转移人口分类进城落户的意见》，实施差别化落户政策，分为农民工及其配偶、子女、父母落户，农村籍学生落户，农村籍技术技能人才落户，农村籍退伍转业军人落户，在城镇自主择业、创业的农业转移人口落户，在城镇购买商品房（含二手房）的农业转移人口落户，在城镇租住房屋的农业转移人口落户以及农业转移人口投靠亲属落户。

全面取消各类人群落户限制，确保应落尽落。以城区人口规模和城市综合承载能力为划分标准，进一步放宽城市落户限制。积极引导农业转移人口重点群体进城落户，进一步降低外来人口进城落户门槛。全面取消城市租房落户对缴纳社保年限的限制，只要在居住地城区或建制镇有合法稳定住所（含租房居住）即可申请落户；取消投亲落户限制，配偶、子女、父母相互投靠落户城镇的，不受年龄限制，可根据本人意愿办理投亲落户。取消各类型人才在各类城镇落户上的合法稳定住所和合法稳定职业等条件限制；严格落实在城市稳定就业生活新生代农民工、进城就业生活5年以上和举家迁徙的农业转移人口、农村学生升学和参军进城人口等重点群体落户政策，确保有意愿进城落户的农业转移人口应落尽落。其中，长春市全面取消其所辖榆树市、德惠市、农安县和双阳区、九台区落户限制，可根据本人意愿办理当地常住人口。

（二）全面畅通人才落户渠道，营造良好的创新创业环境

放宽人才落户条件，助力人才创新创业。为深入贯彻落实《中共吉林省委 吉林省人民政府关于激活人才活力支持人才创新创业的若干意见》（简称"18条"人才政策）精神，2018年3月，省公安厅起草了《吉林省公安机关放宽人才落户条件助力人才创新创业六条措施》，对五类重点人才提供更加便捷落户的服务措施。服务全省经济社会发展大局、服务人才强

省战略，有效助推吉林振兴发展。

全面取消人才落户限制，实现所有人才落户零门槛。2020年8月，吉林省公安厅会同省教育厅、省财政厅、省人社厅、省自然资源厅、省住建厅、省农业农村厅、省卫健委、省统计局、省医保局等部门联合出台了《吉林省全面深化户籍制度改革的意见》，其中对留学归国人员、国民教育同等学力人员、大中专院校毕业生、技术技能人才进一步放宽落户政策，不受稳定就业、稳定住所等条件限制，可在直系亲属户口所在地、居住地、工作地城镇申请落户。同时，个体工商户和民营企业不再受到社保缴纳年限、经营场所、纳税额度等限制，企业管理者和员工均可在居住地或工作地申请落户。配偶、子女、父母相互投靠落户城镇的，可根据本人意愿办理投亲落户。人才地位不断提高，作为实现"一主、六双"产业空间布局和吉林全面振兴全方位振兴的重要支撑。

实行农村籍大学生、农村籍退伍军人来去自由政策，随时可迁回原籍，推动城乡人才双向流动。允许农村籍大学生"来去自由"是此次《吉林省全面深化户籍制度改革的意见》中的最大亮点，无论是新入学、已毕业还是应届生，都可以遵循自愿原则，随时申请将户口迁回原籍农村。并且符合以下三种条件之一的农村籍大学生都可以申请将户口迁回原籍：第一，2020年7月1日之前入学就读全日制高校的农村籍应届大中专毕业生，户口保留在学校所在地派出所的，毕业后未落实工作单位，可申请迁回原籍农村落户；第二，2020年7月1日（含当日）之后新入学就读全日制高校的农村籍大学生，因入学将户口从农村迁往城镇落户的，毕业后以自愿为原则可申请将户口迁回原籍农村；第三，已毕业的农村籍大学生在2020年7月1日（含当日）之后将户口从农村迁往城镇落户的，以自愿为原则，落户后可随时申请将户口迁回原籍农村。实行农村籍大学生、农村籍退伍军人来去自由的落户政策，打破了阻碍农业转移人口落户的"玻璃门""暗门槛"。

全面优化人才政策环境。近几年，在"18条"人才政策引领下，《吉林省公安机关放宽人才落户条件助力人才创新创业六条措施》，同时配套制定了"1+3"实施细则，即《吉林省享受"18条"人才政策待遇对象的评定办法》《吉林省引进人才配偶就业及子女就业实施细则》《吉林省创新创业人才贡献奖励实施细则》，以推动"18条"人才政策落到实处。2020年我省新认定国家科技"小巨人"企业、高新技术企业分别增长40.4%和46.9%，有效发明专利数量增长6.3%。目前吉林省共有高技能人才59.9万人、国家重点计划人才461人、"两院"院士22人、专业技术人才141.7万人，均实现较大幅度增长。"吉林一号"、生物医药、红旗汽车、现代农业、高速动车组等重大创新成果背后都凝聚着广大人才的智慧汗水，在文化、卫生、科技、教育等各条战线活跃着大量优秀人才，为新时代吉林振兴拼搏奋斗、建功立业。2021年2月中共吉林省委、吉林省人民政府《关于激发人才活力支持人才创新创业的若干政策措施（2.0版）》发布，所有人才落户零门槛，突出务实管理，聚焦整体人才环境优化和人才关心关注的重点，为吉林全方位振兴赋能。

（三）全面优化居住证服务，有效保障流动人口权益

全面实施居住证制度，服务质量大幅度提高。在全省范围内开通了居住证办理业务，对在城镇居住半年以上，符合稳定就业、稳定住所、连续就读条件之一的可以在居住地申领居住证。自全面实行居住证制度以来，通过居住证申领"绿色渠道"服务可批量办理，对企业、学校等特殊单位还可提供上门服务，居住证办理服务质量大幅度提升。一方面压缩居住证制发时限，自居住证申领"绿色通道"服务开通以来，急需居住证办理转院治疗、子女入学、医保报销的单位和个人提供了预约上门服务，属地公安机关在三天内即可完成证件制作，全省居住证制发周期由十五天压缩为五天。另一方面拓宽了居住证的认证渠道，对于离开常住户口所在地的公民，符合暂住登记时间满半年，即可到其居住城市并向居住地公安机关申领居住证；或在居住地缴纳社会保险、异地就医、连续就读满半年，也可

申领居住证。

（四）全面推动信息共享业务协同，优化户籍管理制度

健全人口信息管理制度，建立健全实际居住人口登记制度。加强和完善人口统计调查，实现对人口规模、人员结构、地区分布、居住信息等情况的全面准确掌握。依托国家人口基础信息库，推进我省人口基础信息库深度建设和应用，为全面实施居住证制度和实现城镇常住人口基本公共服务全覆盖提供平台支持和技术保障。着力完善劳动就业、教育、收入、社保、房产、信用、卫生计生、税务、婚姻、民族等信息系统，实现跨部门、跨地区信息整合、共享与应用，为人口服务和管理提供信息支持；加强和完善人口统计调查，实现对人口规模、人员结构、地区分布、居住信息等情况的全面准确掌握，为我省经济和社会发展提供了有力支撑。其中，长春市为保证采集效果，采取弹性入户方式，社区民警采取"弹性+错时"的方法，科学调整工作时间，充分利用双休日和下班后时间集中入户走访，多措并举，保证采集率。为确保信息核查准确率，网上网下同步，对已登记的出租屋，民警将房主加入派出所"出租房屋管理微信群"，建立房主主动申报、派出所定期入户核查机制。四平市专门开通"互联网+户政"服务平台，群众通过互联网可以咨询户口相关问题，预约、申报办理户口。在节假日推出预约服务、延时服务、上门服务、代办服务等多种形式的便民服务措施。

推动相关部门协作，实现对常住人口的动态化管理。吉林省公安厅积极汇聚政府部门和相关单位的数据资源，会同卫健、民政、自然资源、人社、教育等部门推动数据信息整合，初步建成以公民身份证号码为索引，关联出生、婚姻、房产、社保、学历等信息的公安"大数据"资源库，实现了吉林省人口信息管理系统与社会资源信息互联互通、实时共享。结合"一标三实"信息采集工作，强化"以房管人、以业管人、以证管人"的管理模式，全面掌握全省常住人口居住、从业信息，实现了对常住人口的

动态化管理和及时登记，网上网下同步，确保信息核查准确率。建立常住人口网格化管理机制，为常住人口提供登记办证、就业咨询、办理社保等"一站式"服务管理。其中，长春市建立协作机制，为信息采集打好基础，建立与政府各部门的联席会议制度、网格长与社区民警捆绑考核制度、奖惩通报制度，推进出租房屋信息采集社会化。

打通"全省通办"关键节点。主动适应"数字吉林"建设的总体方向，为了破解系统建设标准不统一、数据分散存储、业务多平台流转、共享系统不兼容的问题，需要自上而下建立业务网上办理、数据集中存储和全流程监管的省级人口信息管理系统。吉林省居民在全省任一公安派出所申请办理20项"全省通办"户籍业务时，户籍民警可在此系统下，与公安"大数据"共享的社会资源进行实时核对，无须提供纸质材料，即可网上校验信息真伪，为户籍业务"全省通办"提供技术支撑。研发"电子签章"系统，对全省8个县区户政大队、973个户籍派出所户口专用章全部电子化并加密存储入库，方便户籍民警办理业务时异地调用，为实现户籍业务"全省通办"打下坚实基础。

（五）全面深化"放管服"改革，户籍业务更加便民化

户口迁移业务实现"全省通办"。为深入贯彻落实省委、省政府和公安部全面深化"放管服"改革决策部署，推动公安机关"只跑一次"改革工作深入开展，努力让改革红利惠及更多办事群众，制定出台了《吉林省公安机关推进户政"放管服"改革10条措施》，对原有户籍业务办理、审批模式进行了重大调整，通过放权力、减环节、压时限等措施加强了内部挖潜和自我革新，聚焦群众办事"多地跑""折返跑"问题，按照简流程、减材料、压时限的工作思路，深入调研论证、大胆改革创新，在全国率先推出20项户籍业务"全省通办"，回应群众的新期待和新要求，全面提升群众满意度和获得感。只要是吉林省户口，可以在省内任意城市就近办理户口迁移落户，包括出生落户、夫妻投靠落户和父母与子女相互投

靠落户等户口迁移业务，且在全省任一派出所都可以进行办理。20项实现"全省通办"的户籍业务分别为：出生落户（含超过6周岁补报往年出生）、夫妻投靠落户、父母与子女相互投靠落户；婚姻状况、兵役状况、服务处所、文化程度、身高、血型、宗教信仰、监护人、职业变更更正；亲属关系证明、户口登记项目变更更正证明、非正常死亡证明、临时身份证明、户籍注销证明；户口簿首次申领、户口簿丢失补领、户口簿损坏换领。这些业务覆盖了居民日常生活所需户籍业务的大部分范围，为居民办理有关业务提供了很大的便利。

服务质量和水平进一步提升。"全省通办"以前，群众申请办理20项户籍业务时，需要持相关材料到户籍地派出所申办，如遇所带证明材料不全，极易"多次跑""折返跑"。为了实现群众办事"最多跑一次"的目标，群众无须回户籍地派出所，通过"全省通办"可就近、就便申请办理，户籍民警网上调用户籍地派出所签章、核对社会数据资源，即可打印户口簿办结业务。2020年9月1日"全省通办"试点运行以来，截至年底各级公安机关共办理"全省通办"户籍业务4232件，其中打印户口簿和各类证明3147件、户口登记项目变更更正业务1038件、夫妻投靠业务17件、出生登记业务30件。自2020年12月21日起，经户籍民警与公安"大数据"核对无误，以"数据跑腿"代替"群众跑路"，吉林省居民在全省任一公安派出所即可办结20项户籍业务，实现群众办事"就地就近"和"最多跑一次"。其中，吉林市实现户籍业务管理便捷化，深化"互联网+公安"户政业务办理，保证"最多跑一次"的改革工作成果，目前该市10个派出所试点已完成测试工作，相关业务办理井然有序。四平市专门开通"互联网+户政"服务平台，群众通过互联网可以咨询户口相关问题，预约、申报办理户口。在节假日推出预约服务、延时服务、上门服务、代办服务等多种形式的便民服务措施，市政府政务服务中心设置市州级居民身份证受理服务窗口，推出无午休服务并设置居民身份证自助一体机，满足不同群众需要。在全市户籍窗口实行A、B岗服务，实现部门间出生医学证明核验、婚姻状况核验、学历核验等网上信息核验，最大限度减少办事群众所需材料。白城市深化"互联网+公安"户籍业务办理，保证"最多跑一次"改革工作效果，积极做好全省"一门通办"改革试点工作，全面加强户籍业务交流，组织户籍民警培训，以人民群众满意为标准，大力提升户籍窗口服务管理工作规范化、精细化、人性化水平。

（六）全面统筹推进配套政策，推动农业转移人口进城落户

农业转移人口基本住房需求有序满足。2008年开始实施廉租住房保障，2010年实施公共租赁住房建设，2014年实现廉租住房和公共租赁住房并轨运行。截至2015年底，全省已开工建设公共租赁住房33.62万套，其中廉租住房28.12万套，公共租赁住房5.5万套。到2020年7月底，已分配入住30.5万套，分配入住率95%。截至2020年6月底，全省有14790户新就业无房职工和8510户稳定就业的外来务工人员正在享受住房保障。具体体现在：一是将符合条件的农民工、进城落户农民纳入住房保障范围；二是实施公共租赁住房货币化，把符合条件的非城镇户籍人口纳入公共租房供应范围。

财政转移支付同农业转移人口市民化挂钩机制基本形成。按照吉林省财政厅《省财政农业转移人口市民化奖补资金管理办法》（吉财预〔2018〕935号）文件要求，深化"人地钱挂钩"政策。统筹省财政农业转移人口市民化奖补资金和自有财力，安排用于农业转移人口基本公共服务，增强社区能力以及支持城市基础设施运行维护等方面，并根据基本公共服务水平提高和规模增长情况进行动态调整，确保对财政困难地方转移支付规模和力度不减，增强政府财政保障能力。在安排中央和省级财政转移支付时，更多考虑农业转移人口落户数量，2016—2019年，省对市县各项转移支付补助年均增长8.4%，有效提升了基层政府提供基本公共服务的保障水平。

规范运行城乡居民基本养老保险制度。吉林省统筹城乡养老保险制度

改革不断深化，将新型农村社会养老保险和城镇居民社会养老保险两项制度合并实施，形成了制度名称、政策标准、管理服务、信息系统的四个统一，于2015年、2016年和2018年分别提高了基础养老金最低标准，目前，城乡居民基本养老保险基础养老金最低标准为每人每月103元。截至2020年9月底，全省城乡居民养老保险参保人数达到711.9万，其中领取待遇人数294.3万。

健全覆盖城乡的居民社会保障体系。开展户籍、省内异地就医业务跨部门联办，省内参加医疗保险的人员在取得居住证或居住地户籍的同时可申请开通异地就医直接结算，建立了城乡协调的保障标准形成机制。2020年，全省城乡低保标准分别为月均546元和年人均4372元，较2016年的446元和3412元提升了22%和28%。同时将农村留守儿童全部纳入有效监护范围，2017年以来，累计登记户口780人，尤其是2020年，省公安厅零费用为70名无户籍儿童做了亲子鉴定，上门登记了户口。

农村集体产权制度改革高效推进，促进了土地经营权规范有序流转。完善承包地"三权分置"制度，稳定承包权放活经营权。一是农村土地流转规模逐年扩大。流转面积从2015年的1683万亩增长到2019年2828万亩，占家庭承包面积比例从27%增长到44.88%，分别同比增长了1145万亩和近18个百分点。二是土地托管服务面积稳步增加。土地托管服务面积从2015年的106万亩增长到2019年的543万亩，占流转面积比例从6.3%增长到19.2%，分别同比增长了437万亩和近13个百分点。三是土地股份合作经营方式发展平稳。土地股份合作面积从2015年的13万亩增长到2019年的33万亩，占流转面积比例从0.8%增长到1.2%，分别同比增长了20万亩和0.4个百分点。

（七）全面优化公共服务机制，实现基本公共服务全覆盖

首先，在公共卫生服务方面，不断扩大覆盖面，引导常住居民到辖区享受免费的国家基本公共卫生服务项目，实现了流动人口基本公共卫生计

生服务均等化。开展健康及控烟知识宣传，要加大力度宣传公共场所吸烟对老人、妇女、儿童的危害，通过图文并茂的控烟、中医、禽流感等知识的宣传，提高基本健康知识知晓率，提高人口健康素养。其次，实现进城务工人员随迁子女平等接受义务教育，全省义务教育以"两为主"和"两纳入"政策为引导，通过一系列措施来提升对随迁子女的服务水平，一方面简化入学程序和建籍、转学手续，按照相对就近的原则，为随迁子女划定公办学区学校，积极探索运用中小学生学籍信息管理系统的相关功能，为随迁子女办理转学提供便利条件；另一方面要落实同等待遇，随迁子女义务教育与当地学生"四个同等"对待，确保随迁子女应入尽入。有效解决了随迁子女难以融入学校的问题，将全省随迁子女公办学校入学率提升到95.6%。最后，推动农业转移人口享受同等就业服务，保障农村进城务工人员、非本省户籍人员与本省户籍人员享受同等公共就业服务，从制度上打破户籍限制，明确失业登记对象为劳动年龄内、有劳动能力、有就业需求，处于无业状态的城乡劳动者。全省线上、线下多渠道组织开展就业援助、公益网络招聘等活动，为城乡求职者和企业搭建对接平台。

二、全面深化户籍制度改革

全面贯彻实施国家和省、市支持农业转移人口市民化的财政政策，积极争取上级财政资金支持吸纳农业转移人口工作。全面取消城镇落户限制，剥离依附在户口上的城乡差别，落实城镇建设用地增加规模与吸纳农业转移人口落户数量挂钩政策，完善新型城镇化建设项目融资制度，安排城镇新增建设用地规模，增加近5年来年均农业转移人口落户数量的权重。拓宽新型城镇化建设融资渠道，加深与政策性金融机构合作，争取农发行、国开行贷款投放，做好政府代发地方债争取工作，平衡防风险与稳增长二者的关系，依法依规进行融资。提前规划并应对全面取消城镇落户限制带来的教育需求变化，保障农业转移人口随迁子女平等享有受教育权利，做好农业转移人口随迁子女入学工作。推动城乡教育资源均衡化配置，实施义务教育阶段薄弱环节提升计划。建立健全统一的城乡居民基本医疗保险、大病保险和基本养老保险制度，简化异地就医备案手续，为群众就医提供便利，进一步扩大异地就医直接结算定点医疗机构范围，将定点医院接入国家异地就医直接结算系统。依法保障进城落户农民在农村的合法权益，维护进城落户农民的土地承包经营权、宅基地使用权、集体收益分配权，不得强行要求进城落户农民转让其在农村的上述权益，做好土地承包经营权和宅基地使用权确权登记，积极稳妥推进农村集体产权制度改革，支持引导进城落户农民依法自愿在本集体经济组织内部有偿转让上述权益。

三、创新和完善人口管理和住房制度

推进人口管理制度改革，支持中部城市群和城镇组团区外人口迁入，支持区域中心城市和重要节点城市农业转移人口落户，支持粮食主产区县（市）农民就地城镇化。逐步消除城乡间、区域间户籍壁垒，还原户籍的人口登记管理功能，促进人口有序流动、合理分布。全面推行流动人口居住证制度，进一步完善配套政策。健全人口信息管理制度，提高人口抽样调查样本比例，加快建立人口综合信息库和信息交换平台，实现信息整合和共享。

健全城镇住房制度。建立市场配置和政府保障相结合的住房制度，加快构建以政府为主提供基本保障、以市场为主满足多层次需求的住房供应体系。增加中低价位、中小户型、质优价廉的普通商品房供应，满足住房的自住性需求和改善性需求。实施住房保障制度，推行共有产权和租金补贴保障方式，深入推进全省城乡危房和各类棚户区改造，推进公租房和廉租住房并轨运行，严格准入和退出制度，满足进城农民和城镇低收入住房困难家庭基本住房需求。建立多元化的保障性住房融资体系，通过增加政府投入、规范利用企业债券融资、加大信贷支持、吸收社会资本等多渠道筹集保障性住房建设资金。科学确定保障性住房的保障范围，进一步严格

申请准入条件，完善保障性住房申请、审核、公示、轮候、复核制度，加强对保障性住房使用的动态监管，严格准入和退出机制。建立健全房地产市场调控长效机制，编制住房发展规划，确定住房建设总量、结构和布局。完善住房用地供应机制，确保保障性住房用地需求，严格控制大户型高档商品住房用地。实施限购、限贷、差别化信贷税收政策，抑制投机投资需求。

第二节　推进城乡基本公共服务均等化

一、城乡基本公共服务进展情况

近年来，吉林省公共服务设施不断改善，以党群服务中心为基本阵地的社区综合服务设施不断完善，全省城市社区综合服务设施面积普遍超过500平方米，平均面积达到828平方米；农村社区综合服务设施面积普遍超过200平方米，平均面积达到283平方米，城乡社区综合服务设施实现全覆盖。服务供给有效加强。各地以县（市、区）为单位建立村（社区）公共服务事项清单，强化基本公共服务供给制度化保障；深入实施"幸福社区工程"，持续开展健康养生、文体服务、书画名家进社区等系列活动，居民群众多样化需求得到较好回应，全省打造幸福社区示范点1195个。统筹推进城乡义务教育一体化改革发展，吉林省九年义务教育巩固率达到99%以上。基本公共就业创业服务体系进一步健全，就业规模持续扩大，在就业方面，城镇新增就业25.17万人，完成年度计划的109.43%。零就业家庭实现动态清零；在社会保障方面，退休人员养老保险待遇较上年提高约4%；全省城乡特困供养对象基本生活标准达到月人均1031元和749元，均达到上年城乡低保标准的1.68倍。城乡居民基本医疗保险政府补助标准提高到每人每年610元。

吉林省高度重视文化工作,致力于建设文化强省。按照公益性、基本性、均等性、便利性的总体要求,以标准化为手段,以惠民项目为切入点,以各级公共文化阵地为依托,把推进基本公共文化服务均等化摆在经济社会发展全局的重要位置,纳入国民经济和社会发展总体规划,推动落实。基本建立起政府主导的较高水平的公共文化体系,有效地保障了吉林省人民群众的基本文化权益,满足了吉林省人民群众随着物质生活水平提高而日益增长的精神文化需求。从客观来看,虽然取得了很大的成绩,但仍有较大提升空间,尤其是在内涵建设、形式创新、服务载体等方面仍存在一些不足,城乡之间、地域之间、群体之间的差异化问题仍然较为突出。

二、健全城乡基本公共服务体系

(一)扩大基本公共服务范围

当前,已经逐步建立起了较为完整的基本公共服务制度体系,政府对基本公共服务的投入持续加大,大多数基本公共服务实现了普遍覆盖。面向未来,还需进一步清晰推进基本公共服务均等化的现实路径,优先推进基本公共服务的普遍覆盖。基本公共服务均等不均等,首要的不是在水平和质量这个层面上考量,而是要看是否覆盖了所有应该覆盖的人群。要通过制度整合来促进基本公共服务均等化。自党的十八大以来,我国在健全城乡基本公共服务方面已经做了很多努力,整合基本养老保险、城乡居民基本医疗保险、统一城乡义务教育经费保障机制等,下一步还要接续发力,提高中央和省级政府在基本公共服务中的支出比重,加大中央对地方的转移支付力度,控制和缩小各地基本公共服务的人均经费差距。利用新技术促进服务模式创新,拓展更优质的公共服务资源和公共服务范围,将城市优质的公共服务资源进一步延伸到偏远地区,在远程医疗、远程教育方面加强基础服务设施建设。通过信息技术等手段加强人员培训，对医生、教师等农村和偏远地区的公共服务一线人员加强培训，着力夯实农村和偏远地区的人力资源基础。政府同时对基本的远程公共服务提供政策支持，针对不同地区的公共服务特点，建立稳定、明确的基本公共服务成本分担机制。即使在发达国家，基本公共服务制度比较完善的情况下，农村和偏远地区的基本公共服务供给仍然是一个难题，人力资本的提升值得重点关注，需要积极发挥技术在促进农村和偏远地区基本公共服务均等化中的作用。当前，政府对基本公共服务的投入持续加大，已经逐步建立起了较为完整的基本公共服务制度体系，多数基本公共服务实现了普遍覆盖，未来需要进一步推进基本公共服务均等化的现实路径，不仅在质量和水平方面考量，更要注重基本公共服务的覆盖范围，通过制度的完善来促进、整合基本公共服务的均等化。

（二）推动市政设施建设，提升承载能力

通过推进道路交通等基础设施建设、完善市政公用设施养护和管理，增强交通保障能力，提升客运服务水平，鼓励对乡镇客运站、公路等设施改造升级，完善人行道、信号灯、路灯铺装，加强镇区道路硬化、亮化、绿化，打通断头路、畅通微循环，推进镇区与村庄、县城交通设施互联互通，完善环境基础设施建设，改善群众出行条件。提升示范镇垃圾转运能力，完善镇区生活垃圾收运处置体系，坚持以城带镇，加快工业废水、生活污水收集处理设施建设，发展清洁能源供暖，推进秸秆能源化利用，实现稳定运行和专业化管理。应用海绵城市理念，推进雨污分流排水管网改造升级，尊重原有地理形态，构建雨水蓄排、源头减排、排涝除险的排水防涝系统。推动老旧住房改造，保证供水水质，更新老旧破损供水管网。镇区住宅以低层为宜，尊重居民意愿，因地制宜完善配套服务设施，积极拓展乡镇燃气覆盖范围，建设乡镇燃气工程、推进集中供热，改造提升老旧供热设施，确保供热质量安全。采取多种方式保障困难家庭的住房安全，对具备条件的小城镇推动通信网架空线入地和电网改造，完善水电气热信等配套基础设施。为了推进产城一体、镇园融合，要加强园区与镇区基础设施共建共享，拓展园区发展空间和基础设施建设，通过招商引资等途径，大力发展新电商、乡村旅游、商贸物流等服务业，不断壮大园区发展规模，鼓励具备条件的大型流通企业建设商贸中心和物流配送中心，优化政府服务、推进简政放权，持续推进产业服务平台建设，为企业投资创造更好的营商环境。做强"长白山人参""吉林大米""吉林梅花鹿"等吉字号品牌，加快二、三产业发展，吸引技术、人才、资本等生产要素向示范镇聚集，搭建园区中小企业服务平台，着力形成"一镇一业"特色产业。推动小城镇市政基础设施、生活服务设施向周边村屯延伸，按照"谁投资谁受益"的原则，制定市政公用设施有偿使用办法，鼓励民间资本通过合资或个人独资的方式经营供水、污水处理、垃圾治理、供气、供热、商业等基础设施。

（三）推动人居环境建设，提升宜居水平

强化人居环境建设和引导，在符合空间国土规划的前提下，积极推进乡镇城市设计和风貌管控，加大环境卫生保洁力度，对河流、湖泊、池塘、沟渠等各类水域强化公共水域综合整治，保持水体清洁，实现全域全要素空间管控。全面清理公园广场、主次干道、集贸市场、镇村接合部、学校周边、居住小区、背街小巷、建筑工地等区域的环境卫生，对垃圾处理做到日产日清。以无残雪、无积冰为标准及时清雪除冰，减少融雪剂和人工作业的使用，购置机械化清雪设备。不断提升空间环境品质，对城镇出入口、街头广场、步行街巷和重要街区实现专项整治，保留传统老建筑风貌。更新现存的传统民居、传统街区、老厂房，打造有故事的小镇和有记忆的街区，充分展示东北民俗风情和地方特色，不可随意迁移不可移动文物，不可随意拆除历史建筑和具有保护价值的老建筑。推行县级综合执法力量下沉，依法履行管理职责，在示范镇建立分支机构，规范镇区生产生活秩序。加大违法建筑查处和整治力度，合理划定停车场；整顿道路交通秩序，合理划定街道摊贩设置点，整治乱摆摊点摊位；规范机动车通行和货车停放，治理占道停车，规范经营秩序。加强沿街立面整治，治理线网乱拉，规范户外缆线架设，保持沿街及两侧立面整洁美观，做到整齐有序、牢固安全、标识清晰、入管入盒。开展农村人居环境整治提升五年行动，推进农村生活污水和黑臭水体治理，因地制宜推进农村"厕所革命"，健全农村生活垃圾收运处置和清扫保洁体系，提升村容村貌、改善农村人居环境，纳入千村示范创建范围的示范村，要全部达到"九有六无"标准，并确保验收通过。

（四）推动体制机制建设，提升治理能力

建立长效帮扶和相关行业部门联审联批机制，省直部门要重心下移，充分发挥对示范镇的政策支持、帮扶作用和业务指导，建立设计方案，做到无设计不动工、有项目必规划。市、县两级财政要加大对示范镇建设的投入，前者统筹使用现有渠道资金支持示范镇建设，后者将示范镇建设项目资金列入年度预算，撬动社会资金建立资金投入机制，赋能乡村振兴。充分发挥国有企业在生产营销、产业管理等方面的优势，通过产业扶持、联手经营，盘活线上线下资源。加强对镇区规划建设的技术指导，选派专业人才到省级示范镇挂职或任职，对表现突出、综合考评优秀的干部，同等条件下优先提拔使用。建立人才培养机制，引导专家、教授定期下乡开展技术指导和服务，通过校地人才合作促进农民致富，发挥好乡村能工巧匠作用，引导设计师、建筑师和优秀团队下乡，提升乡村建设水平。统筹基层网格化治理，推进"网格员+信息员""网格化+信息化"模式，鼓励引导社会力量积极参与共建共治，统筹网格内综合治理、疫情防控、社会救助、应急管理、社会保障等工作，提高群众的获得感、幸福感、安全感。

（五）完善公共服务建设，提高城镇吸引力

要实现农业转移人口有序落户，必须不断提高城镇户籍的含金量。加快推进新型城镇化建设，提升城镇对外来人口的吸纳能力。合理规划城市发展，增强大中城市对周边小城镇的辐射带动作用，提高城市间基础设施的互联互通和公共服务的共享共建水平，加大对特色小城镇的建设投入力度，提升城市功能与宜居水平，增强城市吸引力，引导农业转移人口就地、就近实现市民化。住房保障工作仍需加强，扩大和增加公共租赁住房布局规模数量，降低农业转移人口生活成本，增强转移意愿。在巩固完善现有改革成果的基础上，按照国家的统一部署要求，积极推进公共文化、自然资源等领域省与市县共同财政事权和支出责任划分改革，科学合理划分省与市县支出责任，督查指导各市县推进市县以下改革，加快推进基本公共服务均等化，优化公共资源配置，缓解城区公共服务紧张状况。推动公共事业建设，提升服务水平，提升养老育幼能力。健全与村级建制相协调、与经济社会发展相适应的养老育幼基本公共服务体系，推进适老、适幼化改造。引导社会力量兴办普惠性功能型养老服务机构，建立农村留守老人"巡访+互助"养老模式，提升农村养老照护能力。鼓励利用闲置公房、校舍等存量资源建立婴幼儿看护中心，积极引导社会力量创办托育服务机构，发展多元化托育服务体系。推进城乡基本公共服务均等化。以接纳农村转移人口较多的城镇为重点，探索建立城乡统筹的教育、就业服务、保障性住房、医疗卫生和社会保障体系，推动城乡公共服务协调发展。

（六）加大财政、金融、生育激励等配套政策支撑

吉林省户籍改革过程中，受经济形势影响，改革资金不足已成为普遍制约吉林省各地的短板。要持续完善户籍制度配套措施，加大财政等配套政策对户籍改革工作的支撑，积极筹措资金、完善补助方式，落实好财政支持农业转移人口市民化的各项财政支持政策。提高省对市县农业转移人

口市民化奖补资金规模，优化转移支付结构，加大省对市县一般性转移支付力度，提高市县政府提供基本公共服务的财政保障能力。根据人均财力水平并结合各地实际情况，积极向上争取相关政策资金，统筹各项资金来源，确保户籍制度改革各项工作所需经费。深化落实支持农业转移人口市民化的财政政策，在安排中央转移支付时更多考虑农业转移人口落户数量，安排奖励资金支持落户较多地区。实施均衡性转移支付制度，将中央和省专项资金逐一落实到位，使户籍制度改革相关政策资金得到有力保障。从义务教育、社会保险、就业服务、住房保障等方面加大对农业转移人口市民化的财政支持力度，大力提升公共服务保障水平，补齐民生社会事业发展短板，进一步增强基本公共服务财政保障能力。盘活存量资金，做大资金盘子，深挖资金潜能，加强财政提供基本公共服务的保障能力，提高财政资金的使用效率。做好各项人口相关统计，向中央提供东北地区"候鸟式养老"的具体数据，争取中央对养老金等的资金的合理调配，避免"本地攒钱外地消费"的"省际顺差"加剧地区经济发展不均衡局面。持续加强就业、创业、生育激励等方面的配套政策和服务，放长眼光，将短期的财政负担变为长期税收收入的来源。坚持以工补农、以城带乡，促进城乡要素双向自由流动和公共资源合理配置，缩小城乡发展差距和居民生活水平差距。完善农业转移人口的社会保障制度。建立统一、规范的人力资源市场，出台更多针对农业转移人口的就业促进政策；加强政府监管，彻底消除招工歧视、招工诈骗、非法招工等行为，切实保障农业转移人口的合法劳动权益；逐步将农业转移人口纳入所在城镇的养老保险、医疗保险、最低生活保障和住房保障体系等社保覆盖范围，为农业转移人口的生存和发展提供坚实可靠的社会保障。

第三节　提升农业转移人口技能素质

一、吉林省农民工返乡创业培训规模不断扩大

（一）创业形态逐步从外出打工向返乡下乡创业转变

在我省返乡创业者中，年龄逐步向中青年转变，大学生、退伍军人和40岁以下返乡青年比例逐年提高，创业人数占返乡创业总量的29.4%，全省返乡创业主体规模不断扩大。从2016年5.4万名返乡创业人员增加至现在的9.54万名，净增4.14万人，增幅达到76.7%。创业领域从传统行业转向新兴业态，传统农业种植逐步被特种养殖、观光旅游、休闲农业、特色种植、电商物流等创业行业取代，全省累计城乡电商超过47万户。创业取向从追求数量规模转变为注重品效益，重点打造吉林大米、吉林木耳、长白山人参、吉林杂粮等绿色有机品牌，品牌效益成为返乡创业者的首要追求。同时，创业的形式也更加丰富，从过去单体创业模式过渡为互助型的创业模式，通过农民工返乡创业协会、农民工返乡创业联盟等组织，为创业人员提供更多信息交流渠道，也为企业之间资源共享和人才互通提供了发展平台。

为了真正激发返乡农民工的创业激情，我省致力于让每项政策落实精准有效，加强政策资金撬动，支持并鼓励返乡农民工汇入大众创业、万众创新时代洪流。政府先后出台了《关于支持农民工等人员返乡创业的实施意见》《关于进一步推进农民工等人员返乡下乡创业的政策措施》等多项政策性文件，全省为农民工返乡创业已累计发放担保贷款13.98亿元，在落实税费减免、降低创业门槛、拓展融资渠道等方面为返乡创业的农民工提

供政策支持。此外，我省积极推进基地载体的拉动作用，加强返乡创业基地建设，将符合标注的产业基地命名为省级农民工返乡创业基地，为农民工等返乡创业人员提供更多硬件支持。2016年以来，全省累计已有省级农民工返乡创业示范县24个、省级农民工等人员返乡创业基地149个，将农民工返乡创业基地示范县创建工作落到了实处。

（二）创业培训驱动返乡创业

根据返乡创业者的实际需求，我省积极组织省直相关部门开展农民工返乡创业带头人、返乡创业"金凤凰"带头人、乡村旅游致富带头人、农村脱贫致富带头人相关培训，积极创新培训模式，近年来已累计培训各类返乡创业人员2.6万人。同时结合农民工自身返乡创业的特点，进一步完善服务促进效应，组织建立了由专家学者、创业成功人士、企业家等专业的服务队伍，全方位地为返乡创业者提供创业指导，全省累计参加现场指导服务的创业者3.82万名，建设基层创业服务平台5926个，完善了省、市、县、乡、村五个级别的创业服务平台建设，统筹城乡服务资源，向农村返乡创业者开放全省城镇63个创业实训基地，2020—2021年每年培训的返乡农民工超过12万人次。同时为了激发农民工返乡创业培训的积极性，开展了返乡创业创新大赛，对表现突出的优胜者给予表彰奖励，激发创业创新活力。

（三）实施农民工向农技工转型服务

支持企业开展岗前培训、转岗培训、岗位技能提升培训、安全技能培训和新型学徒制培训，对符合条件的按规定给予培训补贴。深入推进实施"农民工职业技能提升计划"，推进农村就业制度综合改革，建立农村劳务经纪人培养和激励机制，扩大技工和品牌工规模，引导农村劳动力有序转移。通过社区讲堂培训直通车等形式，将职业技能培训"进企业、进社区、进农村"，方便广大农民工就地就近参加培训，提升就业创业能力。

积极引导和组织农村劳动力提高技能水平，并确保参加农技工培训、技能鉴定的农村劳动力都能享受到相应补贴政策。截至2020年10月末，全省共有23737人参加农民工向农技工转型培训，完成全年任务的131.87%。2020年，通过集中组织开展"春风行动"专项服务活动，使用工企业与求职者实现有效对接，活动期间共帮助农村劳动者实现转移就业47.65万人。

二、大规模开展多种形式的职业技能培训

（一）广泛动员农民工参加培训

各地要把促进农民工稳定就业摆在更加突出的位置，高度重视农民工职业技能培训工作。要加强组织领导，明确职责分工，确定人员，形成工作合力。要指导督促行业、企业、培训机构做好农民工稳就业职业技能培训，广泛动员广大农民工参加各类技能培训。鼓励各类培训机构、职业院校、技工院校组织新招用农民工、待岗农民工、失业农民工和返乡农民工等群体，开展就业技能培训和创业培训。

对农村新成长劳动力和拟转移到非农产业务工经商的农村劳动者开展专项技能或初级技能培训。依托技工院校、职业院校、企业培训机构、就业训练中心、民办职业培训机构等教育培训机构，采取政府购买服务培训方式，坚持以就业为导向，强化实际操作技能训练和职业素质培养，使他们达到上岗要求或掌握初级以上职业技能，着力提高培训后的就业率。对少数民族农村转移就业劳动者，可根据其需要在开展职业技能培训的同时，开展国家通用语言培训。对符合条件的，按规定给予职业培训补贴和职业技能鉴定补贴。

劳动预备制培训。对农村未继续升学并准备进入非农产业就业或进城务工的应届初高中毕业生、农业户籍退役士兵开展储备性专业技能培训。依托技工院校，采取政府购买服务培训方式，对其开展1—2个学期的储备性专业技能培训，基本消除农村新成长劳动力无技能从业现象。对符合条

件的，按规定给予职业培训补贴、职业技能鉴定补贴和生活费补贴。

（二）切实组织好农民工技能培训

支持符合条件的企业针对农民工开展以工代训，根据组织以工代训人数给予企业职业培训补贴。各地可结合当地产业发展和企业用工需求以及农民工就业意愿，组织开展有针对性的定向、定岗培训和专项技能培训，提升转岗和失业农民工技能，支撑当地产业发展。要注重围绕市场急需紧缺职业，结合县域经济发展和公益岗位需求，大力开展建筑、机械、维修、家政、餐饮、保安、物流等适合农民工就业的技能培训和快递员、网约配送员、汽车代驾员等新职业新业态培训，提高返乡农民工职业转换和再就业能力，促进返乡农民工再就业。要结合新经济、新业态，大力开展农民工返乡创业培训，推动返乡农民工创业。对新生代返乡创业农民工，积极开展大数据、人工智能、电子商务等新技术新领域创业培训，促进提高创业质量和层次。

推动企业建立健全职工技能培训机制，指导企业制订技能人才培养规划，结合企业需求及新业态、新技术、新工艺广泛开展岗位技能提升培训，突出高技能人才培训、产业紧缺人才培训、安全技能提升培训、转岗转业培训、通用职业素质和数字技能普及性培训等。支持开展订单式、定向式及项目制培训，鼓励对重点企业及规模以上企业实施"一企一策"培训。支持职业院校、行业协会、职业培训机构与规模以上企业共建跨企培训中心，帮助中小微企业开展职工培训。鼓励企业合理调整参训职工工作及培训时间，依法保障职工参训期间的工资福利待遇。

（三）广泛开展就业技能培训

对在公共就业服务平台登记培训的农民工，在1个月内提供相应的培训信息或统筹组织参加培训，实现转移就业前掌握就业基本常识并至少掌握一项职业技能。对初次到城镇就业的新生代农民工开展必要的引导性培训。对失业和转岗人员，引导并组织参加新技能培训，帮助其尽快返岗、转岗。重点根据企业岗位实际需求开展订单式定岗培训，结合产业发展需求开展定向培训。大力推进岗位技能提升培训，支持岗位成才。支持企业对农民工广泛开展技能培训，重点对新生代农民工开展岗前培训、企业新型学徒制培训、岗位技能提升培训、高技能人才培训等，进一步提高其就业稳定性。围绕提高产品质量和促进安全生产，经常性开展安全知识、操作规程、规章制度培训。对具备较高职业技能和自主创新意愿的人员，特别是企业拔尖技能人才，开展岗位创新创效培训。加强劳模精神和工匠精神培育，引导新生代农民工爱岗敬业，追求精益求精。精准开展技能扶贫培训，助力脱贫攻坚。精准掌握建档立卡贫困劳动力、低保家庭劳动力、特困救助供养人员和残疾人等就业困难人员中新生代农民工的基本情况，结合扶贫项目和用工需求，优先为有培训意愿的人员提供精准技能培训服务，优先为有就读技工院校意愿的人员提供技工教育，帮助他们实现技能就业脱贫。积极开展创业创新培训，培养创业带头人。将有意愿开展创业活动和处于创业初期的农民工全部纳入创业培训服务范围，开展创业培训服务。重点对新生代农民工积极开展电子商务培训。对具备一定条件的人员开展以创办个体工商户和创办小微企业为中心的创业技能培训，提供开业指导和创业孵化、创业政策支持，提高创业成功率。对已创业人员，持续开展改善或扩大企业经营的创业能力提升培训和企业经营指导，加强创业公共服务，提升经营管理能力。

岗位技能提升培训。对与企业签订6个月以上期限劳动合同的在岗农民工开展提高技能水平的培训。由企业依托所属培训机构或政府认定的培训机构，根据行业特点和岗位技能需求，结合技术进步和产业升级对职工技能水平的要求，对新录用农村转移就业劳动者开展岗前培训或学徒培训，对已在岗农民工开展岗位技能提升培训。培训经费由企业职工教育经费列支。对符合条件的，按规定给予企业一定比例的职业培训补贴和职业技能鉴定补贴。

高技能人才培训。对具备中级以上职业技能等级的在岗农民工开展高技能人才培训。人力资源社会保障部门根据区域经济社会发展需求和产业发展要求制定高技能人才培养规划，鼓励符合条件的企业在岗农民工参加高技能人才培训，提升其技能水平和职业技能等级。培训经费由企业职工教育经费列支。对符合条件的，按规定给予技师培训补贴。

创业培训。对有创业意愿并具备一定创业条件的农村转移就业劳动者开展提高其创业能力的创业培训。依托创业培训机构，结合当地产业发展和创业项目，根据培训对象特点和需求组织开展创业培训，重点开展创业意识教育、创业项目指导和企业经营管理培训，提高培训对象的创业能力。对符合条件的，按规定给予创业培训补贴。

三、切实提高培训质量

（一）创新培训内容和方式，提高培训针对性有效性

根据制造业重点领域、现代服务业和乡村振兴对技能人才需要，以新生代农民工为重点，积极开展相关职业（工种）技能培训。逐步推广工学一体化、"互联网+职业培训"、职业培训包、多媒体资源培训等灵活多样的培训方式，满足新生代农民工多样化、个性化培训需求。根据当地新生代农民工特点和产业发展实际，打造特色培训品牌。扩大培训供给，实行市场化、社会化培训机制。政府投资建设的高技能人才培训基地、实训基地和创业孵化基地等，要率先做好新生代农民工职业技能培训工作，带动其他培训资源参与。逐步推进职业技能培训公共服务项目目录清单管理，政府补贴的职业技能培训项目全部向具备资质的职业院校和培训机构开放。推动落实劳动者自主选择职业培训机构和培训项目、鼓励按培训补贴标准领取补贴的政府购买服务方式。

做好公共就业服务，实现培训就业一体化。多渠道公开职业培训信息，提高新生代农民工对就业趋势、培训政策、课程内容等信息的知晓度。支持

职业培训机构与行业协会、大中型企业、劳务输出机构等建立联合体，开展培训就业一站式服务。推进劳务输入地与输出地联动对接，延长新生代农民工跨区域培训就业服务链条。加强就业形势监测，对就业不稳定的农民工，及时提供技能培训和就业信息服务。健全覆盖城乡全体劳动者、贯穿劳动者学习工作终身、适应就业创业和人才成长需要以及高质量发展需求的终身职业技能培训制度。大规模开展职业技能培训，有效提高培训质量。完善技能人才和从事与技能类职业（工种）相近专业的专业技术人员培养、使用、评价、激励机制，持续增强技能人才发展动力和创新创造活力。

实施乡村振兴职业技能提升计划。面向农村转移劳动力、返乡农民工、脱贫劳动力，开展就业技能培训、创业培训、新职业新业态和安全知识培训，提升其就业创业能力。注重对准备外出就业青年农民工的职业指导和培训工作，依托职业院校、职业培训机构和公共实训基地等为其提供有针对性的培训服务，促进其职业技能提升。积极推进农村实用人才技能培训，培养一批农业农村高技能人才和乡村工匠。强化高素质农民先进实用技术技能培训，推进各类现代农业技术培训和其他涉农技术培训，提升农业农村产业发展能力和新型农业经营主体经营管理能力。实施农村创业创新带头人培育行动，加强专业人员队伍建设，为返乡入乡创业创新人员提供培训指导服务。加强汽车、石化、新材料、医药健康、先进装备制造、电子信息、新能源、现代服务业以及现代农业等产业高技能人才培养。探索以创新能力、实效、贡献为标准的培养体系，加大技师、高级技师、特级技师研修培训。对企业关键岗位的高技能人才，开展新知识、新技术、新工艺等方面培训，壮大高技能人才队伍。深入推进个性化、特色化培训，积极培育"吉林农技工"品牌。突出吉林特色，发挥资源优势，加强个性化、特色化培训，着力培育"吉林农技工"品牌。围绕长春汽车产业发展布局和对劳动力供给需求，积极开展车钳工品牌培训；依托大连船舶工程公司、大连船舶海洋公司、大连船舶电子公司等用人单位与我省劳务输出地签订的劳务合作协议，积极开展船舶焊接工品牌培训；长春市双阳区结合"家庭服务业从业人员技能培训专项行动"，积极开展"双阳家政服务"品牌培训等。通过实施个性化、特色化培训，积极打造"吉林农技工"品牌。目前，各地已培育出"岭城技工""双阳家政""前郭海员""江城育婴师""蛟河菌类园艺工""集旅农技工"等一批"吉林农技工"品牌。

（二）认真落实相关培训补贴政策

要落实好农民工免费培训政策、参加培训的贫困劳动力生活费补贴政策和企业以工代训政策。对同一职业（工种）同一技能等级通过初次职业技能鉴定并取得职业资格证书、职业技能等级证书、专项职业能力证书的参训人员，按有关规定给予职业技能鉴定补贴。各地要落实国家和省有关要求，提高培训补贴标准。农民工培训补贴资金从职业技能提升行动专账资金中列支，不足部分可由就业专项资金支出。抓好对农民工技能培训的督导服务。各级人社部门要深入企业和培训机构，对农民工职业技能培训进行调研指导。要对接人力资源市场、企业和农民工需求，及时发布培训项目目录、培训机构目录、培训种类方式以及就业信息等，方便农民工培训和就业。针对农民工特点，支持技工院校、职业院校、职业培训机构、企业培训中心等开展定向、定岗、订单培训，提升培训质量。要及时了解农民工稳就业职业技能培训工作出现的新情况、新问题，并研究解决。

鼓励农民工返乡创业。加强农民工返乡创业基地建设，鼓励有技能和经营能力的返乡农民工创办家庭农场和养殖场，领办农民合作社，兴办涉农龙头企业和农业社会化服务组织，吸纳返乡和就近转移的农民工就业。进一步将农民工纳入创业政策扶持范围，运用财政支持、创业投资引导和创业培训、政策性金融服务、小额担保贷款和贴息等扶持政策，促进农民工创业。

规范农民工劳动用工管理。认真落实劳动合同法，督导监察用人单位依法与农民工签订和履行劳动合同，针对季节性强、招用农民工多、人员流动性大的建筑企业和行业的劳动用工特点，积极推广使用《劳动合同简易文本》，提高农民工劳动合同的签订率。保障农民工劳动报酬权益。在建设领域和其他容易发生欠薪的行业大力推行工资保证金制度，完善并落实工程总承包监察执法与刑事司法联动治理恶意欠薪制度。

扩大农民工参加城镇社会保险覆盖面。依法将与用人单位建立稳定劳动关系的农民工纳入城镇职工基本养老保险和基本医疗保险，研究完善灵活就业农民工参加基本养老保险政策，灵活就业农民工可以参加当地城镇居民基本医疗保险。完善社会保险关系转移接续政策。努力实现用人单位的农民工全部参加工伤保险，着力解决未参保用人单位的农民工工伤保险待遇保障问题。推动农民工与城镇职工平等参加失业保险、生育保险并平等享受待遇。对劳务派遣单位或用工单位侵害被派遣农民工社会保险权益的，依法追究连带责任。加强农民工安全生产和职业健康保护。强化企业安全生产主体责任，推动企业农民工安全生产和职业病防治主体责任落实。

第四章

吉林省新型城镇化与空间协调发展

根据吉林省的自然环境、资源禀赋、城市布局和经济基础，加快新型城镇化的建设步伐，促进各类要素合理流动和高效集聚，推进实现吉林省区域空间协调发展。在哈长城市群一体化发展背景下，优化城镇化空间格局，构建以"一圈三区四轴"为主体，以节点城市为支撑、以重点小城镇为补充，形成疏密有致、分工协作、功能完善的新型城镇化发展格局，促进各类要素合理流动和高效集聚，推进实现吉林省空间协调发展。

第一节　优化新型城镇化空间格局

吉林省加快构建"一圈三区四轴"的城镇化空间格局，建设长春现代化都市圈，打造敦延珲、通白和白城三个城镇集聚发展区，推动形成哈大、珲乌、通白敦东部城镇和集双南部城镇四个集聚发展轴。

一、建设长春市现代化都市圈

根据吉林省"十四五"规划，提出建设长春现代化都市圈，以省会长春市为中心，包括长春市、吉林市区、辽源市区、四平市区、松原市区以及公主岭市、伊通县、前郭县和永吉县。长春市凭借优越的地理位置和区位条件，是吉林省的当之无愧的中心城市，也是长春都市圈核心城市。长春市经济基础较好，产业优势突出，历史文化底蕴深厚。从经济发展来看，2021年，长春市的总人口为908.72万，占吉林省总人口的38.26%，其中市区人口为446.8万。2021年，长春市GDP达到了7103.12亿元，仅次于大连，居东北"四大城市"第2位，人均GDP达到78632元，综合实力位居全省首位，其中，第一产业增加值523.74亿元，第二产业增加值2960.47亿元，第三产业增加值3618.90亿元。2021年，长春市在复杂的国际国内环境下，全力以赴稳增长，支持一汽稳排产、扩增量，在长统计口径整车生产242万辆，完成产值4551亿元。新冠疫苗12条分装线当年投产，净增产值30亿元，带动生物医药产业产值增长39.7%。农产品加工业增长30.2%，新材料产业增长16.7%，光电信息产业增长19%。

加快构建以长春市为核心，辐射带动吉林、四平、辽源、松原、梅河口，构建"一核、两翼、三圈、多带"的都市圈空间格局。"一核"：以长春中心城市为核心。加快建设"三强市三中心"，优化"六城联动"产业布局，发挥长春在维护国家粮食安全、生态安全、产业安全等突出作用，构建现代产业体系，统筹域内外发展资源，辐射带动周边城市发展。"两翼"：长吉一体化、长平一体化协同发展。"三圈"：半小时生活圈、1小时通勤圈、2小时通达圈。"多带"：以哈大、珲乌两条主要复合轴为基础，依托高速铁路和高速公路城际交通线，形成向外辐射发展态势。

二、打造三个城镇集聚发展区

按照吉林省东西区域城镇布局结构以及发展基础，重点打造敦延珲城镇集聚发展区、通白城镇集聚发展区和白城城镇集聚发展区，提高城镇综合承载能力。

敦延珲城镇集聚发展区充分发挥长吉图开发开放优势，深化图们江区域合作，构建大图们江开发开放经济带。优化边境地区布局，强化稳边固边功能，推动人口集聚、产业提质、开放提效，着力打造50-100万人口级别城市，增强边境地区综合实力。

通白城镇集聚发展区重点推进通（化）快（大茂）一体化，白山市推进浑江区、江源区队进式发展，打造吉林省东南部协同发展的两个中心城市。加快推进通化市和白山市的产业融合互动，建立上下游有机衔接的产业链条，塑造资源型产业新优势。

白城城镇集聚发展区重点推进白（城）洮（南）一体化，加快建设白城国家级高载能高技术基地，构建西部核心城市，打造中蒙俄经济走廊重要支撑区。完善连接中部地区的快速交通通道建设，密切与长春现代化都市圈的经济联系。

三、构建两横两纵城镇联动发展轴

立足区域发展基础和发展趋势，依托高速铁路、高速公路等交通轴线，构建哈大、珲乌两条城镇发展主轴，按照整合资源、创新模式、彰显特色和联动发展要求，打造通白敦东部城镇集聚发展轴和集双南部城镇集聚发展轴。

哈大城镇发展主轴依托哈大交通轴线，强化长春市的南北向辐射带动作用，提升四平市、公主岭市、榆树市、德惠市、扶余市等沿线城市和重点小城镇产业集聚功能，建设汽车及零部件、农产品加工、高端服务业等产业基地，形成哈长城市群的核心城镇发展轴。

珲乌城镇发展主轴依托珲乌交通轴线，强化长吉两市东西向辐射带动作用，提升珲春市、图们市、延吉市、龙井市、安图县、敦化市、蛟河市、农安县、松原市、大安市、白城市等沿线城镇综合功能。形成长春现代化都市圈、敦延珲城镇集聚发展区和白城城镇集聚发展区联动发展的城镇发展主轴。

通白敦东部城镇集聚发展轴依托沈阳—二道白河、敦化—二道白河高铁及鹤大高速公路，串联通化市、白山市、敦化市等城镇，建立上下游有机衔接的产业链条，塑造资源型产业新优势，强化图们江、鸭绿江沿岸的经济深度合作，加强沿边城镇建设，完善边境城镇功能，打造边境风情旅游城镇。重点发展食品、生物医药、黑色金属采矿及冶金、新型建材、装备制造等主导产业。

集双南部城镇集聚发展轴依托集安市、通化市、梅河口市、辽源市、四平市、双辽市等节点城市，强化轴带上中心城市和重要节点城市的辐射带动作用，提升重点城镇综合服务水平，推动通化内陆港和梅河口新区建设，构建向南开放和向西开放的大格局。

第二节　推进长春现代化都市圈协同发展

吉林省顺应新时代发展形势，统筹推进"一主、六双"产业空间布局，聚力长春现代化都市圈建设。未来把长春现代化都市圈建设成为全国领先、区域领跑的现代化都市圈。

一、长春现代化都市圈协同发展现状

（一）长春现代化都市圈区位优势突出

长春现代化都市圈由以长春市为中心及联系紧密的周边城市共同组成，主要包括：长春市主城区、九台区、双阳区、公主岭市、农安县、德惠市、榆树市，吉林市主城区、永吉县，四平市主城区、伊通县，辽源市

主城区，松原市主城区、前郭县、扶余市，梅河口市。长春现代化都市圈地处东北亚地理中心、东北地区哈大发展轴与珲乌发展轴"大十字"交会地带，是我国向北开放重要窗口和东北亚地区合作中心枢纽，"东西一体、南北联动、走向世界"的发展格局加速形成。长春临空经济示范区、长春龙嘉国际机场三期、长春—辽源—通化高铁、1小时都市圈高速环线等平台通道建设全面推进，以长春为核心、周边5市联动的"圈层＋放射"现代综合立体交通体系正日趋完善。

（二）长春现代化都市圈产业基础雄厚

长春都市圈是吉林省内最大的经济体，此区域内城镇较为密集、分布着众多的高校和科研院所，城市综合承载能力也相对较强。长春现代化都市圈2021年经济总量达到10017亿元，占吉林省的81%，基本已经形成了完整的工业体系，汽车制造、轨道装备、石油化工等主导产业在国家总体生产力布局中具有重要的战略地位，拥有一汽集团、中车长客、吉林石化、吉林油田等一批国家级的龙头企业。近年来，长春市深入推进供给侧结构性改革，以传统优势产业、战略性新兴产业、现代服务业、现代农业为重点，加快产业升级步伐，努力打造现代化产业体系。长春市积极推动汽车、轨道客车、农产品加工三大支柱产业优化升级，2021年奥迪新能源项目等重点项目取得突破性进展。在长吉一体化发展过程中，重点加快对已有产业的提升，促进产业转型升级，完善基础设施建设，加快平台载体的建设步伐，有利于推动创新资源和创新成果向企业和园区集聚转化，进而形成新能源汽车、轨道客车、光电子、医药健康、大数据、生物化工等产业创新链，形成新的经济增长点。从长春吉林一体化产业分工和合作来看，长春、吉林两市以专业化分工协作为具体导向，通过着力发挥专业化的协同效应，积极推动吉林市的化工、碳纤维产业与长春市的汽车产业、装备制造业深入融合发展，加快提升长春市和吉林市的产业融合度。

长春市的优势主导产业汽车产业位于汽车产业开发区，未来进一步优化"中国一汽"产业布局是必经之路，向西南方向拓展产业是必然趋势，公主岭作为西南方向与长春毗邻的县市，具有优越的区位和产业基础，公主岭围绕汽车产业进行发展布局，重点开发建设公主岭经济开发区、大岭汽车物流经济开发区，增强产业的承接能力，与长春市的汽车产业发展形成对接的态势，完善产业链。汽车零部件产业和农产品加工产业是公主岭市的两大支柱产业，并且已经发展到一定的规模，目前，公主岭的汽车零部件企业有156家，其中有三分之一是规模以上企业，其中，安通林华翔、安宝、轴承厂、吉轻阻尼、长华、同心、长阪车灯、一汽四环、公主岭华翔等企业为一汽A级供货商。拥有农产品加工及食品企业324户，其中规模以上企业22户，公主岭国家级现代种业产业园获准建立，国家农高区获得批复。长春公主岭两市的汽车产业、装备制造、现代农业与农产品加工业、现代物流业等产业发展基础雄厚，两市在产业发展方面关联度较高、具有较强的互补性，目前基本形成以汽车产业为核心，装备制造、新型建材、现代服务业等多方面产业分工与合作的发展关系，未来产业分工合作潜力大，为同城化发展提供广阔空间。2021年，长春市深入开展服务业攻坚战略，长春市就拥有省级现代服务业集聚区达34个，占吉林省总量的一半以上。

（三）长春市现代化都市圈协同发展趋势较好

长春现代化都市圈内的6个城市地理位置邻近，经济联系紧密，合作协同高效。近年来，长春市核心城市区域化发展趋势明显，九台撤市设区、公主岭市划归长春市代管，长春新区、中韩（长春）国际合作示范区、长春临空经济示范区相继获批，在基础设施共建共享，产业分工协作、公共服务以及社会管理等方面推进协同发展。2018年9月，吉林省实施"一主、六双"产业空间布局以来，区域一体化步伐加快。2019年12月，长春、吉林接合片区获批国家城乡融合发展试验区，长吉一体化取得实质性进展。2020年6月，公主岭市正式划归长春市代管，率先实现从"一体化"向"同城化"的历史迈进。长春市与吉林市、四平市、辽源市、松原市、梅河口市分别签署合作协议，建立产业协同、干部交流等系列合作机制，一体化取得明显成效。

长春市和吉林市距离不足90千米，经济社会联系较为紧密，一体化开发条件相对优越，具备率先实现一体化协同发展。长春吉林一体化发展进程驶上"快车道"，在产业融合、科教文化、生态旅游、基础设施建设、乡村振兴等领域长春和吉林协同发展，吉林市主动融入长春现代化都市圈。此外，长春市、吉林市立足改革试验任务，统筹谋划区域内城乡空间布局，加强重要节点城镇之间的横向经济联系，进一步促进产业在区域内集聚、融合，从而加快构建长春市和吉林市城乡融合发展的新格局。

长春、四平两市地理空间毗邻，开发条件优越，发展要素集中，经济社会联系紧密，产业分工互补，是建设长春现代化都市圈的重要区域。特别是近年来，随着高速、高铁等交通网络逐渐形成，就业、商务、旅游等人口往来密切，资源、技术、资本等要素流动频繁，社会经济联系基础扎实。长春、四平两市产业关联度较高，在汽车产业、装备制造、化工产业、农畜产品加工等产业领域联系密切，产业合作互补性强、空间广、潜力大，一定程度上形成了资源共享与优化配置、区域性产业分工与协作格局初现，未来产业分工合作潜力大，为协同发展提供了广阔空间。

二、长春现代化都市圈协同发展中存在的问题

（一）核心城市的辐射带动作用有待进一步提高

协同发展在中心城市和邻近城市之间发生，协同发展的前提是区域有发展水平较高的核心城市，如我国比较早提出的"广佛同城化""夏漳泉同城化""西咸同城化""沈抚同城化"等同城化发展地区，从这些地区的同城化发展的成功案例来看，同城化发展的模式都是以强带弱的模式，中心城市人口高度集中，经济较为发达，通过自身强大的经济辐射效应能

够带动整个区域的发展。也就是说，需要由一个经济高度发达的核心城市带动周边欠发达的小城市。由以上的同城化案例可以看出，核心城市与欠发达城市之间的经济发展水平差距较大。2021年，长春市实现地区生产总值7103.12亿元，人均生产总值达到78632元，长春与周边城市之间存在这种差距，但长春市作为副省级城市，其核心城市竞争力与上述核心城市相比，无论是经济发展水平还是辐射带动能力仍有待进一步增强，极核的牵引效应还不够。近年来，虽然长春市的经济发展相关指标在东北地区处于相对领先水平，但长春市依然面临着经济结构调整、产业转型升级的压力，先进制造业发展相对缓慢，战略性新兴产业和现代服务业规模较小，新产业、新业态培育不够快，新旧动能转换仍需进一步加快。长春经济发展的市场化程度依然不高，民营经济发展相对滞后，创新创业等方面的发展不够活跃，城市综合竞争力仍需提升。

（二）都市圈产业分工合作有待加强

产业的分工与协作是协同发展地区实现空间与经济深度融合，进而实现协同发展目标的重要环节。虽然长春市都市圈内其他城市之间的产业发展在一定程度上形成了分工协作，但由于各城市追求自我产业体系的完善，区域间产业分工不明显，产业的前后向联系不紧密，尚未形成产业集群优势，长春正在积极推动汽车、轨道客车、农产品加工三大支柱产业优化升级，加快培育先进装备制造、光电信息、生物及医药健康、新能源汽车、新材料、大数据六大战略性新兴产业，推动各产业集聚发展。以周边的公主岭为例，公主岭以汽车零部件、农产品加工为支柱产业，以医药化工、装备制造、能源和新能源、建材和新型建材、膨润土五大优势产业为支撑，着力培育"2+5产业集群"，通过充分利用园区明确分工并充分发挥其承载功能，公主岭市的产业集聚进一步得到加强，但是，长春市与公主岭之间分工协作清晰的产业集群尚未形成，还有较大的提升空间。因此，目前长春市与周边城市的产业集群发展尚不成熟，长春现代化都市圈功能分工体系尚不清晰，各区域的主导功能依然不明确，在一定程度上依然有功能雷同的问题。城市的各企业之间分工协作滞后，技术关联度较低，产业同构的现象在各产业内部依然存在，难以从外部规模经济效益中获利，这在一定程度上制约了区域产业的良性竞争。

（三）都市圈内基础设施对接有待加强

协同发展必须有科学的、战略性的空间规划为引领，还需要有相应统一的专项规划，在空间规划与整体引导方面，如日本的首都经济圈自成立以来，先后制定了5次基本规划，规划充分考虑了社会、政治、经济及地方文化等诸多的发展要素，并根据实际情况适时修改调整。长春市虽然已经编制了《长春经济圈规划》《长春吉林一体化协同发展规划（2018—2025年）》《长春—公主岭同城化协同发展规划（2019—2025年）》，但上述规划都属于战略性、指导性规划，目前在经济发展、产业发展、土地利用、项目建设以及城市建设等方面规划依然不统一。土地利用、城市建设等方面不统一，基础设施对接不到位。以长春市和公主岭之间的交通基础设施建设为例，连接长春与公主岭的主要有硅谷大街、富民大街、腾飞大街、前进大街、东风大街等几条主要道路，未来还需继续加强两地的道路互联互通，增加开运街等道路的联通。此外，目前长春市现代化都市圈内各城市之间城际快轨大部分还没有开通，还需要增加各城市之间的城际快轨、城际快线公交，提高都市圈内各城市之间联通的便利性。

三、促进长春现代化都市圈快速发展的路径

（一）加快推进"一核"高质量发展

长春现代化都市圈作为吉林省城镇最为密集、高等教育资源最为丰富、城市综合承载能力最强的区域，做大做强长春市，全面提升长春市核心城市集聚和辐射带动能力，推动长春现代化都市圈高质量发展是实现吉

林省经济加快转型，提速振兴的必然选择。长春市是吉林省经济发展的核心，对其他市、县具有较强的辐射和带动作用，对于引导吉林省全面振兴、全方位振兴具有重要的意义。未来，长春市的发展要继续做大做强长春市中心城市，不断提高长春现代化都市圈核心区的发展效率和水平，实现现代化都市圈的集聚发展。加快推进长春国家区域创新中心，着力打造工业强市、农业强市以及生态强市，加快推动长春国际汽车城、"双碳"示范城、现代农业城、文化创意城、科技创新城、新兴消费城"六城联动"，提升长春市作为核心城市的辐射和带动作用，促进产业转型和升级。在推进国际汽车城建设方面，围绕打造万亿级汽车产业基地，支持一汽创建世界一流企业，加快补链、延链和强链。深入实施创新驱动发展战略，建立创新运行体系，支持科技型产品本地推广，汽车、轨道客车、航天信息等支柱产业中大力引进科技型企业。坚持多规融合、产城融合，加快长春市城市更新步伐，提升城市承载能力，不断完善长春市现代化都市圈范围内的各项基础设施，提高都市圈整体公共服务设施的水平，科学深入地开展城市体检，在提升长春市生活服务功能方面有所突破，努力把长春市建设成为适合各类人才居住和生活的现代化都市，能够吸引更多的高层次人才参与建设长春。在长春市的生态环境建设方面，高标准保护生态环境，高质量推动绿色发展，着力推进各项环境综合整治，为居民的生活营造良好的环境，高水平建设"双碳"示范城。

（二）统筹推动"一主"与"两翼"协同互动

立足吉林省的发展大局，统筹推动"一主"与"两翼"协同互动，深入实施长春吉林一体化协同发展和长春四平一体化协同发展，以长吉、长平一体化作为先行先导，辐射带动松原、辽源、梅河口等周边城市协同发展，增强就业吸纳能力，带动人口和经济集聚。

加快推进长吉一体化协同发展，实施产业发展、基础设施、生态环保、公共服务和社会管理"五个一体化"工程。依托长吉北线铁路和公路，着力打造以高端装备制造、新能源制造等为主的制造业产业发展带。依托长吉南线，重点打造以绿色休闲和现代农业为主的一、二、三产业融合发展带。依托长吉南部交通轴线，重点打造以生态、冰雪旅游为主的乡村旅游及商务服务发展带。长吉两市围绕汽车产业、轨道交通、石油化工、新材料等产业，加快整合各类资源和要素，推进区域物流基础设施和重要物流节点的建设步伐。

着力推进长平一体化协同发展，推动在发展规划、国土空间规划、生态环保规划等的制定和实施上，一体化统筹规划，协同发展。依托长春、四平两市的区位条件、产业基础、发展潜力，将推动汽车、农产品加工、装备制造等重大产业实现能级突破。支持四平市与一汽集团深度合作，推动长春国际汽车城与四平市联合共建汽车产业园区。长平一体化协同发展探索构筑合作示范区、"飞地经济"等各种产业发展支撑平台，重点打造战略性新兴产业集群，促进各类要素合理流动和高效集群。推动四平化工园区承接长春市精细化工、医药化工、生物化工产业转移。推进长春市优质教育资源向四平市延伸，支持两地联合办学、共建学校。加强公共卫生合作，完善重大疫情联防联控及监测预警机制。此外，支持长平两地基础设施统一，探索实施东辽河沿岸、伊通河上下游、二龙山水库周边生态共治模式。

（三）加强都市圈内公共服务共享和环境共治

公共服务设施的共建共享是都市圈协同发展的重要组成部分。推动长春现代化都市圈协调发展，在公共服务领域推进互惠共享，共同推进城市功能完善，从而共建宜居宜业的长春现代化都市圈。以公共服务均衡普惠、整体提升为导向，加快推进长春都市圈在教育、医疗、社保等领域的公共服务实现均等化。在教育方面，整合优质教育资源，推动建立跨区域教育集团、学校联盟，鼓励引导名校在都市圈内开办分校，积极推进长春市教育资源向其他地区延伸，启动长春市与都市圈内其他城市户籍、学籍等的同城化对接，促进优质基础教育资源共建共享。在医疗卫生保障方面，统筹优化医疗设施布局，开展多层次、多模式合作办医，鼓励构建跨区域医疗联合体、医共体，推动病例跨地区、跨机构互通共享，推动医学检验检查机构跨地区、跨机构互认，促进医疗卫生服务资源共享，鼓励长春市高水平医院与其他城市相关医疗机构开展合作互助，促进优质医疗资源通过设立分院、合作办院等形式实现优质资源共享。推动政务服务联通互认，全面实现同城化"一网通办"。在生态环境保护和治理方面，推进区域环境监测网络一体化建设，探索建立长春现代化都市圈生态环境部门之间的联动机制，开展跨区域突发环境事件应急机制对接，共同推进污水、废气、固体废弃物等多污染物综合防治和统一监管，加大松花江、东辽河等流域水环境协同治理力度，系统推进综合治理与生态修复工程，建设环境优良的生态空间。

第三节　加快培育和壮大中小城市

吉林省要继续坚持新发展理念，贯彻落实国家有关区域发展的决策和部署，以协调发展理念为引领，加快推进吉林省城市的协调高效发展。加快培育中小城市，促进中小城市健康发展，有利于推进新型城镇化进程，是吉林省城镇化发展的必然选择。

一、吉林省中小城市发展现状

（一）中等城市发展现状

吉林省拥有四平市、通化市、松原市、辽源市、白山市、白城市6座中等城市。四平市位于吉林省西南部，松辽平原中部，蒙、吉、辽三省

（区）的交界处，是吉林省西南部的重要中心城市，对周边的县市有较强的辐射和带动作用。2021年，四平市的总人口为209.4万，城镇人口占总人口的比例为31.60%，城镇化率稳步提高。2021年，四平市GDP实现554.02亿元，经济总量稳步提高，产业结构也持续调整。四平市经济发展态势稳中向好，新建、续建、四平长春共建汽车产业园、三产融合食品产业园等亿元以上项目167个，大窑10万吨碳酸饮料、华凯比克希线束等15个重大项目当年建设、当年投产，昊华20万吨离子膜烧碱项目一次性试车成功，项目投资完成率全省第一。通化市是吉林省东部的中心城市之一，辖区面积15195平方千米。通化市地理位置优越，资源较为丰富，经济发展基础较好。2021年，通化市经济运行呈现稳固恢复、持续向好的发展态势，GDP达到567.9亿元，与上一年相比增长6.8%，其中，第一产业增加值66.9亿元、第二产业增加值166.1亿元、第三产业增加值334.9亿元，三次产业结构比重调整为11.8：29.2：59.0，产业结构进一步优化，人均GDP达到37080元。松原市辖区面积2.2万平方千米，总人口273.26万，土地资源丰富，素有"世界黄金玉米带、黄金水稻带和黄金葡萄带"之称。2021年，松原市GDP达到817.71亿元，其中，第一产业增加值实现225.08亿元、第二产业增加值实现163.32亿元、第三产业增加值实现429.31亿元，第三产业在经济发展中的比重不断增加，结构比重调整为29.3：18.3：52.4，全年全口径财政收入82.26亿元，城乡居民收入稳步提高。辽源市位于吉林省中南部，辖区面积5138.72平方千米，总人口114.76万，下辖西安区、龙山区、辽源经济开发区和东辽县、东丰县。辽源市地处东辽河与辉发河的上游，是满族的发祥地之一。2021年，辽源市经济社会发展态势较好，经济转型取得明显成效，GDP达到463.49亿元，其中，第一产业增加值为50.60亿元、第二产业增加值为135.97亿元、第三产业增加值为276.92亿元，经济发展取得较好的成绩。白山市位于吉林省的东部山区，是吉林省东部绿色转型发展区内的中心城市之一，区域内森林覆盖率较高，自然资源丰富。白山市辖区面积17485平方千米，2021年，白山市的总人口为115.06万，其中，城镇人口84.79万，城镇人口所占比重较高，农村人口30.27万。2021年，白山市向绿色转型全面振兴高质量发展迈出坚实步伐，GDP达到541.41亿元，其中，第一产业增加值为67.20亿元、第二产业增加值为144.77亿元、第三产业增加值为329.43亿元，第三产业所占比重相对较高，产业结构转型升级取得成效，三次产业结构比重进一步调整为12.6：25.6：61.8，经济发展稳中向好。白城市位于吉林省西部，是吉林省西部生态经济区的中心城市之一，辖区面积25832平方千米。2021年，白城市的总人口为184.54万，其中城镇人口80.07万，城镇化率还有待进一步提升。2021年，白城市经济发展的稳定性明显增强，质量效益不断提升，GDP达到548.83亿元，其中，第一产业增加值为148.81亿元，第一产业所占比重依然相对较高，第二产业增加值为97.82亿元，第三产业增加值为302.21亿元，服务业得到了较好的发展，产业结构调整步伐加快，进一步调整为27.1：17.8：55.1。

（二）小城市发展态势

吉林省小城市众多，延吉市、梅河口市、珲春市、通化县、公主岭市等一批小城市发展态势较好，已经发展成为吉林省重要的节点支撑城市。延吉市是吉林省延边朝鲜族自治州的首府，位于吉林省东部、延边州中部，辖区面积1748.3平方千米，总人口55.78万，其中城镇人口48.20万，农村人口7.58万。延吉市属于少数民族边境城市，依托朝鲜族特色，旅游业发展相对较好。2020年，延吉市GDP为314.55亿元，从三次产业结构来看，由于地处边境和山区，第一产业所占比重相对较低，增加值仅为4.39亿元，第二产业增加值为108.15亿元，第三产业所占比重较高，增加值为202.01亿元，可见以旅游业为主导的服务业发展相对较好，三次产业结构为1.4：34.4：64.2，产业结构较为合理。经过多年的发展，延吉市也取得了较好的成绩，获得了2021年度全国综合实力百强县市，综合竞争力在全国县市中相对较好。此外，延吉市还获得了2021年度全国科技创新百强县

（市）、全国绿色发展百强县市等荣誉称号，延吉市的可持续发展能力也得以稳步提升。梅河口市是吉林省直管县级市，是吉林省近年来发展较好的小城市之一。梅河口市辖区面积2179平方千米，总人口70万，下辖1个省级高新技术产业开发区，19个乡镇，5个街道。近年来，梅河口市着力推进吉林省重要节点城市建设以及高质量发展先行示范区建设，注重产城联动、以产兴城，重点打造医药健康、食品加工、商贸物流和现代服务业等四大主导产业，重点推进主导产业向高端化、规模化以及集群化方向发展，发展成效较好。2020年，梅河口市的GDP达到了217.47亿元，人均收入水平在吉林省各县市当中一直名列前茅。2021年，梅河口市获得了全国综合实力百强县市及全国投资潜力百强县市等称号。公主岭市地处吉林省中西部，与长春市毗邻，辖区面积4058平方千米，2020年总人口为101.38万。公主岭积极推动经济社会高质量发展，2020年地区生产总值突破300亿元，在吉林省内县域位于前列。在产业发展方面，公主岭以汽车零部件、农产品加工为支柱产业，以医药化工、装备制造、能源和新能源、建材和新型建材、膨润土5大优势产业为支撑，着力培育"2+5产业集群"，通过充分利用园区明确分工并充分发挥出承载功能，公主岭市的产业集聚进一步得到加强。产业转型升级成效明显，汽车零部件产业向轻量化和智能化方向发展，农产品加工业向食品化和健康化发展，传统物流业向智能化和专业化发展。珲春市地处吉林省东南部图们江下游，位于图们江区域国际合作开发的核心地带，与朝鲜、俄罗斯陆路相连，与朝鲜、俄罗斯、韩国、日本水路相通，区位优势较好。凭借良好的地理区位优势，珲春市着力建设海洋经济发展示范区，推动海产品加工、纺织服装、跨境电商等产业集聚发展，产业人口的承载能力进一步提高。2020年，珲春市GDP达到91.11亿元，发展质量稳步提升，获得了2020年全国电子商务进农村示范县市称号。通化县位于吉林省东部地区长白山南麓，辖区面积3724平方千米，总人口24万，素有"长白门户·吉辽咽喉"之称。2020年，通化县GDP达到86.6亿元，经济发展水平稳步提升。2020年度县域经济振兴发展考评位列吉林省第七位，连续七年进入吉林省前十位。通化县有规模以上工业企业47户，2021年实现总产值62.56亿元，以东宝集团、青山实业、振国集团、华夏集团、四方山铁矿、宏信研磨材、通天酒业、大泉源酒业为代表的工业企业实力雄厚。

二、中小城市发展存在的问题

（一）城市规模偏小，发育不足问题突出

目前，吉林省除长春、吉林两个大城市之外，其余均为中小城市，大、中、小城市协调发展的格局尚未形成。城镇体系规模结构相对不合理，中小城市规模偏小，发育不足问题突出。吉林省有通化市、四平市、松原市、辽源市、白山市、白城市6座中等城市，从人口规模上来看，处于中等城市的下限水平。从经济规模来看，2021年，四平市、通化市、白山市、松原市、白城市以及延边朝鲜族自治州地区生产总值均未达到1000亿元，最低的辽源市仅为463.49亿元，吉林省缺少人口规模和经济发展相对较强的中等城市，对大城市的支撑以及对小城市的带动能力不足。在吉林省的小城市中，仅有有限的几个Ⅰ型小城市，大部分人口在20万人以下，小城市不强，辐射带动能力不足，就业空间和容量依然十分有限。同时，吉林省东、中、西不同区域的小城市发展差异较大，人口规模和经济发展水平相对较好的小城市主要集中在中部地区，东部地区和西部地区的小城市发展水平相对落后。

（二）产业基础薄弱，吸纳人口能力不足

优势主导产业是带动中小城市发展壮大的中坚力量。然而，吉林省的中小城市在发展的过程中缺乏长远整体的规划，城镇的功能和定位不够明确清晰，大部分县（市）、重点主导产业发展相对不足，第一产业（农业）所占比重较大，而第二产业（工业）一般以传统的产业类型为主，存

在产业链不长、科技含量不高、创新驱动不足等问题，第三产业发展滞后，以传统的商贸服务为主，城镇的辐射和带动效应没有显现，吸纳人口的能力明显不足。吉林省是传统的老工业基地，资源型城市和资源型产业众多。辽源市、白山市等7个资源型城市，资源型产业逐渐衰败，接续替代产业发展相对不足，城市发展内生动力不足。此外，吉林省各中小城市中自然资源和区位相近的地区产业发展雷同，没有形成错位发展、相互促进的良好局面，如吉林省东部的长白山地区，资源禀赋相近，各城镇围绕长白山旅游、矿产资源、长白山特产等资源开发建设，各城镇之间产业发展同质化问题突出，各城镇产业之间、产业链上下游之间的紧密联系没有建立起来。由于产业发展的相对滞后，在一定程度上限制了中小城市吸纳人口、留住人才的能力，不利于中小城市的发展壮大。

（三）基础设施相对落后，承载能力有待提升

基础设施建设是培育和壮大中小城市的基本保障。近年来，吉林省高度重视基础设施建设，按照"补短、强弱、提质"的原则，县域基础设施供给能力得到了一定的提升，城镇面貌得到一定的改善。但是，由于基础设施的建设需要投入较大，而目前在基础设施建设领域，政府投资作为主导，各中小城市经济发展相对落后，财力相对紧张，基础设施建设资金有限，道路、给水、供暖、通信等设施相对落后，人均道路铺装面积、供水普及率低于全国的平均水平，与发达省份差距较大，排水设施、停车场建设严重滞后，客运站设施落后。在污水处理设施方面，吉林省部分中小城市污水处理厂处理能力不足，存在管网不完善、设施运行不稳定或运行机制不健全等问题。在中小城市垃圾处理方面，吉林省中小城市生活垃圾处理设施供给不足，处理能力也相对有限，短板比较明显，规划建设系统性不足，现有的收转运和处理体系难以满足分类要求，存在生活垃圾资源化利用水平不高、智能化水平低等问题，成为制约生活垃圾处理设施高质量发展的瓶颈。中小城市环境相对较差，城市承载能力不足，在一定程度上

制约了中小城市的经济发展与功能完善，降低了中小城市对人口的承载力和吸引力，要推进中小城市市政公用设施提档升级，较好满足居民居住和出行等生活需要。此外，吉林省内区域间交通基础设施建设水平不高，高速公路建设相对滞后，截至目前还没做到"县县通高速"。

三、推进中小城市加快发展的路径

（一）加快培育和壮大中等城市

吉林省各城市协调发展需要强化空间连接、功能传导。加快壮大通化市、四平市、松原市、辽源市、白山市、白城市等中等城市。加快将通化市打造成为东北东部现代化区域中心城市，以生态优先、绿色发展为理念，重点发展大健康产业，努力打造通化市高质量发展核心区，加快建设冰雪产业示范新城、高铁生态新城，努力打造通化市"双百"中等城市重要支撑区。"十四五"时期，四平市需要统筹区域发展，提高城市"硬能力"和"软实力"。加快实施城市更新行动，推进四梨同城化，拉开四平市城区发展框架，谋划建设丛泉新区，打造四平新型城市发展区。强化城市实力建设，进一步增强城区辐射带动作用，提高人口、产业、要素的综合承载能力，提升公共服务体系服务质量和水平，加速形成带动整个地区发展的"强势核"。"十四五"时期，松原市加快实施动能提升和产业基础再造"5+5+N"工程，加快形成"一核带动、两翼腾飞、五轴传导"的高质量发展格局，着力打造东北新型工业基地、全国农业高质量发展示范市、北方生态旅游名城。推动高质量发展，经济运行保持速度提升、结构优化、后劲增强态势，形成以油气开采及化工、农产品和食品加工、生物化工、新能源、生态旅游为主导的产业发展新格局。"十四五"时期，辽源市加快新型城镇化建设，坚持差异化定位、一体化发展方向，完善空间发展战略格局，以深入实施城市"双修"工程为重点，创新城市规划、建设、管理体制机制，系统性、持续性推动现代城镇体系建设，全面实现城市空间、城市产业、城市生态和城市管理提档升级，建设美丽宜居新辽源。辽源市将工业作为立市之基、强市之本，以资源型城市产业转型升级作为主攻方向，加快推进传统产业改造提升与新兴产业培育壮大，加快构建辽源市现代产业体系，恢复辽源市老工业基地制造业的竞争优势，争创"产业名城"典型城市。"十四五"时期，白山市坚持生态、绿色发展理念，重点发展优势主导产业，培育具有吉林东部山区地方特色的产业，加快培育和打造以矿泉水、中医药、生态旅游、硅藻土、服务业为代表的五大百亿级产业集群，推进林木加工、煤化工等传统产业改造升级，促进农村一、二、三产深度融合发展，推进农业绿色转型发展。"十四五"时期，白城市以建设新能源产业示范基地为目标，打造吉林西部国家级新能源保障基地，全力推进风、光两个千万千瓦基地建设。依托可再生能源富集优势，大力发展新能源电解水制氢，建成百万吨级"氢田"，打造"中国北方氢谷"。

（二）提升小城市重要载体功能

强化县城县域中心、服务农村和连接纽带作用，着力推进梅河口市、敦化市、珲春市、前郭县、大安市等约10个重要节点城市，培育壮大特色资源产业，强化基础设施建设，完善城市功能，提高规划建设管理水平，加快提升整体实力。"十四五"时期重点支持梅河口市全面推进"现代化区域中心城市、高质量发展先行示范区"建设，有效集聚发展要素，增强辐射带动能力，提升城市形象和影响力，建设成为吉林省中部城市群的重要节点，为区域的经济发展提供更多的支撑。敦化市立足于自身的资源禀赋和基础，以保护身体环境为前提，重点推进工业转型升级，围绕绿色转型创新发展，大力发展医药健康产业、生态旅游业等，不断壮大战略性新兴产业以及旅游业的规模，促进经济发展方式转变，加快建设成为吉林省的绿色转型发展示范区，吉林省东部的现代化区域中心城市。支持珲春市依托良好的地理区位条件，打造国内国际双循环通道重要节点，以合作示范为引领，加快推进海产品、海洋装备制造、海洋物流、海洋旅游等产业集聚发展，建设高质量海洋经济发展示范区。支持公主岭整合零部件配套优势，以汽车智能化、网联化、电动化等为发展方向，优化整车产品结构，积极发展自主品牌汽车，深化长春、公主岭两市以及与国内外相关企业在研发设计、整车生产、零部件配套、汽车物流、汽车后市场以及新能源汽车等领域的协同合作，打造世界级汽车产业集群。坚持对内开放和对外开放相结合，支持延吉市以高标准市场和高水平开放促进高质量发展。加快推进国家级重点开发开放试验区获批进程，积极申报设立自贸区延吉片区。把科技创新作为壮大工业经济的重要任务，坚持推动传统产业绿色化改造提升含绿量、技术改造提升含新量、智能化改造提升含金量。强化国家县城新型城镇化建设示范县（市）带动作用，加快建设示范性项目。

（三）建设中小城市宜居环境

基础设施直接服务于城市居民，是宜居城市建设的重要硬件基础。强化吉林省中小城市基础设施建设，进一步完善中小城市的城市功能，加快提升中小城市整体实力。加快推进连接县（市）的高速公路建设进度，畅通吉林省县域对外连接通道，提升县域对外联系的便利度，重点建设长春都市圈环线和大蒲柴河至烟筒山、烟筒山至长春、白山至临江、松江河至长白、集安至桓仁、珲春至防川等连通县市通道、省际通道项目，实现所有县（市）通高速。优化中小城市道路网的布局，建设主次干路和支路完善的城市道路网络，拓宽较狭窄道路，打通长期断头路，提升中小城市居民的出行便利度。优化交通出行结构，推动公交更新改造，完善公交场站布局，合理增设公交线路和站点，增加公交班次，提高公交出行便利度。进一步完善中小城市的市政设施，结合群众意愿，改造提升老旧小区的管网以及生活设施，加强适老设施、无障碍设施的建设和改造。实施智能化市政基础设施建设和改造，加强物联网建设，利用信息技术为中小城市居民提供更好的服务，提高中小城市的智能化管理水平。将生态文明理念融入中小城市培育和壮大的全过程。加强城市绿化建设，结合城市道路绿化、公共场地绿化、景观绿化、厂区绿化等，提高中小城市绿化率，在城市建设过程中，注重保护自然和人文环境，建成富有地方特色的、环境优美的绿色宜居城市。

第四节　着力发展重点小城镇

小城镇具有连接城市和辐射农村的独特地位和作用，着力推进重点小城镇建设和发展，努力建设一批特色鲜明重点小城镇，有利于推进新型城镇化建设和培育吉林省经济增长新动能。立足不同资源禀赋特点，突出重点、体现特色，因地制宜加强吉林省重点小城镇的建设。

一、特色小城镇建设进展

目前，吉林省10万人以下的小城镇有20余个，有建制镇429个，许多重点镇具有独特的区位和资源优势，具备培育和建设特色城镇的条件。从吉林省特色城镇建设实践来看，吉林省提出了"小城镇特色发展"的工作思路，先后开展了"百镇建设""特色示范城镇""扩权强镇""特色小镇""特色产业小镇"建设工作，积极探索建设模式和路径，取得了显著成绩。此外，伴随着特色小镇的建设热潮，2016年、2017年住房和城乡建设部共公布了两批国家级特色小镇名单，吉林省共有9个特色小镇入选其中。此外，2018年国家林业和草原局公布了全国首批50个国家森林小镇建设试点，吉林省的露水河森林特色小镇、红旗林场森林矿泉文旅特色小镇两地被列入。同年，国家体育总局开展了运动休闲特色小镇建设试点工作，吉林省的延边州安图县明月镇九龙社区运动休闲特色小镇、梅河口市进化镇中医药健康旅游特色小镇位列其中。

　　此外，吉林省为发挥特色资源优势，培育特色产业，自2019年开始创建省级特色产业小镇，吉林省第一批产业特色小镇包括规划类、培育类和成长类，共计55个。按地市划分，长春市有红旗智能旅游小镇、关东文化小镇、健康山谷小镇、皓月国际农业小镇、吉商小镇、人工智能小镇、鹿乡梅花鹿小镇、波泥河苗木花卉小镇、榆树市五棵树玉米深加工小镇、德惠市朱城子小食品生产小镇、农安县烧锅酒工坊小镇、农安县北斗科技小镇，共计12个。吉林市有大荒地稻香小镇、左家北药小镇、搜登站温泉小镇、小白山医养小镇、棋盘智慧农业小镇、乌拉街雾凇满族小镇、瑞士小镇、中新食品区奶酪小镇、舒兰市上营冰雪小镇、磐石市经济开发区中医药小镇、磐石市名城新型金属材料小镇、蛟河市庆岭冰酒小镇、桦甸市红石影视小镇，共计13个。四平市十家堡物流小镇和伊通县皇家鹿苑小镇2个。辽源市有6个，分别是袜业小镇、汽车商贸物流小镇、东辽县安恕蛋品加工小镇、东辽县辽河源生态农业小镇、东丰县沙河影视旅游小镇、东丰县那丹伯畜牧小镇。通化市有4个，分别是集安市清河野山参小镇、通化县西江稻米小镇、辉南县龙湾康养小镇、柳河县安口榛榛小镇。白山市3个，松原市1个，白城市3个，延边朝鲜族自治州7个，长白山保护开发区2个，梅河口市和公主岭市各1个。2020年，吉林省创建第二批特色产业小镇，共计29个。与此同时，对第一批特色产业小镇进行了考核评估，年度优秀小镇19个，合格小镇20个，基本合格小镇12个，淘汰了农安县烧锅酒工坊小镇、农安县北斗科技小镇、伊通县皇家鹿苑小镇、梅河口市进化中药材小镇共计4个小镇。截至目前，吉林省省级特色产业小镇共计有80个。

　　综上所述，吉林省不同级别、不同类型的特色城镇数量较多。为推进特色城镇建设，吉林省先后在财政、土地、税收、人才引进等方面制定了相应的政策，并在重点项目以及城镇建设等多方面予以扶持，积极推动特色城镇持续快速发展。

二、着力发展重点小城镇的路径

（一）加快发展不同类型重点小城镇

立足不同资源禀赋特点，突出重点、体现特色，因地制宜加强吉林省发展小城镇。都市卫星型：推进大城市周边的小城镇，对接核心城市的需求，与大城市互动发展，打造都市卫星型小城镇。重点发展合隆镇、乐山镇、范家屯镇、大岭镇、孤店子镇、左家镇。工业主导型：推进以工业为主导的小城镇积极延伸产业链条，加快接续产业培育，提高产业发展水平，打造工业主导型小城镇。重点发展西新镇、五棵树镇（榆树市）、朱城子镇、郭家店镇、金厂镇、泉阳镇、六道沟镇、岔路河镇等。商贸流通型：推进以商贸为主的小城镇兴办专业市场，完善服务设施，提高商品集聚效应和商品市场辐射力，打造商贸流通型小城镇。重点发展鹿乡镇、山城镇、清河镇、万良镇、太平川镇。文化旅游型：推进以旅游为主的小城镇与景区景点联动发展，完善餐饮、住宿、娱乐等配套功能，增强对旅游的支撑作用，打造文化旅游型小城镇。重点发展北大湖镇、泉眼镇、新湖镇、查干湖镇、雁鸣湖镇、叶赫满族镇、二道白河镇等。综合服务型：推进远离城市的小城镇发展特色农业，完善基础设施和公共服务，发展成为服务乡村、带动周边的综合服务型小城镇。重点发展万昌镇、辽河源镇、辉南镇、三井子镇、林海镇、朝阳川镇等。兴边富民型：推进边境地区小城镇改善市政公共设施条件，提升教育、医疗、文化等公共服务设施功能，培育边境贸易等特色产业，全面增强边境城镇人口集聚能力和守边固边能力，打造兴边富民型小城镇。重点发展太王镇、凉水镇、敬信镇、开山屯镇、三合镇、南坪镇等。

（二）培育重点小城镇的特色产业

特色产业是小城镇发展的核心元素。重点小城镇发展产业上必须特而强，唯有特色产业才是立镇之本。以市场作为导向，以产业作为依托，立足吉林省各重点小城镇的资源、区位、交通、人文、信息等方面的优势，选准主导产业和具有比较优势的产业，推动产城融合发展，彰显城镇特色，做大做强潜在竞争力。同时，加大招商引资力度，多方引进项目和资金，通过不同形式宣传招商政策及优势，主动承接核心城市产业转移，注重发展配套产业。此外，发挥产业链思维，立足吉林省传统特色产业，通过推进特色产业与高新技术、特色产业与地域文化的融合与嫁接，从而形成新产业和新产品，如以先进装备制造业为主导，可以加入研发、体验、展示等内容；以旅游为主打，可以加入养老、医疗、农业等内容；以购物为主打，可以加入餐饮、娱乐等内容，构建强大的支撑特色城镇可持续发展的产业体系。

（三）全面提升重点小城镇的功能

重点小城镇建设的目的是打造宜居、宜业、宜游的美丽环境。在吉林省重点小城镇建设过程中，一方面，基础设施作为重点特色城镇发展的重要载体，需要高标准建设，为吉林省重点小城镇的发展提供良好的基础条件。同时，在信息技术快速发展的新时代，加强吉林省重点小城镇信息基础设施建设，提高信息基础设施的覆盖水平，在重点小城镇建设和运营中，重视信息技术的应用，探索运用"互联网+"参与特色城镇管理等；另一方面，注重吉林省特色城镇公共服务配套设施建设，高标准地规划建设教育、医疗等公共服务设施，引导各地优势教育、医疗资源在特色城镇建设分支机构，打造重点小城镇适宜的步行工作生活圈。

第五章

吉林省新型城镇化与产业空间布局

产业发展是吉林省加快新型城镇化建设的重要基础。东北振兴战略实施以来，吉林省特色优势产业不断壮大，城镇配套建设与功能品质日益提升，城乡产业融合持续加深，带动全省新型城镇化建设取得了重要进展。"十四五"及今后一段时期，吉林省应全面坚持"一主、六双"高质量发展战略引领，同步推进产城融合和县域经济发展，加快城乡产业协同平台建设，将城镇化发展与优化产业布局、壮大新兴业态、促进就业创业有机结合，促进吉林省新型城镇化建设的产业支撑更加稳固。

第一节　产业发展战略优化升级

东北振兴战略实施以来，吉林省受到引领和带动，积极转变产业发展思路。从适时推出《振兴吉林老工业基地规划纲要》，到着力推动产业提质增效发展，再到全面实施"一主、六双"高质量发展战略，经过20年调整和发展，吉林省产业竞争力优势日益凸显，产业空间布局持续优化，支撑全省新型城镇化建设不断取得进步，充分体现出了东北振兴相关政策实施的积极效应。

一、东北振兴：推动吉林省新型工业化发展

（一）东北振兴战略下国家加大资金投入和政策供给

改革开放以来，东北地区加快推进老工业基地建设，但囿于经济结构性问题和体制机制性矛盾突出，东北省份发展水平与沿海发达省份之间的差距不断拉大。面对这一发展困境，党的十六大报告提出"支持东北地区等老工业基地加快调整和改造"，2003年10月，《关于实施东北地区等老工业基地振兴战略的若干意见》出台，标志东北振兴战略正式启动实施。

此轮东北振兴战略重点针对解决老工业基地省份的经济发展问题，国家相继制定出台了一系列支持政策，涉及产业发展、国企改革、基础设施建设、财税、金融、科技人才等多个方面。经过2002年以来的调整和发展，东北地区老工业基地的项目投资力度加大，政策红利加速释放，带动了区域经济发展，一些大型企业经过改组、技术迭代和设备更新，获得了新的发展活力。这一时期东北省份的经济增速迅速提高，占全国经济总量的比重至2013年达到了8.6%。

可以说，东北振兴战略的实施，东北省份的经济指标变化迅速向好，充分反映出了东北振兴相关政策的积极效应，一些研究认为这一时期为东北发展的"黄金十年"。这一时期的东北经济崛起更多是源于国家外力带来了经济突破，资金投入和政策供给力度加大等外部力量为东北发展带来了劳动力、技术、投资等生产性要素资源，推动东北经济实现了跨越式发展和上升。

（二）吉林省制定《振兴吉林老工业基地规划纲要》

受到东北振兴战略的引领和带动，吉林省于2004年出台《振兴吉林老工业基地规划纲要》（以下简称《纲要》）。《纲要》指出，吉林省作为国家重要的重工业基地，在加工制造、科教人才、生态资源等方面具有比较优势，面对这一时期经济转型动能不足、产业结构调整较慢、资源型城市发展落后等问题，应走新型工业化道路，在产业布局上，全面提升和优化第二产业，围绕做大做强加工制造业、建设五大产业基地、改造提升传统产业、发展新兴产业、培育接续产业，把吉林建成国家重要的新型工业基地。

在东北振兴战略及《纲要》实施带动下，吉林省经济和产业发展明显增强。2002—2013年，吉林省地区生产总值由2043.09亿元提高到9427.89亿元，增加了3.6倍，人均地区生产总值由7581元提升至35139元，增加了3倍多；财政收入由131.5亿元增长至1157.0亿元，增加了7.7倍（见表5-1）。东北振兴战略及《纲要》实施对吉林省经济产业发展的拉动作用显而易见。

表5-1 2002—2013年吉林省经济发展情况

年份	GDP（亿元）	人均GDP（元）	财政收入（亿元）	城镇居民可支配收入（元）	农村居民可支配收入（元）
2002	2043.09	7581	131.5	6260.2	2360.8
2003	2141.03	7925	154.0	7005.1	2530.4
2004	2455.21	9073	166.3	7840.6	3000.4
2005	2776.53	10237	207.2	8690.6	3264.0
2006	3226.47	11864	245.2	9775.1	3641.1
2007	4080.34	14966	320.7	11285.5	4189.9

续表

年份	GDP（亿元）	人均GDP（元）	财政收入（亿元）	城镇居民可支配收入（元）	农村居民可支配收入（元）
2008	4834.68	17696	422.8	12829.5	4932.7
2009	5434.84	19858	487.1	14006.3	5265.9
2010	6410.48	23370	602.4	15411.5	6237.4
2011	7734.64	28270	850.1	17796.6	7510.0
2012	8678.02	32005	1041.3	20208.0	8598.2
2013	9427.89	35139	1157.0	22274.6	9621.2

数据来源：吉林省历年统计年鉴和统计公报

（三）吉林省新型工业化发展实现阶段性跃升

在东北振兴战略及《纲要》的引领下，吉林省聚焦新型工业化发展，加快国企改革和技术改造，促进以重工业为主导的产业竞争力大幅提升，推动新型工业化和新型城镇化互动发展加快，实现了产业发展和城镇化水平的稳步增长。2002—2013年，吉林省第二产业增加值由793.49亿元增加至3572.13亿元，增长了3.5倍，其中工业增加值由653.53亿元增加至2852.74亿元，增长了3.4倍。在吉林省快速推进新型工业化发展的过程中，部分装备的研制和生产走在了全国前列，一些大型企业的技术水平、制造能力较以往有大幅度提升，同时也带动了城镇化建设不断加快，这一时期的常住人口城镇化率由2002年的50.88%提升至2013年的55.74%（见表5-2）。

表5-2 2002—2013年吉林省产业发展与城镇化变动情况

年份	三产结构（%）			就业结构（%）			城镇常住人口（万人）	常住人口城镇化率（%）
	一产占比	二产占比	三产占比	一产就业占比	二产就业占比	三产就业占比		
2002	21.6	38.8	39.5	49.5	18.5	32.0	1373.5	50.88
2003	22.7	37.6	39.6	49.2	17.4	33.3	1399.7	51.77
2004	22.9	36.8	40.3	46.1	18.6	35.3	1416.5	52.30
2005	22.3	36.1	41.6	45.7	18.7	35.6	1426.5	52.52
2006	19.8	34.0	46.2	45.2	19.0	35.8	1442.4	52.97
2007	18.5	36.2	45.3	44.6	19.2	36.2	1451.3	53.16
2008	17.9	37.0	45.2	44.0	19.6	36.3	1454.9	53.21
2009	16.4	37.8	45.8	43.8	20.2	36.0	1460.7	53.32
2010	14.5	38.8	46.7	43.3	20.1	36.7	1465.5	53.35
2011	14.3	37.9	47.8	42.7	19.5	37.8	1468.2	53.40
2012	13.8	38.2	48.0	42.2	18.9	38.9	1471.5	54.54
2013	13.3	37.9	48.8	41.7	18.3	40.0	1487.1	55.74

数据来源：吉林省历年统计年鉴和统计公报

二、新一轮东北振兴：推动吉林省产业提质增效

（一）新一轮东北振兴强调改革创新和内生动力再造

2014年以来，我国经济发展进入了以中高速增长、注重质量效率提升和创新要素驱动为主要特征的新常态，这一时期东北地区重化工型、资源型产业增长趋缓，相关行业面临较大的过剩压力，并且体制机制等深层次问题也在进一步显现。党的十八大以来，习近平总书记多次就东北振兴发展发表重要讲话，做出了实施新一轮东北地区等老工业基地振兴的战略部

署。2016年2月，《中共中央　国务院关于全面振兴东北地区等老工业基地的若干意见》出台，要求"适应把握引领经济发展新常态，贯彻落实发展新理念，加快实现东北地区等老工业基地全面振兴"，标志新一轮东北振兴战略正式启动实施。

新一轮东北振兴战略旨在立足新阶段解决新问题，随着国内外经济形势发生新变化，这一阶段不能再依靠加大投资和扩大产能拉动东北产业发展和经济增长，而是要把提高东北经济发展质量效益作为重点，更多针对解决东北地区转型和发展中的问题，深化改革创新和再造内生动力。在新一轮东北振兴战略引领下，东北地区经济发展主要指标降幅收窄，增速下滑的态势得以缓解，整体发展情况缓中趋稳，东北地区逐渐走出低谷时期。

（二）吉林省着力推动产业发展质量效益提升

新一轮东北振兴发展以来，吉林省立足经济发展新常态，充分利用国家政策支持，深化体制机制改革，加快技术创新升级，积极再造特色产业新优势，努力实现有质量、有效益、可持续的增长。

2014—2021年，吉林省地区生产总值由9966.54亿元增加至13235.52亿元，三次产业结构由12.7∶38.2∶49.1调整至11.7∶36∶52.3；人均地区生产总值由2014年的37539元增加至2021年的55450元，增长1.5倍（见表5-3）。在改造提升传统产业上，吉林省支持应用新技术，延伸产业链，在一汽、长客等头部企业带动下，关键产业领域技术实现新突破，各类所有制企业积极融入区域产业网络，产城融合程度也在不断加深。在培育壮大新动能产业上，吉林省加快推动新装备、新能源、新材料产业化发展，支持轨道交通、航空航天、生物医药等产业领域科技成果落地投产，提高了新动能领域全产业链水平，带动了省域经济增长动力持续增强。

可以说，新一轮东北振兴战略逐步落实的过程，既是吉林省经济产业提质增效发展的过程，也是相关行业人口逐渐向城镇集中、加快推进新型城镇化发展的过程。随着吉林省经济发展新旧动能转换加快，2014—2021年，全省常住人口城镇化率由56.81%上升至63.36%，城镇居民人均可支配收入由23218元增加至35646元，年均增长6.32%，农村居民人均可支配收入由10780元增加至17642元，年均增长7.29%，产业发展对新型城镇化建设的支撑作用进一步增强。

表5-3　2014—2021年吉林省产业发展与城镇化变动情况

年份	GDP（亿元）	人均GDP（元）	三产结构（%）			就业结构（%）			城镇常住人口（万人）	常住人口城镇化率（%）
			一产占比	二产占比	三产占比	一产就业占比	二产就业占比	三产就业占比		
2014	9966.54	37539	12.7	38.2	49.1	41.1	17.8	41.1	1500.9	56.81
2015	10018.00	38128	12.7	38.3	49.0	40.5	17.2	42.3	1506.1	57.64
2016	10427.00	40259	10.8	37.4	51.7	39.9	16.7	43.4	1508.1	58.75
2017	10922.00	42890	10.0	36.6	53.4	39.3	16.1	44.5	1508.3	59.71
2018	11253.81	44925	10.3	36.0	53.7	38.7	15.6	45.7	1511.5	60.85
2019	11726.82	47554	11.0	35.3	53.8	38.1	15.1	46.8	1509.7	61.63
2020	12255.98	50561	12.6	35.1	52.2	37.4	14.6	48.0	1502.7	62.64
2021	13235.52	55450	11.7	36	52.3	36.9	14.7	48.4	1505.2	63.36

数据来源：吉林省历年统计年鉴和统计公报

（三）吉林省全面推进"一主、六双"高质量发展

随着新一轮东北振兴战略持续深入推进，吉林省在深化供给侧结构性改革、培育壮大产业新动能、推进新型城镇化等领域加快落实相关要求，促进全省新型城镇化建设与产业空间布局步入了新阶段。2019年，吉林省提出"一主、六双"产业空间布局规划，旨在促进特色优势产业集聚发

展，并且拓展辐射带动范围，为全省经济增长和新型城镇化建设提供了重要动力支撑。2021年7月，"一主、六双"产业空间布局提升为"一主、六双"高质量发展战略，进一步为吉林省构建产业发展新格局、增强吉林振兴新动能确立了方向。"十四五"时期，坚持"一主、六双"高质量发展战略引领，将能够更深入地推动全省产业多极化发展，从而更强有力地支撑新型城镇化建设，取得更多实效。

1.长春辐射主导作用快速显现

在全面推进"一主、六双"高质量发展战略实施中，长春市充分发挥了辐射主导作用，引领现代化都市圈稳步发展。2019—2021年，长春市地区生产总值增长了20.31%，城乡居民收入分别增长了14.37%和19.53%，经济发展稳中有进，新兴产业动能成长壮大，新型城镇化建设的产业基础更加稳固。

从推动产业升级看，2019年以来，长春市深化和延展了"四大板块"建设，全面实施了"六城联动"发展部署，陆续释放出了重大项目产能，加速形成了多业支撑经济发展和城镇化建设的新局面。在"六城联动"发展中，国际汽车城建设旨在壮大汽车和高端装备制造业，辐射对接"环长春四辽吉松工业走廊"，近年汽车产业规模和技术水平已实现大幅提升，一汽红旗新能源汽车工厂、玲珑轮胎、一汽解放J7等项目进展顺利。现代农业城旨在发展农产品加工业、现代农业、现代畜牧业，辐射对接"中西部粮食安全产业带"，2021年，公主岭国家级现代农业产业园获准建立，农产品加工业和食品产业产值实现了10%以上的增长。"双碳"示范城旨在发展新能源、新材料、循环经济产业，辐射对接"长松白清洁能源走廊"，目前"陆上风光三峡"工程已全面开工，白城、松原"绿电园区"启动建设，"吉电南送"特高压通道建设正在稳步推进。科技创新城旨在发展医药、光电信息、航空航天产业，辐射对接"长春国家级创新创业基地"，长光卫星已经发展为东北唯一独角兽企业，半导体激光技术创新中心等项目正在加快建设，长春摆渡创新工场、长春新区的"双创"特色发展模式已向全国推广。新兴消费城旨在发展新型商贸、美丽经济、电商经济，辐射对接"一主、六双"高质量发展战略的"双通道"布局，近年长春市获批建设国家文化和旅游消费示范城市，承办了首届中国新电商大会，天下秀红人基地等项目也已签约落位。文化创意城旨在发展影视文化、数字经济产业，辐射对接"一主、六双"高质量发展战略的"双线"布局，近年长春市数字科技孵化基地、净月·中东港、影视产业园区等项目加速集聚，推动文化创意相关产业提质增速发展。

从强化创新引领看，2019年以来，长春市科创综合实力有所提升，为都市圈经济发展和城镇化建设积蓄了新动能。长春市大力支持多元创新主体联合攻克关键核心技术，中国科学院长春光机所、应化所、地理所及吉林大学、长春理工大学等为产业技术创新提供了强大支撑。长春高新区、长春净月高新区已获批建设国家自主创新示范区，国家半导体激光技术创新中心等重大创新平台也在稳步推进建设。长春市高新技术企业总数已达到2286户，27户专精特新企业晋升为国家级科技"小巨人"企业，金赛、百克、辰芯等一批高新技术企业发展成为省域经济建设的重要生力军。

从优化营商环境看，长春市持续深化"放管服"改革，不断增强政务服务效能，为省域经济发展和城镇化建设创造了良好条件。2019—2021年，长春市陆续推出了一系列创新举措，包括简化审批环节、低风险工业项目"拿地即开工"、不动产登记"交房即办证"等等，还获评为营商环境提升最快的10个城市之一，市场主体总量已达到129.2万户，企业和群众办事创业的获得感不断提升。

2."六双"相关建设加快推进

吉林省以"双廊"建设释放产业集聚效应。"环长春四辽吉松工业走廊"方面，长春、四平、辽源、吉林、松原充分发挥产业优势，加强城际产业联系，启动建设了一大批科技创新和转型升级项目，包括汽车及零部件、农产品和食品深加工等万亿级产业项目，石油化工、装备制造、电子信息等千亿级产业项目，带动了特色优势领域的上下游产业链加速完善，促进了吉林省强项产业竞争力的快速提升。"长辽梅通白延医药健康走廊"方面，经过三年的发展，目前基本形成了以通化国家医药高新区和长春国家生物产业基地为双核心，以辽源、梅河口、白山和敦化医药高新技术特色产业园区为补充的医药健康产业发展格局，带动了一批医药健康领军企业发展壮大，促进了产业集群加快形成，成为吉林省优化产业布局、提升城镇化建设的主要支撑之一。

吉林省以"双带"建设支撑产业腹地发展。"大图们江开发开放经济带"方面，三年来充分发挥长吉图区域开发开放优势，加快建设珲春等沿边县（市、区），在吉林省形成了沿边开放、国家合作两条轴线区域，吸引了生产要素不断向经济带集聚，基本形成了多式联运贸易通道，为吉林省经济发展和城镇化建设打开了更大的空间。"中西部粮食安全产业带"方面，吉林省依托中部地区长春、吉林、四平的黑土地优势以及西部地区松原、白城的粮食生产条件，扎实推进了高标准农田建设，不断提高产粮大县农机装备水平，有效增强了吉林省的粮食安全保障能力。2021年，吉林省新建高标准农田504万亩，保护性耕作实施面积扩大到2875万亩，同比增长了55.2%，居全国首位，长春、四平、辽源获批为全国率先基本实现主要农作物生产全程机械化示范市，农作物耕种收综合机械化大幅高于全国平均水平。

吉林省以"双线"建设增强文旅联动能力。"长通白延吉长避暑休闲冰雪旅游大环线"方面，相关城市积极聚焦避暑、冰雪资源发展旅游产业。从避暑休闲看，长春市优化整合消费街区、工业遗产、乡村空间等现有资源，推出了精品旅游线路；吉林市大力借助高端平台，推广城市文旅资源；长白山管委会旅游文体局专项列支4000万元，支持旅游航线开发、涉旅企业奖补、文创商品开发等；延边州加快集成特色旅游要素，促进传统民俗与时尚娱乐项目相结合；通化市则加快建设乡村文化旅游度假区，为城乡融合发展增添了新动力。从冰雪旅游看，长春、吉林、白山是全国知名的冰雪旅游目的地，万科松花湖、吉林北大湖、长白山国际度假区不断做大吉林省的冰雪旅游增量，总接待量连续多年位列全国前三，"滑雪之乡"通化、延边州也在着力推进冰雪产业发展，通过建设万峰国际滑雪旅游度假区等重大项目，助力省域冰雪经济实现跃升。"长松大白通长河湖草原湿地旅游大环线"方面，从节点城市看，松原市积极建设北方生态旅游名城，形成了以查干湖为引领、"一江两岸"为侧翼、各地多点支撑的旅游发展格局；白城市则主要立足河湖湿地草原生态资源，通过"建点、串线、连区、扩面"的推进模式，拓展了全域旅游的发展空间。从核心景区看，查干湖生态小镇将城镇化建设、乡村振兴与生态旅游发展进行有机结合，谋划实施了温泉酒店、文旅国际街区、生态文明展示馆等项目，带动了全省西部旅游的整体跃升；嫩江湾旅游区与大安市旅游产业融合发展，推进实施城市水系、园林绿地建设，成为当地城镇化建设的新亮点；通榆县高标准建设了向海特色民俗小镇，加快完善"吃住行购娱"全链条服务，为西部旅游大环线吸引了投资和关注。

吉林省以"双通道"建设带动对外联通发展。"白松长通—辽宁大通道"方面，近年来以长春市为发展核心，向北覆盖松原、白城等地级市，向南覆盖辽源、梅河口、通化、白山等重要经济节点，连通辽宁丹东港、营口港、大连港，经过三年的建设，该通道的综合运输能力和对外连通水平均较以往有所提升，特别是随着通化国际内陆港务区建设加快，辐射带动了东北东部城市物流服务资源的加速集聚。"长吉珲大通道"方面，长春至珲春高速公路是主要组成部分，近年来随着产业承接转移及相关物流建设加快，带动了区域旅游快速发展；敦白高铁是长吉珲大通道的一段交叉路线，目前已正式接入了全国高速铁路网，对吉林省改善东北东部城市出行条件，特别是促进长白山地区全域旅游、冰雪经济及沿线经贸、文化交流发挥了重要作用，势必能够进一步拉动吉林省开放型经济发展，加速新型城镇化建设进程。

吉林省以"双基地"建设构建创新前沿阵地。"长春国家级创新创业基地"方面，长春市进入了全球100强创新集群，在全球科研城市中位列第

38，长春摆渡创新工场的"天使投资+创客创业+一站式服务+企业孵化"模式、旗智创新中心的"龙头+产业链+产学研创新联盟+小微"模式等，在孵化创新创业主体、提升创新创业服务、提升市场主体创新动能方面发挥了示范引领作用。"西部国家级清洁能源基地"方面，松原两个"绿电"园区的低电价和"绿电"优势凸显，进一步扩大了用电增量；"长春—松原—白城"氢能走廊建设加快，提升了省内消纳能力，也为光伏产业发展拓展了空间。以"陆上风光三峡"、吉林油田风光发电、抽水蓄能电站、"吉电南送"特高压通道等项目为骨架，吉林省西部国家级清洁能源基地正在逐步形成一个涵盖生产、消纳、转化、输配等各环节在内的项目体系，有望为全省加快产业转型、推进新型城市建设提供新的动力。

吉林省以"双协同"建设促进区域产业协作。长吉一体化协同发展方面，两市目前是全省综合实力最强、经济发展最活跃、人口吸引力最高的地区，也是驱动全省经济增长、加速新型城镇化建设的主引擎。近三年来，两市从多个方面提出推进协同发展的具体措施，积极在新能源汽车、化工、CMOS感光芯片等领域加深合作，为全省经济高质量发展形成了新的动力源和增长极。长平一体化协同发展方面，区域内汽车、农产品加工、装备制造等主导产业特色鲜明，创新能力突出。近年来两市通过共建汽车产业园区，打造了汽车零部件基地；通过共建现代农业示范区，探索出飞地经济和"一区多园"发展模式；通过共建化工产业转移示范区，积极承接了长春化学药、中成药、医药耗材及试剂等优势产能转移。目前正在发展为长春现代化都市圈的重要增长极，对于提振全省经济、带动新型城镇化建设的重要性也与日俱增。

第二节 产城融合发展持续深入

东北振兴战略实施以来，吉林省产城融合发展不断加快，不仅省域产业转型升级稳步推进，与产业发展良好融合的城镇形态也在加快形成，人本导向的宜居宜业空间日益增多，以产促城、以城兴产发展水平不断提升。

一、东北振兴以来吉林省产城融合程度日益加深

（一）以产促城：吉林省产业转型升级成效显著

1.特色优势产业发展加快

经过20年的发展，吉林省经济转型和产业升级稳步推进，特色优势产业竞争力逐年提升。2002—2021年，吉林省三次产业结构由21.6：38.8：39.6调整至11.7：36.0：52.3，工业增加值由653.53亿元上升至3839.49亿元，当前正在举全省之力将汽车产业、农产品加工和食品工业、旅游业打造为万亿级产业，对城镇化建设的支撑作用也强于以往。

具体来看，吉林省的汽车产业日趋向高端化、低碳化、智能化发展，2021年实现产值4551亿元，省属口径整车产量达到242.1万辆，占总产量的72.4%，红旗品牌汽车产量达到31.9万辆，增长52.3%。农产品加工业和食品产业领域加快形成"十大产业集群"，2021年产值已经达到3300亿元，并且创建了国家级现代农业产业园3个、优势特色产业集群2个。吉林省的旅游资源优势也在逐年凸显，冰雪旅游和避暑休闲旅游同步快速发展，2002—2021年，全省接待国内外游客由2484.07万人次增长至21141.90万人次，旅游总收入由115.39亿元提升至3279.04亿元，分别增长了7.5倍、27.4

倍。吉林省还大力推动石油化工、医药健康、装备制造、电子信息等优势产业壮大发展，其中石化产业加快由原料型向材料型转型，吉化120万吨乙烯转型升级项目已经落地投产；中药、生物药、化学药等9大板块建设加快，目前已经拥有3000万元以上医药产业化项目130个、省级优质道地药材科技示范基地11个，一批生物制药高新企业发展加快；装备制造业加快向高端化、智能化发展，轨道交通制造全产业链能力不断提升，雪车装备、雪板打蜡车在北京冬奥会投入使用；光电信息产业不断壮大，逐渐形成了集产品设计、软件开发、信息服务、智能制造等于一体的产学研用集成创新体系。

2.新产业新业态势头良好

2002年以来，吉林省逐步推动战略性新兴产业发展，经过20年的培育壮大，吉林省新能源、新材料、商用卫星等新动能产业发展不断加快，新业态、新模式发展也在同步升温，助推吉林省经济转型和产业升级步入新阶段。

在新能源领域，吉林省着力构建"生产、消纳、传输"产业链条，近年来风机和叶片制造、制氢、储能等新能源装备制造项目加快集聚。在新材料领域，吉林省碳纤维产业发展逐年提升，到2021年，吉林省已经实现碳纤维原丝产能6万吨、碳丝年产能2.5万吨，均居全国首位，拥有吉林化纤、长光宇航等多家重点企业，形成了较为完善的产业链条。在商用卫星领域，吉林省拥有东北地区唯一的"独角兽"企业——长光卫星公司，"吉林一号"在轨卫星增至70颗，已经构建起了以卫星遥感信息服务为主的"天地空"一体化产业体系。吉林省还积极引入华为、浪潮、科大讯飞等行业领军企业投资布局，推动新动能领域创新态势日趋活跃，引领全省创新经济发展保持良好势头。

二十年间，吉林省还加快推动业态创新，着力增加优质供给，文化旅游、电子商务、现代物流等新业态发展日益加快，相关消费热点不断涌现。从旅游消费看，长春、吉林、通化相继入选国家文化和旅游消费试点城市，特别是在北京冬奥会的带动之下，省域冰雪旅游发展势头强劲，冰雪产品关注度、销售额居全国冰雪市场榜首，跃升为拉动全省消费增长的重要动力。从文化消费看，2002年以来吉林省城乡居民消费升级趋势日益凸显，文教娱乐类消费不断增多，随着长春、吉林入选国家文化消费试点城市，通过举办文化惠民消费季、国际动漫艺术博览会、文化创意产品展销会等节事活动，有效提升了居民参与文化消费的热度。从网络消费看，新一轮东北振兴战略实施以来，全省网络零售额由2015年的86.6亿元增长至2021年的596.3亿元，增长6.9倍，智能手机、移动终端加快普及，扫码支付成为常态，居民消费选择日益丰富和便利。可以说，随着东北振兴深入推进，吉林省需求侧结构日趋发生深刻改变，新模式新业态快速发展，吸纳就业创业人数也有所增多，优化省域产业布局、支撑城镇化建设的作用日益增强。

3.创新引领作用持续增强

东北振兴战略实施以来，吉林省日益重视创新对产业发展的驱动作用，不断引导知识、技术、信息等新型生产要素有效集聚和优化配置，推动省域创新链与产业链融合发展加快。2021年，吉林省获批建设创新型省份，成为全国第11个、东北地区首个获批省份，创新驱动省域经济社会建设的作用进一步增强。

具体来看，吉林省在关键产业领域不断实现技术突破。在技术创新上，长光卫星"星载一体化""机载一体化"、大丝束化纤、1.5亿分辨率CMOS图像传感器、甘精胰岛素等关键技术领跑全国，"复兴号"动车组、京张智能高铁等具有完全自主知识产权。在研发成果上，2002—2021年，吉林省国内专利授权量由1507件增加至29879件，增长了18.8倍，年均增长17.02%。在技术应用上，2002—2021年，全省技术成果成交额由8.29亿元提高到108.15亿元，增长了12.0倍，年均增长14.47%，技术市场吸纳技术、输出技术成交额也实现了大幅提升。

吉林省科技创新平台日趋呈体系化发展。2002年，全省仅有各类科技创新创业孵化器14个、科技功能园区11个。经过20年的发展，全省已经建成国家级重点实验室11个、省级重点实验室148个、省级科技创新中心223个，中国（吉林）、中国（长春）2个国家级知识产权保护中心获批，不断推动重点产业领域实现创新成果突破。吉林省各类创新服务机构也在不断壮大，目前已经建成国家级技术转移示范机构10个、科技企业孵化器23个、大学科技园8个及各类省级以上"双创"平台593个，建立起涵盖科技孵化、技术创新、投融资、咨询培训等全方位的科技服务体系。此外，吉林省还支持创建了政府发展战略研究院、科技创新研究院、工业技术研究院，强化了政产学研用融通合作，近年在推动全省经济转型、技术创新、体制改革中发挥出了高水平的智库作用。

吉林省的创新政策环境持续向好。在完善政策体系方面，2002年以来，吉林省密集出台了一系列配套文件，建立起了能够彰显吉林特色的"1+N"科技创新政策体系，涵盖科技研发、成果转化、创新服务体系建设等多个方面。在支持创新企业方面，吉林省逐年完善科技企业逐级转型的培育体系，持续通过研发补助、费用加计扣除等补贴方式，鼓励企业进行技术研发和升级。在突破融资瓶颈方面，吉林省连年推进科技金融发展，通过多样化的政银合作、创新性的科技金融服务，强化对全省科技创新创业的支持和推动。在人才引进和培育方面，吉林省积极聘请两院院士为"吉林振兴发展高端智库"专家，并且逐年为中青年创新人才和团队推出支持性政策和相关扶持项目。在推动对外交往方面，吉林省重启了部省会商工作机制，目前已经与北京、浙江等14个省（市、区）深化了科技合作，与中国科学院、中国工程院加强了合作联系，通过共用专家库、共促成果转化、共享创新资源等方式，为吉林省创新发展提供了重要智力支撑。

4.开放合作水平不断提升

东北振兴战略实施以来，吉林省不断深化对外合作，开放型经济水平和层次均有所提升。2002—2021年，全省进出口总额由306.84亿元增加至

1503.77亿元，增长4.9倍，其中出口总额由146.34亿元增加至353.54亿元，增长2.4倍，进口总额由160.50亿元增加至1150.23亿元，增长7.2倍。2021年，新增了3个国家级外贸转型升级基地，跨境电商进出口增长了38.1%。吉林省积极推进国际产能合作，大力支持一汽、长客等大型企业进行境外重点项目投建，逐年加快大通道建设，珲春—扎鲁比诺—釜山航线货运量、"长满欧"货运班列货运量均实现大幅增长，2021年，长春临空经济示范区正式揭牌，长春空港药品进口口岸、珲春陆上边境口岸型国家物流枢纽获批，对外开放通道进一步通畅。吉林省还连续多年成功举办中国—东北亚博览会、全球吉商大会、世界中医药大会夏季峰会、中国新电商大会等重大活动，带动了一批战略投资者投资吉林。

（二）以城兴产：吉林省配套基础建设提档升级

1.市政设施建设加快提升

过去20年来，吉林省市政基础设施建设不断加快，城镇综合承载能力强于以往，为产城融合发展提供了配套服务和支撑。一是管网改造工程稳步推进。2002年以来，吉林省逐年加大对供气、供水、供热等老旧管网的更新改造力度，根据已公布的数据，2002—2020年，吉林省建成区排水管道密度由5.51千米/平方千米增加至6.97千米/平方千米，供水普及率、燃气普及率、污水处理率分别由72.68%、66.93%、18.86%提升至95.60%、92.93%、97.69%。二是交通路网建设不断加快。2002—2020年，吉林省人均道路面积由5.89平方米提升至15.71平方米，建成区路网密度由0.35千米/平方千米提升至6.02千米/平方千米（见表5-4）。近年来，长吉、长余高速公路改扩建完成，一批干线公路项目推进建设，龙嘉国际机场二期投入运营，现已基本形成多方式、便捷化的现代化交通廊道，不仅有效带动了省域西部湿地旅游、东部医药健康等产业发展，还为融入与京津冀、环渤海等地区的互动合作提供了助力。三是新型基础设施建设水平提升。吉林省大力推进"陆上风光三峡"工程建设，吉林向阳500千伏变电站正式投运，有效解决了新能源开发及送出问题，同时也提升了清洁能源市场消纳能力；新能源汽车充电桩、红旗换电出租车上线运行，乡村振兴农网改造工程已惠及全省9个市（州），42个县，新基建服务城乡建设的能力日益增强。

表5-4 吉林省城市市政设施建设变化情况

主要指标	2002年	2020年
供水普及率（%）	72.68	95.60
燃气普及率（%）	66.93	92.93
人均道路面积（平方米）	5.89	15.71
建成区路网密度（千米/平方千米）	0.35	6.02
建成区排水管道密度（千米/平方千米）	5.51	6.97
污水处理率（%）	18.86	97.69
人均公园绿地面积（平方米）	5.1	12.94
建成区绿化覆盖率（%）	28.12	40.40
建成区绿地率（%）	24.56	35.68
生活垃圾无害化处理率（%）	55.15	100

数据来源：历年中国城市建设统计年鉴

2.社会事业发展明显改善

在两轮东北振兴发展中，吉林省高度重视保障和改善民生，持续在民生领域加大投入力度，社会事业发展取得了明显进步。在推进市民化方面，2002年以来，吉林省明确放宽了户口迁移政策，逐年扩大了基本公共服务在城镇常住人口的覆盖面，着力将进城落户农民纳入城镇养老保险的制度体系，城乡间居民养老保险制度实现了可转移衔接。在教育保障方面，2002年，吉林省主要致力于优化基础教育布局，积极改造中小学危房及新建校舍，学科建设工程取得了初步成效，而发展到2021年，全省已经实现了义务教育学校提供课后服务全覆盖，同时还加强了乡村教师队伍建设，通过特岗教师、公费师范生等方式补充师资超过3700名。在医疗保障方面，2002—2021年，吉林省同步推进城乡医疗卫生服务体系建设，卫生技术人员由14.82万人上升至21.67万人（见表5-5）。2021年，全面落实了流动就业人员医疗保险关系转移和异地就医即时结算政策，吉林市获批为全国医联体建设试点城市。在养老保障方面，吉林省退休人员养老保险待遇水平连续17年实现提升，在全国率先开展养老护理制度试点，支持建设了77个文养结合试点，服务老年人200多万人次。此外，吉林省还在全国率先建立起失业保险、工伤保险省级统筹制度，2021年，全省失业保险金月人均提升至246.5元，城乡低保标准也分别提高了12%和22%。

表5-5 吉林省社会事业发展变化情况

主要指标	2002年	2021年
养老保险参加人数（万人）	292.76	933.72
失业保险参加人数（万人）	15.64	278
发放救助补助资金（亿元）	5.67	41.4
卫生机构床数（万张）	8.51	17.62
卫生技术人员数（万人）	14.82	21.67

数据来源：吉林省历年统计年鉴和统计公报

3.城市更新改造进程加快

东北振兴战略实施以来，棚户区改造工程率先在东北地区展开，先是在资源枯竭型城市启动，而后向东北地区其他城市全面推进。吉林省九个市（州）的棚户区改造工程于2006年启动，经由市场化运作和政府推动，当年共完成拆迁面积950万平方米，回迁安置了45.2万人。而后经过十余年的深入推进，吉林省的城市更新改造进程持续加快，2021年，推进改造了1623个城镇老旧小区，1749个弃管小区（栋）实现动态清零，保障性安居工程也加快实施，棚户区改造开工1.81万套。省内一些城市还针对老旧商业区域进行了更新改造，有效激活了部分运营不善的商业业态，长春市这有山等一批优质商业综合体快速发展，不仅增加了区域性的优质商业供给，还极大地促进了运营效能提升和消费规模扩容。吉林省还着力整治提升生态环境，持续实施"十年绿美吉林行动"及万里绿水长廊建设等重大生态工程，统筹推进高能耗产业转型和绿色产业培育，使得城镇单位工业增加值能耗和单位GDP能耗均呈现明显下降，区域绿色发展进程不断加快。

4.营商服务环境持续优化

东北振兴发展以来，营商环境建设已经成为吉林省深化改革部署、扩大对外开放、激活发展动力的重要抓手。经过20年的发展，吉林省"放管服"改革不断扩围提效，目前省、市、县、乡、村5级已经使用一套系统、一个平台进行全流程在线审批，工程审批系统综合运行指标居全国第1位，实体政务大厅加快向网上办事大厅延伸，省级90%以上政务服务事项实现网上可办。吉林省要素环境建设也在逐年改善。在解决资金难题方面，吉林省连年推出金融惠企政策，率先实现东北三省小微企业应收账款线上融资，"吉企银通"融通资金已经超过220亿元；在对企扶持政策方面，吉林省推出了市场主体e窗通系统，采取政策公开公示和政策智能化适用匹配等方式，帮助小微企业、个体工商户快速获取到政策信息和支持；在市场准入方面，吉林省针对"四新经济"企业推出"容缺登记"机制、放宽企业名称登记、支持多元化方式出资等创新措施，允许符合条件的企业在材料缺失的情况下先予办理登记。吉林省营商环境法治化建设也已步入了新阶段。《吉林省优化营商环境条例》《关于整顿规范执法司法行为 优化营商环境的意见》等一系列重要法规和制度文件相继推出，有力地保障了企业合法诉求充分实现、市场主体活力充分释放。

二、"十四五"时期吉林省产城融合发展的政策启示

（一）以特色产业集群建设强化产城融合支撑

特色产业优势提升是吉林省产城融合发展的主要支撑。"十四五"时期，吉林省应进一步巩固提升东北振兴以来的产业发展成果，加快特色产业集群化发展，提升特色产业竞争优势，在为产城融合发展提供牢固支撑的同时，也有助于为城镇化建设创造更多就业岗位。

第一，强化提升主导产业竞争力。吉林省应紧跟汽车电动化、智能化发展方向，提升关键技术自主创新能力，提高整车生产能力和零部件本地配套率；围绕绿色有机发展方向，塑造现代特色农业、农产品加工业新优势；加快构建完善冰雪、乡村、红色、康养、边境等旅游产品体系，将长白山、查干湖、北大湖等重点景区打造成为世界级生态旅游景区和滑雪度假区，带动全省文化旅游经济实现发展跃升。

第二，加快提升优势产业发展水平。吉林省应大力推动医药健康产业发展，加快中药、生物药、化学药和医疗器械四大板块建设，突出发展保健食品、特医食品、健康服务等衍生产业；强力提升轨道交通装备全链发展水平，在整车集成、关键部件、检修运维等多个领域形成竞争优势；着力促进电子信息产业集群发展，争取在光电显示、新型元器件、集成电路等多个领域培育形成新的增长点。

第三，积极承接配套产业转移。吉林省应探索深度融入京津冀协同发展、长江经济带建设等国家战略，深化与浙江、天津的对口合作，通过有效承接产业转移与配套，促进域内外产业实现功能互补；围绕长春国际汽车城建设，以一汽、中车长客、吉林化工、吉林碳谷为核心，依托汽车芯片、新能源电池、吉林碳谷碳纤维原丝等重大项目建设，吸引相关领域配套企业来长吉发展，强化提升产业协同效应；支持长春、四平共建产业合作基地，整合四平现有开发区，重点承接长春食品加工、物流、化工、装备制造等产业转移。

（二）以新产业新业态发展壮大产城融合动能

"十四五"时期，吉林省应加快将新产业新业态发展与城镇化建设结合起来，促进产业支撑、业态集聚和就业转移有机统一，培育壮大产城融合发展新动能。

第一，吉林省应大力推动新兴产业发展。一是积极发展数字经济，启动建设数字经济相关产业园和数据中心，深化与华为、浪潮、科大讯飞等知名企业的战略合作，推动电子信息制造业、软件和信息服务业等快速发展；二是充分利用后冬奥时代冰雪旅游市场繁荣发展的机遇，围绕构建"西冰冬雪"产业格局，加快在冰雪旅游、冰雪运动、冰雪科技、冰雪装备制造、冰雪合作等多个领域进行业态培育和产业升级，进一步扩大冰雪相关产业规模和消费增量；三是支持民营经济主体投资新兴产业，特别是引导多方投资支持省内资源枯竭型城市转型升级，进一步为各地实体经济发展及城镇化建设聚力发力。

第二，吉林省应进一步支持生产性服务业发展。一是重点推动电子商务、金融保险、信息咨询等高附加值的新兴服务业发展，为之营造有利的制度和政策环境；二是探索发展制造业服务化、服务业制造化、服务外包、柔性化定制等新模式，整合研发、制造、服务、营销等多个环节，促进省域先进制造业和现代服务业协同互动发展；三是推动云计算、大数据、区块链、人工智能等新一代信息技术在服务业场景落地应用，促进服务业供给侧数字化转型发展。

第三，吉林省应着力培育壮大新业态新模式。一是围绕旅游、文化等消费热点培育和发展新业态，促进省域特色文化与旅游、科技、创意融合发展，打造复合式的新消费体验空间，完善相关配套服务；二是增加中高端消费领域的产品和服务供给，加快建设跨境电商消费空间，支持开展边贸商品经营；三是支持建设消费领域在线服务平台，集成信息发布、消费支付、积分奖励、评价反馈等服务功能，实现将政府、公共场馆、消费场所和城乡居民连接在一起，在供需对接、激励消费方面强化服务作用。

（三）以科技创新引领，增强产城融合动力

吉林省应继续保持东北振兴以来对科技创新投入的重视力度，大力支持关键产业领域实现技术突破，促进创新成果在本地实现转化应用，推动科技进步更好赋能省域实体经济发展。

第一，吉林省应持续加大科技投入力度。一是大幅增加基础研究投入，鼓励各类创新主体从智能制造、医药健康、绿色农业、新一代信息技术等重点领域凝练科学技术问题，支持新兴技术在全省重大工程、重点行业进行示范应用；二是引导企业加大研发投入，鼓励建设内部研发机构，支持企业与高校院所等组建创新共同体；三是进一步深化科技体制改革，加快为省域技术创新与协同合作优化制度环境和保障。

第二，吉林省应加速推进科技成果产业化应用。一是构建完善科技成果供需集成平台，将技术需求和科技成果同步推送至企业、科技园区、高校院所、中介机构等，促进创新成果与现实生产力有效对接；二是探索在汽车、医药、光电、新材料等新动能产业领域成立专业性服务平台，提升专项成果转化服务水平；三是支持高校院所建立中试熟化和承接基地，就技术平台搭建、专业条件配备等给予支持，分担企业转化科技成果的风险；四是完善科技金融服务体系，合理运用政府引导基金，优化资金配置结构，吸引更多社会资金有序进入成果转移转化的不同阶段。

第三，吉林省应着力引育各类创新人才。在引进创新人才方面，吉林省应在重点产业领域加大人才引进力度，探索实施具有省域特色的高端人才支持计划；创新人才柔性引进模式，支持有条件的企业设立专家工作室，促进现有专家资源有效对接企业技术需求；对于在吉林省各市州转化科技成果、创建科技企业的青年创新人才及团队，应加大资金奖励和政策优惠。在用好本地人才方面，吉林省应聚焦一汽、长客等重点企业的实际需求，鼓励企业与高校、科研院所合作开展人才定向培养和专业技术培训，持续为企业输送本地人才；提高对本地高技能人才的关注，探索为高级蓝领等专业技能人才提供更多上升空间；在省市科技人才计划中加大对

科技金融、技术转移、科技中介等相关人才的支持力度，完善相应的分类评价体系；优化创新创业服务，完善教育、出行、居住等生活配套设施，营造能够留住青年人才的省域发展环境。

（四）以城镇品质提升，完善产城融合空间

"十四五"时期，吉林省应加快产业配套设施建设，增强城镇综合承载能力，提升空间功能品质，为产城融合发展优化空间载体支撑。

第一，吉林省应强化提升城镇产业配套功能。一是支持各级城市加快解决好厂房、水、电、气、热、网络等配套基础设施问题，完善物流运输网络，精准吸引、精细服务于符合禀赋基础和功能定位的重点产业，形成具有地方特色的营商优势；二是提升中小城市教育、医疗、文化服务水平，调动社会资本参与公共服务体系建设的积极性，增强中小城市的功能品质和落户吸引力。

第二，吉林省应进一步提高基础设施承载能力。一是加大公共交通投建力度，加强城区快速路和主次干道建设，打通区域铁路、公路大通道，强化多方式交通的有效衔接，同时重视改善中小城市和小城镇的交通道路现状；二是全面改善市政公用设施条件，进一步加大对市政基础设施的投建力度，持续在水、气、热、照明、垃圾、污水处理等方面改进服务效率，并且加强对城镇地下空间进行规划利用；三是持续推进城乡公共领域统筹发展，促进提升农村水利、电力、信息等基础设施建设水平。

第三，吉林省应着力提升城镇空间环境品质。一是深入推进城市更新行动，推进老旧小区及棚户区改造，加快城区管网改造及垃圾、污水处理等设施建设；二是持续推进城市环境综合整治工作，面向企业严惩违法排放污染行为，面向市民宣传推广绿色低碳生活方式，同时注重增加街路绿地面积，规划建设生态大道、林荫大道、景观大道等，优化提升城镇环境品质和发展空间。

（五）以公共服务提标扩面，增强产城融合保障

吉林省应在振兴发展中持续加大民生保障力度，加快提升农业转移人口市民化水平，促进公共服务和社会保障提标扩面，推动产城融合及新型城镇化发展质量实现提升。

在有序推进市民化方面，吉林省应深入推进户籍制度改革，进一步放宽落户基准条件，实现从政策上引导农业转移人口落户城镇的预期和选择；促进基本公共服务与居住年限等条件相结合，财政转移支付与农业转移人口相协调，构建完善由政府主导、多方参与、成本共担的农业转移人口市民化推进机制，实现更多农业转移人口在城镇落户。

在提高社会保障方面，吉林省应在教育、医疗、就业保障等公共服务领域加速全域一体化进程，推动数字技术与医疗健康、电子社保、养老服务等公共服务深度融合，提升民生领域数字化应用水平；引导社会资源进入公共服务领域，参与补充城乡公共服务和社会保障，并以良性竞争机制催生新兴服务主体，推动全省教育、医疗、养老等公共服务向高品质化发展。

（六）以体制机制创新，激发产城融合活力

吉林省应延续东北振兴以来对体制机制的改革创新力度，促进完善区域分工协作，优化投资创业环境，为产城融合和城镇化建设增添新动力。

在加强区域分工协作方面，吉林省应加快完善多元主体利益共享、成本共担、财税分享机制，切实调动企业及社会多元主体参与协同合作的积极性；设立区域协同发展基金，用以支持产业转型升级、基础设施建设、生态环境治理等重大项目；在部分领域先行先试股份化运作等方式，合理分配产城融合相关合作项目收益，促进利益相关主体共享协同发展红利。

在优化提升营商环境方面，吉林省应进一步降低新兴产业的准入门槛，减少微观管理和直接干预，营造宽松开放的市场准入环境；围绕产业升级和消费升级领域的重大项目、重点工程和招商引资活动，在财税金融、惠企政策、人才培训等方面提高服务能力，完善投资项目的落地保障，促进省域重要项目和创新成果顺利实现产业化；以数字吉林建设为引领，进一步提升政务数字化水平，升级"多证合一"管理，有效降低企业的制度交易成本，增强市场主体对政府高效管理服务的获得感。

第三节 县域经济建设稳步推进

县域既是保障吉林省农业现代化建设的重要空间，也是推进全省新型城镇化建设的主要载体。东北振兴战略实施以来，吉林省大力推动县域经济发展，不断扩大县域产业发展空间，持续弥补公共领域短板弱项，推动县域经济建设和城镇化发展取得了显著成果。

一、东北振兴以来吉林省县域经济发展取得明显成效

（一）农业发展迎来整体跃升

东北振兴发展以来，吉林省加快推进农业现代化建设，对县域经济增长的支撑作用日益凸显。一是农业综合产能更加稳固。2002—2021年，吉林省粮食总产量由442.96亿斤增加至807.84亿斤，2021年的增长率居全国十大产粮省第1位，粮食人均占有量、商品率均处于全国前列，保护性耕作面积扩大到2875万亩，规模居全国第1位，形成了粮食增产和黑土地保护的叠加效应。二是绿色农业加速升级。全省化肥、农药减量行动深入推进，畜禽粪污综合利用率达到89%。三是农业生产体系日益完善。吉林省重视农村生产设施建设，农机化水平现已达到89.2%，列全国粮食主产省第二位，农业标准化、集约化发展领先全国大部分省份（见表5-6）。四是农业与科技融合不断加深。经过20年的技术发展和累积，全省农业科技进步贡

献率明显高于全国平均水准，农业信息化在多个方面实现了全国第一。五是农村金融发展步伐加快。吉林省作为全国唯一的省级农村金融综合改革试验区，目前"吉农金服"数字普惠金融平台已经服务了4102个行政村，农业保险实现了对主要农作物的全覆盖，金融服务对吉林省农业现代化的保障不断增强。

表5-6　吉林省农业生产条件改善情况

主要指标	2002年	2020年
农业机械总动力（万千瓦）	1150.7	3896.9
机耕面积（千公顷）	1549.5	4692.2
机播面积（千公顷）	2085.4	5599.4
农村用电量（万千瓦时）	238756	565596
有效灌溉面积（千公顷）	1499.18	1934.1
化肥施用量（实物量）（万吨）	283.27	407.89

数据来源：吉林省历年统计年鉴

（二）农村一、二、三产业融合加深

2002年以来，吉林省加快推动农村一、二、三产业融合发展，产业纵向拓展和横向嵌入程度有所加深。一是农产品加工业不断壮大。2002年，吉林省农畜产品加工制造业初具第三大支柱产业雏形，当年实现产值326.98亿元，在规模以上工业总产值中占比15.1%，而发展到2021年，吉林省农产品加工业和食品产业产值已经增加至3300亿元，规模以上农产品加工企业发展到6512户。二是产业载体建设日益加快。经过多年的建设和发展，吉林省目前已经拥有农村三产融合先导区6个、乡村振兴战略试验区14个、省级以上现代农业产业园41个、特色农产品优势区32个，依托上述产业融合重要载体，吉林省县域特色产业集群发展效应日益凸显，农产品产业链收益不断提高。三是产业化联合体快速发展。"龙头企业+基地+合作社+农户"等经营模式得到推广，有效促进了农民就业创业和增产增收。四是休闲农业、乡村旅游等新业态蓬勃发展。吉林省分级培育了一批精品村、精品民宿、精品线路，开展了"醉美吉乡"推广提升行动，带动全省休闲农业、乡村旅游业快速发展，5个县市荣获了"2021中国最美县域"称号，数量居全国首位。

（三）县镇综合承载能力有所增强

东北振兴战略实施以来，吉林省不断加快县域基础设施建设，努力补齐公共领域短板，县镇综合承载能力有所增强。一是交通路网建设加快。从已发布的数据看，2006—2020年，吉林省县域人均道路面积由5.95平方米增加至14.42平方米，目前已经实现县域之间高速公路连通，2021年，高速公路里程达到800千米，并且至县域主城区、主要节点城镇交通廊道里程达到700千米，全部与中心城区实现多层次快速路网连通。二是市政配套设施有所提升。根据统计年鉴数据，2006—2020年，吉林省县域建成区面积由177.65平方千米增加至233.44平方千米，供水、燃气普及率由66.42%、55.13%上升至92.22%、86.56%，污水处理率、生活垃圾处理率由3.24%、9.75%上升至95.09%、100%，建成区绿化覆盖率由21.52%提升至34.46%。三是乡村建设行动深入实施。2002年以来，吉林省连年出台专项行动方案，到2021年，已创建示范村1022个，打造美丽庭院、干净人家20万户，完成农村厕所改造16万户，动态新增农村危房改造全部完成（见表5-7）。

表5-7 吉林省县域公用设施建设变化情况

主要指标	2006年	2020年
人口密度（人/平方千米）	3066	2562
供水普及率（%）	66.42	92.22
燃气普及率（%）	55.13	86.56

续表

主要指标	2006年	2020年
建成区供水管道密度（千米/平方千米）	1.08	12.60
人均道路面积（平方米）	5.95	14.42
建成区路网密度（千米/平方千米）	3.63	6.10
污水处理率（%）	3.24	95.09
人均公园绿地面积（平方米）	7.15	12.49
建成区绿化覆盖率（%）	21.52	34.46
建成区绿地率（%）	16.07	30.40
生活垃圾处理率（%）	9.75	100
生活垃圾无害化处理率（%）	5.09	100

数据来源：历年中国城乡建设统计年鉴

（四）城乡融合发展水平不断提升

2002年以来，吉林省着力统筹城乡一体化发展，县域常住人口城镇化率、农民人均纯收入增速与城镇水平基本保持同步，示范镇建设也较为突出，特色城镇化模式向多地推广。具体来讲，一是吉林省具有地域特色的城镇化建设模式相继形成，一些节点县镇的建设经验已经发展为全国示范。比如，长春市探索建立了"镇区合一"的行政管理新模式，有效破解了建制镇与开发区"镇区分立"模式带来的体制机制问题，改革后卡伦、合隆等镇的经济质量及承载能力均获得了提升；"扩权强镇"试点建设加快，九台、农安、双阳分别向龙嘉、合隆、奢岭下放了审批、人事等管理权限，镇域自主发展能力进一步增强；奢岭、卡伦、合隆率先推行了合署办公模式，孤店子镇着重引入工商资本加速就地就近城镇化进程，相关建设经验已经纳入国家典型经验并向各地推广。二是吉林省的示范镇建设成效较为明显，镇域产业结构及配套设施加快向"城"转变。比如，岔路河镇依托吉林（中新）食品区建设，因地制宜发展高技术农业、食品加工业、观光农业等，较快地提升了当地的产业水平和层次；奢岭镇依托地缘和资源优势，引入了国信集团等战略投资者，康养产业基本形成规模，同时还加强了产业配套设施建设，有力地拉动了镇域经济增长；另外，长春大学、吉林工商学院、吉大一院等优质教育和医疗资源相继在卡伦、奢岭、合隆、兰家等镇落位，有效带动了第二、三产业及基础设施、人力资本等向重点镇集聚。

二、吉林省县域经济发展的推进路径

（一）充分挖掘比较优势，推动特色产业发展

吉林省应充分发挥东北振兴以来县域资源和产业比较优势，以特色主导产业为依托，推动农村一、二、三产业融合创新发展，进一步拓展县域经济产业发展空间。一是应加快县域农产品加工业提质升级，提升产业链各环节的专业化水平，推进现代农业产业园、农业高新技术产业示范区等载体建设，引导产业关联度高的企业有序向园区集聚；二是应支持农业农村新业态发展，推动农业与旅游、教育、康养等产业融合，发展农耕体验、研学科普、民宿康养等新业态新模式，并探索借助电子商务平台，挖掘县域产业和消费升级潜力，培育壮大县域经济新增长点；三是应进一步扩大新型农业经营主体规模，支持借助"互联网+"和"双创"平台转变农业生产经营模式，健全专业化社会化服务体系，完善新型农业经营主体与小农户利益联结机制，促进更多小农户融入产业发展链条。

（二）借助城市辐射带动，促进县域经济增长

在区域一体化日益加强的趋势下，吉林省县域经济发展应立足自身禀赋，突破行政地域边界，借助中心城市、都市圈等空间载体的辐射带动，

整合利用内外资源，推动本地产业转型和经济增长。一方面，应主动融入哈长城市群、长春现代化都市圈协同发展格局，积极承接来自区域中心城市的技术、资本、人才、信息等要素辐射溢出，吸引一批产业项目在县域布局，推动特色产业快速发展。另一方面，应明确自身在省域战略中的发展定位和角色分工，积极建设成为卫星城镇或次级增长中心，围绕省市优势产业链加强自身配套功能，联动城乡融合发展。

（三）依靠技术创新力量，培育县域发展新动能

吉林省应坚持创新引领县域经济发展，积极创建创新型县镇，为县域经济发展积聚后续动力。首先，应加快发展一批创新型县镇。引导县域企业加大创新投入，鼓励企业探索业态创新、商业模式创新等多元化发展；支持县域企业与大院大所建立合作联系，并充分利用创新型省份建设专项资金，对科技投入产出成效明显的县域适量安排奖补资金。其次，应加强农业科技攻关及产业化应用。支持聚焦生物育种、智慧农业等领域研发核心技术产品；鼓励吉林农大、省农科院等省内重点农业科研院所，在县域、乡村开展"科技小院"等科技示范点建设；深入推行科技特派员制度，支持发展农技推广机构，助力县域产业创新发展。第三，应加大力度支持县域"双创"发展。依托各类园区、企业、知名村镇等，打造农民工返乡创业园、星创天地等"双创"载体，提升"双创"服务水平，并借助现有资源壮大创业创新导师队伍，着力为县域"双创"主体提供服务和指导；加强"双创"政策和资金扶持，吸引高校毕业生、农业科技人员等各类群体入乡就业创业，引导返乡农民工就近、就地进行转移就业和创业，支持能工巧匠、"田秀才""土专家"等乡村能人在乡创业，逐渐培育起具有县域特色的返乡创业集群。

（四）健全政策支持体系，促进要素资源流入

吉林省应加强用地政策、资金政策、人才政策创新，吸引更多要素资

源向县域流动和汇聚，有效支撑县域经济发展。在创新用地政策方面，吉林省应针对县域新产业新业态发展，在年度新增建设用地计划指标中安排一定比例，重点支持农产品加工、物流仓储、农业科技园区、休闲旅游等产业发展；促进城乡建设用地增减指标优化配置，有效满足县域经济社会建设的合理用地需求。在拓宽资金渠道方面，吉林省应加大省市财政对县域发展的支持和转移支付力度，充分发挥政府资金的引导和撬动作用，完善有益于县域发展的可持续投融资机制。一方面，加大省市级财政对县域公共建设的保障力度，引导社会资本有序参与县域基础设施投资和运营，有效服务县域经济社会建设；另一方面，大力推动农村金融发展，支持商业银行下沉县域设立分支机构，为各类新型农业经营主体拓宽融资渠道。在促进人力集聚方面，吉林省应加大对科技人才、管理人才的选派力度，同时积极借鉴其他省份的县域人才新政，探索运用柔性的引育人才方式，吸引县域特色产业相关的专业人才和中青年人才前来支持建设，并妥善落实好各项补贴及配套服务。

（五）补齐公共建设短板，提升承载和服务能力

吉林省应进一步提升县域综合承载和服务能力，加强新型基础设施建设，优化县域生活品质，为县域经济社会高质量发展强化综合支撑。在新型基础设施建设方面，吉林省应加快推动农业生产加工及农村水利、公路、电力、物流等基础设施向数字化、智能化升级，进一步扩大光纤宽带、移动互联网的覆盖范围，加快农村电子商务相关设施建设。在提升县域生活品质方面，吉林省应着力满足居民教育、医疗、文化、休闲等民生需求，支持餐饮住宿、商超零售、文化演出等生活性服务业发展，促进乡村商贸、快递等服务网点建设，丰富各类商品对乡村的供应。

（六）推进县域体制改革，营造良好发展环境

吉林省应继续深化县域制度改革，营造有益于县域动能转换、经济增

长的良好环境。首先，应进一步深化"扩权强县"改革。一是在财政体制、经济运行、社会管理等方面赋予县域更多权限。二是全面深化省财政直管县财政管理改革，特别是围绕县域高新技术产业、新兴产业发展，建立健全财税激励政策体系。其次，应进一步推进简政放权。对于没有明确规定需要省市级管理的事项，可直接授权县级管理；对于受到法律法规限制的权力事项，可通过委托形式下放；针对不具备普遍下放权限条件的事项，应探索一事一议，依申请放权，分类减少县域行政负担。第三，应着力提升县域营商服务水平。一是支持县域制定便利市场准入、加强事中事后监管的相关政策，为推动新产业新业态发展改善服务环境、提升管理效能。二是充分调动和发挥县域改革积极性和创造性，鼓励基于地方实际，在市场主体生产经营、投资贸易、融资便利化等方面，探索和创新营商举措，复制和推广创新做法，为县域经济活力迸发注入新动力。

第四节　城乡产业协同趋势明显

东北振兴战略实施以来，吉林省城乡产业融合程度不断加深，各类平台载体建设取得重要进展，产业协同发展趋势日益增强，不仅有效盘活了乡村特色产业资源，也极大促进了城镇化建设质量提升。

一、东北振兴以来吉林省城乡产业协同发展平台建设加快

（一）各类农业园区量质齐升

东北振兴战略实施以来，吉林省充分发挥农业大省的特色优势，集聚生产、加工、科技等创新要素资源，推动农业农村新动能发展不断壮大。2002年，吉林省的农业发展着力点是推进转基因玉米、优质抗逆农作物良

种培育等技术研发，推动各种粮食深加工项目建设。如今经过二十年的发展，吉林省已经建成了一批技术水平先进、辐射带动能力强的农业园区，目前拥有国家级现代农业产业园3个、优势特色产业集群3个，以及省级以上现代农业产业园51个、特色农产品优势区42个、示范农业产业化联合体147个。吉林省着力从加大财政奖补、完善土地政策、搭建服务平台、提升金融服务、加强基础设施配套等方面综合施策，优化提升各类农业园区发展，扶持了一批涉农企业入驻园区，吸引了一批涉农项目和投资入园建设，促进了相关技术和创新措施在园区推广示范，助推全省农业农村加快向特色化、多样化发展。

（二）特色产业小镇快速发展

新一轮东北振兴发展以来，吉林省充分响应国家的政策安排和部署，探索以特色小镇为载体推进城乡产业协同发展。2016年，辽河源镇、金川镇、东盛涌镇入选第一批中国特色小镇，开启了吉林省特色小镇建设进程。2019年，吉林省提出创建省级特色产业小镇，并从扩大管理权限、创新土地政策、支持产业发展、鼓励农民进城、加强基础设施建设等方面，明确了省级特色产业小镇的创建标准和支持政策。经过三年的发展，吉林省共创建了四批96个特色产业小镇，这些小镇通过发挥特色资源优势，培育壮大特色主导产业，有力地推动了当地产业转型和镇域经济发展，也为形成就近、就地城镇化特色模式提供了经验。吉林省根据小镇发展阶段，将特色产业小镇分为成长类、培育类、规划类三类，其中，成长类小镇多聚焦产业高端化发展，在提升产业层次方面走在前列；培育类小镇的建设重点为培育特色产业、延长产业链条；规划类小镇的发展重点是建设特色产业项目、吸引更多战略投资。目前，从小镇主导产业的发展情况看，农业类、智能制造类、文旅类的特色产业小镇居多，其中长春市红旗智能小镇、安图县矿泉水小镇发展领先，前者通过改造提升汽车产业，为城市产业升级打造了新支点，后者通过加快发展矿泉水产业，创造出了产业升级和扩大就业的新空间，其建设经验被收录进"全国特色小镇典型经验"当中，已向全国同类型特色小镇推广。

（三）小城镇联结城乡功能日益增强

在两轮东北振兴战略及新型城镇化建设的带动下，吉林省一些小城镇的发展明显快于以往，特别是一些示范镇的建设成效日益凸显。比如，岔路河镇依托吉林（中新）食品区，因地制宜发展高技术农业、食品加工业、观光农业等，有效承接了产业外溢和塑造自身产业优势；奢岭镇积极引入国信集团等工商资本入乡投资，加快发展特色康养产业，完善相关配套设施，有力地拉动了镇域经济增长及空间品质提升；卡伦、合隆、兰家等镇重点引入了长春大学、吉林工商学院等优质教育资源，提升了第二、三产业发展层次和公共服务水平，有效促进了人口、技术、资金等要素向镇域集聚。另外，吉林省还创建了7个特色产业小城镇，这些小城镇立足生态农业、乡村旅游等领域，推进特色产业发展和小镇基础设施建设，在联结城乡功能、促进产业协同发展方面日益发挥出重要作用，未来有望发展为推动吉林省城乡融合发展的新空间载体。

（四）美丽乡村建设水平不断提升

2002年以来，吉林省稳步推行农村人居环境整治提升计划，推进乡村建设由清脏向治乱、村庄向庭院、统一向特色转变，美丽乡村建设成效尤其显著，农村绿色宜居水平逐年提升。一是千村提升、万村整治相关工程建设加快。20年来，吉林省持续改善农村人居环境，深入推进"厕所革命"，目前已经创建了AAA级标准农村人居环境示范村4000个、美丽乡村213个，打造美丽庭院和干净人家20万户。二是农村基础设施建设得到加强。在过去二十年间，吉林省村庄公共设施建设投入逐年增加，到2020年已增长至57.27亿元，村庄内道路长度增加至84200.43千米，供水管道长度增加至55457.59千米，供水普及率提升至74.31%，集中供热面积增加至

446.04万平方米，4G网络已经实现了行政村全覆盖，5G网络实现了县城核心区及较大乡镇基本覆盖，农村电子商务、物流快递、公共照明等配套服务设施也在不断完善，2021年还为超过2000个村部实施了无障碍改造。

（五）特色模式示范效应逐渐凸显

2002年以来，在两轮东北振兴发展的带动之下，吉林省城乡融合发展不断加快，各地都在加紧探索具有当地特色的城镇化推进方式，有关工商资本入乡、体制机制创新的特色经验和模式逐渐形成，省内一些节点城镇的建设经验已经发展为全国示范。比如，在加快引导城市要素下乡方面，孤店子镇大荒地村依托乐福公司流转土地，并通过配套大型农业机械实现了全程机械化耕种，还吸纳了农村劳动力在企业就职；在推进基本公共服务均等化方面，梅河口市积极引入东北师范大学、吉大一医等高端载体资源，在教育、医疗、康养等方面支持建设基地和园区，促进当地优质公共服务发展水平有所提升；在改革创新行政管理体制方面，延吉市着力推进简政放权，创新将50多项行政审批许可和处置权下放至朝阳川镇，探索出了发达镇体制改革的特色化路径。上述建设经验已被纳入国家典型经验当中，不仅在全国发挥出了试点建设的引路功能，更为全省城乡融合发展提供了可复制推广的成功经验。

二、吉林省深化城乡产业协同的发展策略

（一）推动农业园区创新发展，有力支撑城乡产业协同

吉林省应继续将农业园区作为重要平台，加快推动各类农业园区提档升级发展，强化对城乡产业协同的支撑作用。一是利用现有园区打造农产品原料基地，借助"市场主体+原料基地+当地农户"等订单合作模式，进一步降低农资成本，确保将更多收益留给农民；二是以农产品精深加工园区为核心，发挥龙头企业引领作用，促进优势产业集群高质量发展；三是

利用现有园区推进"农商文体旅"业态深度叠加，加快完善基础设施和配套服务，有效满足新业态发展需求；四是支持有条件的园区建立创业就业平台，通过提供创业场地、技术对接、市场拓展、经营管理等相关服务，促进各类人才返乡入乡参与建设，有效助力城乡产业协同发展。

（二）培育壮大特色小镇，实现城乡发展多层次衔接

吉林省应继续着力特色产业小镇建设，推动特色小镇组团发展，在生产、消费等多个层面加速城乡要素资源对接，切实发挥出特色小镇在产业协同和城镇化建设中的"推进器"作用。一是针对不同类型特色产业小镇出台建设方案，如文旅特色产业小镇建设方案、高端制造特色产业小镇建设方案等，为小镇主导产业创新发展提供政策引导；二是系统梳理小镇资源禀赋、经济基础、产业特色，校正小镇特色产业的发展定位，支持立足小镇特色引入龙头企业或新兴产业延链、补链项目，进一步强化小镇的"节点"功能；三是支持重点实验室、科研机构等将符合小镇产业方向的技术创新成果引入小镇转化，支持围绕小镇主导产业成立众创空间，用以对接有益于小镇发展的创新人才和团队，提升小镇的创新发展动能；四是支持小镇围绕主导产业举办学术论坛、交易博览会、民间艺术节等活动，借此宣传小镇的产业发展成果、文化遗产风貌等，使小镇文化特色更好服务于当地产业发展及城镇化建设。

（三）加强小城镇要素保障，促进产业与人口集聚

小城镇既是城镇建设和产业发展的薄弱环节，也是提升城镇化质量的潜力所在，吉林省应加快推进特色小城镇发展，进一步增强小城镇联结城乡的能力，促进产业与人口更快集聚。一是加快将具有区位优势、特色资源、文化功能的小城镇培育成为专业特色镇，推进完善产业布局、公共服务、景观风貌等，实现小城镇特色化、差异化发展；二是强化提升小城镇内部功能，持续向小城镇延伸水路、电气、供暖等配套基础设施，在现

代物流、信息网络、服务消费等短板领域促进设施连接，加快提升子女教育、医疗、户口迁移等公共服务水平，促进其联结城乡的节点作用更加突出；三是选取经济发展基础较好、资源环境承载力较强的建制镇作为试点，在推动产业集聚、引导社会投资、强化要素保障等方面试验创新模式，探索就近、就地城镇化发展新路径。

（四）创新美丽乡村建设模式，吸引更多资源投入乡村

吉林省应充分利用东北振兴发展以来的乡村建设成果和经验，进一步加快美丽乡村建设，支持有条件的乡村向特色化、差异化发展，引导资金、人才、技术等更多投入乡村、服务乡村。一是壮大休闲农业和乡村旅游新业态，支持打造精品旅游线路、乡村文化空间及具有地域特色的田园综合体项目；二是加强乡村供电、供水、燃气、污水处理等基础设施建设，加快农村交通道路改造、网络设施升级，常态化提升村容村貌，更好满足生产生活需要；三是提升农村公共建设和服务保障，鼓励优质教育、医疗、养老、文化服务主体和特色资源下沉乡村发展和试验；四是强化美丽乡村示范村的引领作用，特别是在特色产业培育、基础设施建设、村容村貌整治、公共服务提升等方面总结推广先进经验，更好引领邻近村庄连片发展。

（五）建设产业协同发展先行区，多方面探索城镇化新路径

吉林省应加快建成城乡产业协同发展先行区，多方面探索创新发展路径，在全省形成示范带动效应。一是选取城乡产业协同发展特色区域，优先建设，形成经验。建设九台城乡产业协同发展先行区，大力发展生物医药、农产品深加工等优势产业，推进建设东北亚精优食品产业园等重大载体，积极对接长春新区等国家级开发开放平台，促进省内外要素资源向九台集聚，打造城乡产业协同发展新支点。支持中新食品区建成城乡产业协同发展先行区，通过加快岔路河等现代农业产业园建设，落实搜登站东方

麦基诺田园综合体、万昌田园综合体等旅游项目，实现以现代农业、农旅融合带动城乡资源流动集聚，壮大支撑城乡产业协同发展的新空间载体。三是建立多种形式的城乡产业发展共同体。近年来浙江在产业协同、科技创新、绿色发展等领域建立了数个城乡发展共同体，有效促进了城乡产业融合创新发展，吉林省可总结借鉴相关有益经验，构建城乡产业发展共同体，形成城乡产业融合创新典型项目，实现增强对城乡产业协同的特色载体支撑。

第六章

吉林省新型城镇化与城乡一体化发展

城乡一体化是吉林省新型城镇化建设与乡村振兴发展的重要抓手。东北振兴战略实施以来，吉林省着力深化农村各项改革，持续优化公共资源配置，城乡人口、土地、资金、技术等要素资源流动日趋频繁，长吉接合片区还获批建设国家城乡融合发展试验区。"十四五"时期，在新时代东北振兴引领下，吉林省需要进一步缩小城乡收入差距，促进更多要素资源深度交流和融合，补齐公共领域建设短板，切实发挥出试验区的引领带动效应，加快提升全省新型城镇化发展质量和以城带乡的能力。

第一节　逐步缩小城乡居民收入差距

东北振兴发展以来，吉林省经济结构和发展动能逐年改善，农村建设持续进步，脱贫攻坚力度不断加大，城乡居民收入在二十年间实现稳步增长。"十四五"及今后一段时期，吉林省应继续高度关注农民增收问题，进一步缩小城乡收入差距，切实满足城乡居民对美好生活的共同期待。

一、东北振兴以来吉林省城乡居民收入保持增长态势

（一）城乡收入总体水平稳步提升

2002年以来，吉林省新型工业化与新型城镇化互动建设加快，持续推进城乡经济社会提质增效发展，带动城乡居民收入水平保持稳步增长。2002—2021年，吉林省城镇居民人均可支配收入由6260元增加至35646元，增长5.7倍，农村居民人均可支配收入由2361元增加至17642元，增长7.5倍（见图6-1）。特别是"十三五"以来，2018年，吉林省城镇居民人均可支配收入首次超过了30000元，2021年更是超过了35000元，收入水平加快提升；而农村居民人均可支配收入也从2018年起一年跨上一个千元台阶，2021年收入增速为9.8%，较城镇居民人均可支配收入增速高出了3.1个百分点。

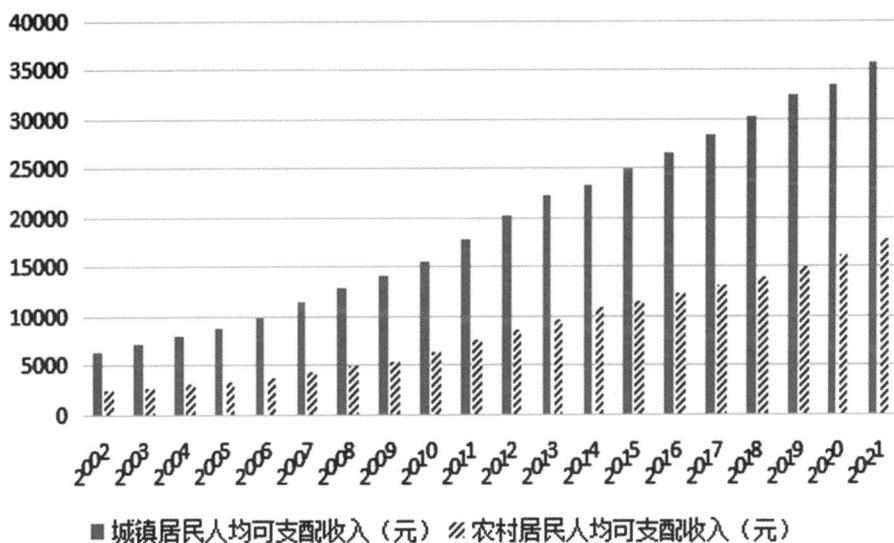

图6-1 吉林省城乡居民人均可支配收入变化情况

（二）城乡收入相对差距逐年缩小

东北振兴发展以来，吉林省城乡居民收入水平保持同步提升，但仍存在一定的收入差距。2002年，吉林省城乡居民人均可支配收入之间相差3899元，2021年这一差距增加至18004元，比2002年高出了14105元。但从城乡居民收入的相对差距看，经过两轮东北振兴发展战略的推动，以及吉林省大力推动新型城镇化建设和乡村振兴发展，2002—2021年，吉林省城乡居民收入比（以农民收入为1）总体保持逐年减少的态势，20年间已经由2.65∶1逐年降至2.02∶1，相对差距已经降至2倍左右，且持续低于全国城乡居民收入比（见图6-2）。

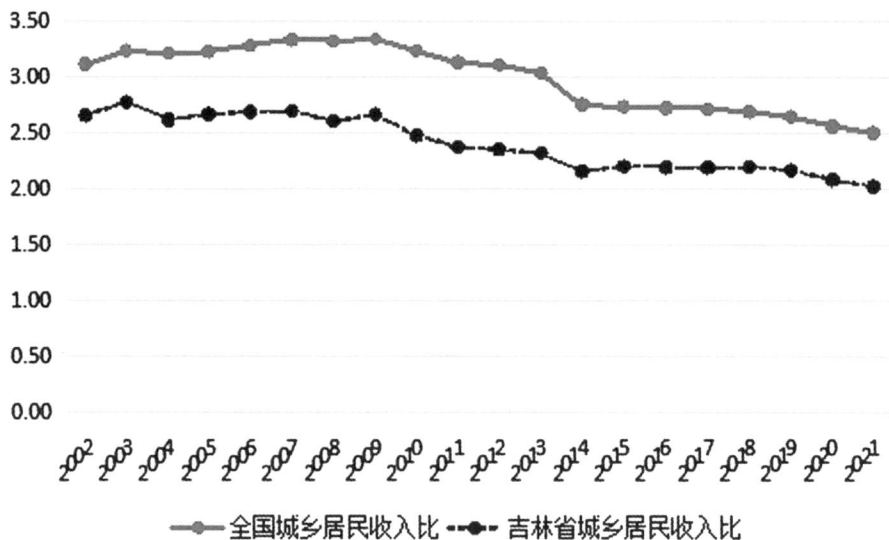

图6-2 全国及吉林省城乡居民收入比变化情况

（三）农村居民收入多年实现"双超"

两轮东北振兴发展以来，吉林省农村居民收入取得了较快增长。在过去的20年间，除2002年、2009年、2015年以外，吉林省农村居民人均可支配收入增速均保持在跑赢经济增速的水平上。2002—2009年，吉林省城镇居民人均可支配收入增速保持在8.8%以上，最高点达到15.1%，农村居民人均可支配收入增速最低点为5.6%，最高点达到17.8%；而2010—2019年，农村居民人均可支配收入仅在2015年和2018年略低于城镇居民收入增速。2020年，受到疫情影响，全国居民人均可支配收入水平仅较上年略有提升，增速为4.7%。从吉林省的情况看，城乡居民人均可支配收入增速分别为3.4%、7.6%，全省经济增速为2.4%，农村居民收入增速不仅超出了全国平均水平，也超过了全省经济增速和城镇居民收入增速。2021年，吉林省农村居民人均可支配收入增速进一步提高至9.8%，继续保持了"双超"态势，超过了同期全省经济增速6.6%、城镇居民人均可支配收入增速6.7%（见图6-3）。

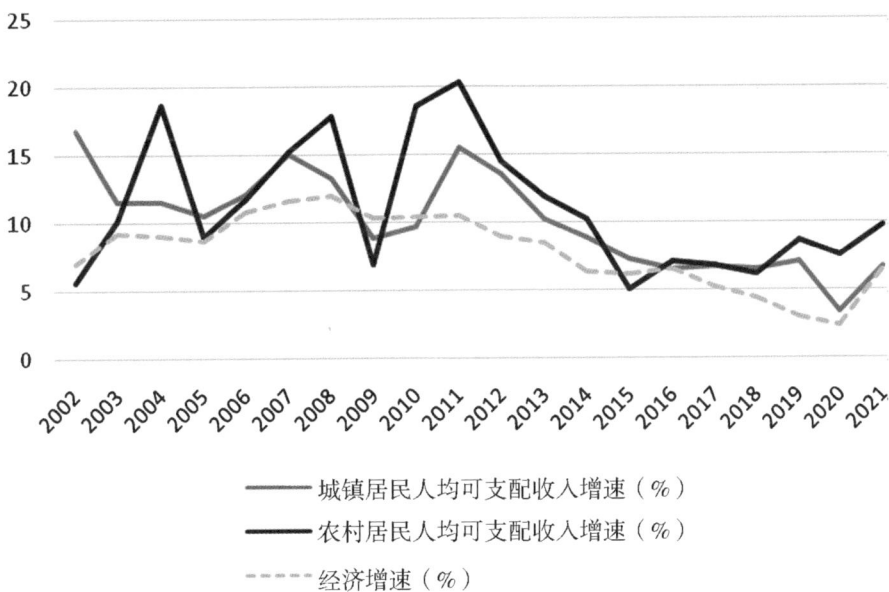

城镇居民人均可支配收入增速（%）

农村居民人均可支配收入增速（%）

经济增速（%）

图6-3 吉林省经济增速、城乡人均可支配收入增速变化情况

（四）城乡生活消费支出日益增长

2002年以来，随着吉林省居民收入持续稳步增长，居民生活消费支出也在逐年增加，城乡居民生活面貌和品质呈现出了较大改善。从消费水平看，2002—2021年，吉林省城镇居民人均生活消费支出由4974元增加至24421元，提升4.9倍；农村居民人均生活消费支出由1686元增加至13411元，提升8.0倍（见图6-4）。从消费结构看，根据统计年鉴数据，2021年，在吉林省城镇居民人均生活消费支出中，各项支出占比排序依次为食品烟酒、居住、交通通信、教育文化娱乐、医疗保健、衣着、生活用品及服务、其他用品和服务；在吉林省农村居民人均生活消费支出中，各项支出占比排序依次为食品烟酒、居住、交通通信、医疗保健、教育文化娱乐、衣着、生活用品及服务、其他用品和服务，城乡居民消费结构变化趋势基本保持一致。

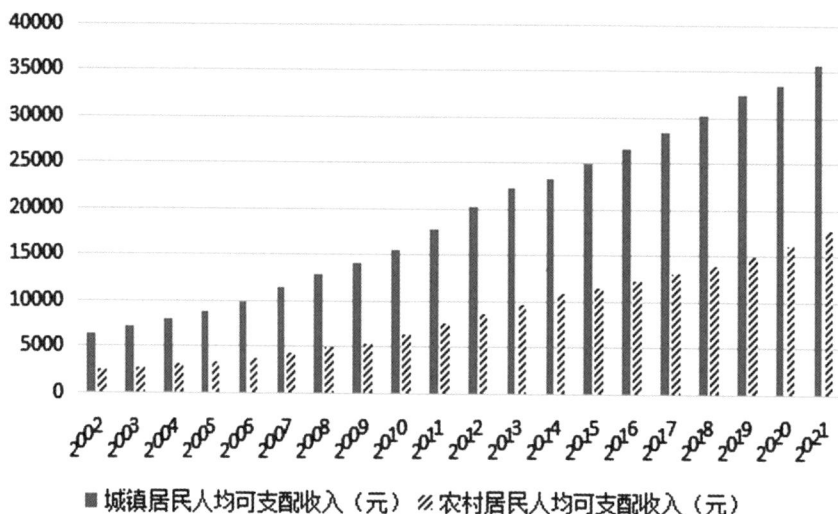

图6-4　吉林省城乡人均生活消费支出变化情况

（五）脱贫攻坚成果得到巩固

吉林省稳步推进脱贫攻坚工作，2021年5月与全国一道正式消除了绝对贫困，15个贫困县全部实现脱贫摘帽。从已公布的数据看，2019年，吉林省建档立卡贫困户家庭人均纯收入为8059元；2021年，脱贫群众人均收入达到12079元，同比增长20.18%，实现高出全国平均水平3.3个百分点，高出全省农民收入增速10.4个百分点；脱贫地区农民收入达到12906元，同比增长12.3%，实现高出全国平均水平0.7个百分点，高出全国农民收入增速1.8个百分点。从收入来源结构看，2021年，吉林省脱贫群众的经营性收入增长34.88%、工资性收入增长27.55%，并且被全部纳入基本医疗保险、大病保险、医疗救助范围，21.04万脱贫人口享受到了低保政策，14.2万农村困难群众享有专项救助和临时救助，22.01万脱贫老年人享有补贴。经过一年来的巩固发展，吉林省在国家首次巩固脱贫成果后评估中获得"好"的等次，第三方评估群众认可度高达95.42%。2022年3月以来，面对疫情可能对脱贫群众收入带来的影响，吉林省统筹乡村干部、驻村干部和帮扶干部9.3万余名，对于急需帮助解决困难的脱贫户和监测户采取了有针对性的解决措施，金融部门还开辟了普惠型涉农贷款审批"绿色通道"，向3685户脱贫户、59户监测户各发放涉农贷款7052万元、199.1万元，向1293户脱贫户发放了小额信贷5187.7万元，确保困难群众的生产经营较少受到疫情影响。

二、吉林省缩小城乡居民收入差距的着力方向

（一）夯实城乡居民增收基础

第一，不断强化城镇化建设的产业支撑。提高第二、三产业吸纳农业转移人口就业的比重，支持新业态新职业发展，激发市场主体活力，保持住东北振兴发展以来以产业结构优化带动城乡就业结构优化的良好态势。一是充分发挥出吉林省作为工业强省的产业基础优势，进一步做大做强农产品加工业、劳动密集型制造业等传统优势产业，同时借助基建投资力度

加大的趋势，推动建筑业快速健康发展，为农业转移劳动力提供更多工作岗位；二是加快发展和提升第三产业，在税收、融资等政策方面持续加大扶持力度，促进全省旅游、餐饮、文教、社区服务等生活性服务业快速发展，重点培育信息、金融、保险、现代物流等生产性服务业，推动第三产业切实成为创造和增加就业的重要领域；三是持续优化营商环境，继续出台政策措施支持企业稳岗和扩大新增就业，增强市场主体预期；四是支持新业态新职业发展，培育壮大新兴市场主体，拓宽市场化就业渠道，加快为灵活就业完善配套保障和支持。

第二，持续优化就业创业环境。加强落实各项优惠政策，发挥平台载体作用，完善就业创业服务，为城乡各类群体就业创业提供更多实现机会。一是丰富和细化创业支持性政策。在融资、税费、技术对接等方面为小规模经济实体提供充分支持，针对高校毕业生等群体推出创业担保贷款、贴息扶持等更多优惠政策和"双创"服务。二是充分发挥平台载体的带动作用。加快国家级双创示范基地、农民工返乡创业园等创新创业基地建设，鼓励返乡下乡人员从事创业创新活动，引导农村居民、农业转移人口投身乡村旅游、直播电商等新产业、新业态的开发运营，释放出农业农村内部的创收潜能。三是进一步完善重点群体就业服务。支持为就业困难群体打造劳务信息平台，健全重点用工企业对接联系机制、农民工输出输入地劳务对接机制，加强省内高校毕业生与本地龙头企业、科技企业进行对接，争取将更多的高校毕业生留在省内发展。

第三，加强劳动者职业技能培训。吉林省应紧密结合重点产业、优势企业的发展需求，加快提升技术工人、高技能人才比重，帮助城乡劳动者拥有更多就业选择。一是紧密对接产业发展和企业需要，循环开展"定向式""订单式"培训，促进农村富余劳动力有序向省内城镇及非农产业转移，定期开展针对未升学初高中毕业生、登记失业人员等农村特殊群体的免费培训，尽快帮助这些群体提升职业技能和就业机会；二是深化产教融合、校企合作发展，支持省内企业、技工院校等共建共享公共实训基地，有效提升实训基地的岗位技能适配性；三是充分利用本地优势培训资源，创新职业培训课程，面向省内产业急需紧缺工种、新业态工种等开展有针对性的职业技能培训；四是支持打造能够为特色主导产业引育相关人才的劳务组织，并加快运营成为与省域产业经济互动发展的特色劳务品牌。

第四，加快完善增收保障机制。通过提高工资报酬、增加奖励激励、增进社会认同等方式，调动不同群体参与城乡建设的积极性和创造性。一是完善职工工资合理增长机制。落实各级公务员、事业单位工作人员的工资及补贴政策，加快完善公立医院和学校的待遇保障，引导企业工资水平与劳动力市场基本适应、与经济效益和劳动生产率基本挂钩。二是完善专业人才群体增收机制。健全多劳多得、技高者多得的收入分配制度，强化对专业人才、高技能人才等知识技能价值的激励，对承担重大任务、重大科技创新项目的人才团队及紧缺急需高层次人才等及时给予相应奖励。三是进一步强化农民工劳动权益保障。加强对省内用工单位监督管理，确保农民工平等就业、工资及时支付并享受到相关待遇。

（二）加快提高农村居民收入

第一，深入挖掘农业农村内部的增收潜力。通过强化特色现代农业、拓展农业多种功能、发展农村电子商务等方式，带动农村居民增产增收。一是加快发展高质高效的特色现代农业。应以县域城镇化为抓手，加快县域特色产业园区建设，支持特色农产品就地加工转化，打造特色产业链条，为农村居民及农业转移人口创造更多非农岗位和更高收入，切实提升产业集聚所能释放的富农效应。二是拓展农业多种功能。支持有条件的县镇打造三产融合示范园区，并借助乡村旅游示范村的引领带动作用，促进农业种植加工与文化消费体验相结合，因地制宜打造特色文化旅游线路和空间，以农旅融合促进农村居民增加经营性收入。三是有序推进农村电子商务发展。支持具备条件的县镇建设农产品仓储和物流设施、电子商务服务网点等，鼓励电子商务相关培训机构入乡开展培训服务，帮助农村居民借助电子商务、线上销售等实现创业就业和增收。

第二，持续深化农村土地相关改革。着力探索增加农民财产性收入的多种实现形式，确保农村集体资产保值增值。一是继续推进农村集体经营性建设用地入市，促进农民闲置宅基地、撂荒土地等得到有效利用，推进农村承包地"三权分置"，支持发展农旅融合、农业科技产业化应用等新业态；二是加快推进农村"三变"改革，促进农村各类生产要素自由流动，支持工商资本入乡参与田园综合体、设施农业等建设，持续提升集体经济经营能力和农民收益；三是健全土地经营权流转服务体系，鼓励省域金融机构创新农业相关抵押贷款服务，进一步激发农村土地流转活力，拓展吉林省农村居民财产性收入的增长空间。

第三，提升新型农业主体经营水平。不断壮大新型农业主体规模，推广发展产业化合作模式，促进生产性收益更多惠及农村居民。一是分类推出资金、技术、土地等惠农政策，支持省内各地种养大户、家庭农场、农民专业合作社等扩大生产规模，提高技术应用，完善经营模式和利益分配模式，加快培育一批具有示范性的新型农业经营主体；二是支持建立产业化联合体，鼓励各地大型农业企业与农民之间形成特色合作模式，推广近年在省内得到较好应用的"订单收购+分红""农民入股+保底收益+按股分红"等利益联结方式，扶持发展生产托管、代耕代种等农业社会化服务形式，带动更多小农户实现增产增收。

（三）不断强化民生保障力度

第一，吉林省应针对居民在教育、医疗、住房等领域的热切需求，进一步丰富公共服务内容，提升服务标准和效率，延伸服务覆盖面，促进城乡居民能够更多享有同等同质的公共服务。一是加大教育惠民和助困力度，推进优质教育资源、数字化教育资源向农村地区拓展，针对进城务工人员随迁子女入学、农村困难家庭子女入学等完善相关政策和服务；二是支持建设标准化的乡镇卫生院和养老、托育设施，提升农村基层医疗卫生及养老和托育服务，减轻农村居民就医等支出负担；三是进一步推动基本公共服务与居住证这一载体相挂钩，促进流动人口享有与户籍人口同等的公共服务和生活便利；四是完善困难群体住房保障，针对低保户、低收入群体完善住房政策并降低相关服务门槛。

第二，吉林省应加快推进城乡社会保障并轨发展，促进社会保障制度城乡融合。养老保险方面，应进一步完善城乡居民基本养老保险制度，优化城乡基础养老金调整机制，同步提升城乡居民养老金标准。医疗保险方面，应加快完善吉林省城乡居民基本医疗保险制度，研究推出针对多元医疗需求的保障政策，同步提高城乡基本医疗保险筹资标准，巩固提升农村居民重特大疾病保险保障水平。其他保险方面，吉林省应进一步优化工伤待遇调整机制，促进失业保险金标准与当地最低工资水平相符合，并加快提升相关服务的经办水平。

第三，吉林省应加快完善社会救助和社会福利制度，强化对城乡困难群体的兜底保障。社会救助方面，应探索构建吉林省分类救助制度体系，完善与人均消费支出或人均可支配收入水平相挂钩的社会救助标准动态调整机制，进一步做好农村社会救助兜底工作，实现城乡低保平均标准一致，并足额及时发放补贴。社会福利方面，应推动省内有条件的地方合理扩大补贴范围，进一步加强对高龄老人、孤儿、困难残疾人等群体的兜底保障。此外，还应持续推出政策措施支持全省公益事业和慈善事业发展。

（四）巩固提升脱贫攻坚成果

经过全省上下一致的努力，吉林省的脱贫攻坚工作取得了重要成果，实现了现行标准下的农村贫困人口全面脱贫、贫困县全部摘帽。"十四五"时期，吉林省各地应高度关注脱贫地区的经济发展和公共建设，稳固脱贫村、脱贫户的增收渠道，补齐落后地区公共服务短板，防范化解规模性返贫风险，巩固提升全省来之不易的脱贫攻坚成果。一是制定吉林省脱贫县特色产业发展规划，支持建设特色产业发展园区，实施特色种养等专项提升行动，鼓励新型经营主体与脱贫镇村建立合作，促进脱贫地区经济产业向规模化发展，并加快建立起具有当地特色的地域品牌；二是支持职业技能培训机构、农业技术推广机构等在脱贫地区开展培训活动，与时俱进提升当地脱贫人口的农业技能、经营技能等，并在项目、资金、技术等方面提供相关咨询和服务，促进脱贫人口更好实现稳定就业和创业；三是进一步完善监测预警和兜底保障机制，及时发现返贫复贫问题，有效应对和帮扶脱贫不稳定户、边缘易致贫户等特殊群体；四是将促进农村居民增收、脱贫人口稳收等作为重要指标，纳入对当地经济社会建设情况的考核，确保各项保障措施更多向全省农村、基层、困难群众倾斜，让全省的经济社会发展成果更多惠及城乡全体居民。

第二节　促进城乡要素双向自由流动

在两轮东北振兴战略引领下，吉林省逐年加快城乡一体化发展进程，新型城镇化建设和乡村振兴发展取得了明显进步。20年来，全省城乡要素流动情况发生了积极变化，农村要素单向流出的发展格局得到了有效改善，人口、土地、资金、技术等要素进一步投向农村发展，城乡要素交流与合作的通道日益畅通，不仅重新焕发了吉林省农业农村的发展活力，也在很大程度上促进了城乡社会的融合发展。

一、东北振兴以来吉林省城乡要素流动日益加快

（一）城乡要素融合程度不断加深

东北振兴发展以来，吉林省城镇化建设稳步推进，城乡要素流动日益加快，带动乡村经济社会发展较以往有明显提升。人口要素方面，吉林省综合施策加速农业转移人口市民化进程，2002—2021年，全省常住人口

城镇化率由50.88%提高到63.36%，2012年起每年保持着约1个百分点的增长幅度。特别是随着全省城乡统一的基本养老保险制度加快构建完善，以及城镇就业、医疗、子女教育等公共服务不断向农业转移人口覆盖，推动农业转移人口市民化程度逐年加深。土地要素方面，2002年以来，吉林省农村土地相关改革深入推进，农村土地流转过程日益优化，农业社会化服务体系也在逐步健全。资金要素方面，吉林省各地进一步整合涉农财政资金，设立财政引导基金，吸引工商资本关注乡村特色产业和公共建设，通过拓宽投资渠道和创新参与方式，有效地推动了城乡产业融合发展，促进了全省城乡要素整合程度日益加深。

（二）城乡劳动力流动愈加活跃

东北振兴发展以来，吉林省城乡劳动力流动较以往更加活跃，呈现出外出就业与返乡下乡双向流动并重的发展态势。从已公布的数据看，2002—2020年，吉林省就业人数由1095万人上升至1261万人，其中城镇就业人数由439万人上升至728万人，乡村就业人数由656万人减少至533万人。从农民工流动情况看，新一轮东北振兴发展以来，2016年，东北地区外出农民工约603万人，其中跨省流动的农民工约138万人，所占比重为22.9%，省内流动的农民工约465万人，占外出农民工总量的77.1%；而到了2021年，东北地区外出农民工总量上升至634万人，其中跨省流动的农民工总量上升至183万人，所占比重为28.9%，省内流动的农民工约451万人，占外出农民工总量的71.1%。这表明，东北地区外出农民工以省内流动为主，流动半径有所缩小，日趋选择就近就业，并且从东北地区农民工的流动情况可以推知，吉林省农民工在省内城乡之间的流动也呈现相对活跃的趋势。从返乡入乡情况看，吉林省连续多年推出支持性政策，促进返乡创业群体的规模逐年扩大。2016年，全省选择返乡创业的群体约5.4万人，而发展到2021年8月，这一群体规模扩大至9.54万人，增幅达到了76.7%；从该群体年龄结构看，40岁以下的青年、大学生及退伍军人逐年增多，

2016年，这一年龄群体占返乡创业群体总量的19.4%，而到了2021年8月，这一比重达到了29.4%，占返乡创业群体总量近三分之一，为吉林省县域城镇化建设及乡村振兴发展带来了新的活力。

（三）新型生产要素日益向乡村延伸

随着东北振兴政策的积极效应不断显现，生产生活要素在东北地区城乡之间流动的趋势日渐增强，不仅农业转移人口加快向城镇非农产业流动，资金、技术、信息等要素资源也在逐渐向乡村流动和融合，并进一步催化和带动更多生产生活要素在城乡之间优化配置。从吉林省的情况看，新型生产要素日趋向乡村各领域延伸和拓展，不仅为乡村经济社会建设提供了助力，也为农村居民进城务工和生活创造了条件。一方面，随着互联网、移动网络加快向农村及偏远地区覆盖和普及，以及一些新型基础设施建设加快，城市多领域的信息和生活图景在乡村广泛传播，使得城市对农村居民的吸引力不断增强；另一方面，吉林省作为农业强省和创新型省份试点，农业科技创新成果日趋领先，特别是随着一些技术成果入乡转化应用，以及农业技术设备加快普及，使得一些地方的农业科技水平和机械化程度得到了很大提升，不仅促进了农业适度规模经营，也为农村剩余劳动力向县域和城镇转移创造了条件。

二、吉林省加速城乡要素流动的路径拓展

（一）大力支持人力资源城乡流动

吉林省应持续以人为本推动新型城镇化建设，进一步完善农业转移人口市民化通路，着力支持城乡人力资源自由流动，特别要重视完善创新人才入乡发展激励政策，实现助力城乡融合发展。具体来说，在促进市民化方面，一是应进一步放宽落户限制，完善以城市规模为主的落户标准，促进农村剩余劳动力向市民化转变，更多进入城市和县镇参与生产和消费，

这将有助于加快城镇化进程，活跃城镇产业和消费市场；二是应加快推进居住证制度配套改革，逐步弱化附着在户籍制度上的各项福利安排，强化依托居住证的基本公共服务保障，提升流动人口的制度获得感；三是促进省级财政安排及转移支付与各地常住人口公共服务相衔接，酌情对农业转移人口市民化程度高、相关工作特色突出的地方增加奖励资金。在人才入乡发展方面，一是应加快破除限制城乡人才流动的制度性障碍，结合前列省市人才新政，创新本省人才入乡奖励政策，有效吸引农民企业家、"双创"团队、农业技术人才、高校毕业生等群体入乡返乡参与建设或进行投资；二是完善城乡常态化人才交流与合作机制，鼓励城市教科文卫体领域的工作人员定期服务乡村，探索运用柔性方式进行引才用才，支持以双向兼职、技术入股等形式调动人才入乡发展的积极性，并且带动其他更多要素对吉林省城乡融合发展发挥作用。

（二）充分盘活闲置土地和低效用地

土地的资源化、资本化是新型城镇化建设与乡村振兴发展的加速器。吉林省应结合省内试验区、示范县等的改革创新经验，着力推进农村土地相关制度改革，完善"人地钱挂钩"政策，支持针对存量土地和低效用地进行有效盘活和业态创新，从而为全省城乡融合发展强化更优的土地要素保障。具体来说，一是持续深化农村"三块地"改革，特别是健全"三权"市场化退出机制，促进人口流动与土地权益流转相匹配，让有意愿有能力的农业转移人口在城市得以安居乐业；二是进一步完善城乡建设用地增减挂钩机制，加快推动集体经营性建设用地入市，特别是围绕解决"用地难"问题，探索适合吉林省农村新产业新业态特点的供地方式，促进休闲农业、乡村民宿、农村电商等规范健康发展；三是推进建设城乡统一的土地交易服务平台，加快完善相关制度保障，促进全省农村集体经济组织和市场主体多元化、多渠道参与低效用地再开发，为盘活利用存量低效土地提供高效安全的流转路径；四是支持运用大数据等新一代信息技术，构建完善吉林省农村土地资源库，实现对闲置土地、低效用地进行及时入库、动态监测，这不仅能够辅助相关部门高效管理各类土地，也有助于促进更多高质量的项目盘活未被充分利用的土地资源。

（三）进一步拓宽乡村建设融资渠道

吉林省应着力拓宽乡村建设资金来源渠道，吸引金融和工商资本更多入乡发展、城市人口更多入乡消费。首先，吉林省应加快推动农村金融发展。东北振兴发展以来的经验表明，农村金融能够为农业农村发展提供较为充足的金融资本和社会资本，有助于激活农民增收致富的内生能力。吉林省应加快构建多层次的农村金融服务体系，鼓励创新农业合作社、农业产业化组织等适用的金融产品和服务，支持利用新一代信息技术手段发展农村数字普惠金融，从而引导更多资金投入农村发展。其次，吉林省应进一步拓展社会资本参与乡村建设的空间。支持各地发挥地缘、资源和人文特色，利用闲置土地和房屋资源，因地制宜发展新业态、建设新载体，更多吸引工商资本入乡投资；同时还应适度向社会资本开放高收益的项目领域，提高社会多元主体参与吉林省乡村建设的积极性和回报率。最后，吉林省应探索更好利用"逆城镇化"发展机遇。近年随着吉林省乡村人居环境持续改善及交通便捷性不断提高，乡村场域对城镇消费者的吸引力正在加快提升，城镇居民的消费需求已经不再只是围绕绿色农产品，而是逐步拓展到对乡村自然风光、风土人情、休闲康养等多种功能的期待，"逆城镇化"趋势日渐凸显。因此，吉林省各地特别是乡村旅游发展领先的县镇，应充分利用这一趋势，加快建设农旅融合综合体，丰富乡村旅游综合体验，吸引更多城市人口入乡旅游和消费。

（四）加快提升数字乡村建设水平

吉林省应深入贯彻落实数字乡村发展战略，拓展新兴技术在乡村经济社会的应用场景，延伸新型基础设施建设，促进形成乡村发展新动能。具体来说，一是加快对全省乡村生产生活设施进行数字化改造。应以电力、水利、物流等为切入点，推进乡村基础设施向数字化升级，并且在满足乡村互联网基本覆盖的情况下，加快5G网络设施的建设进程。二是重视提升全省乡村公共服务的数字化水平。教育服务方面，吉林省应加快"互联网+"在乡村教育领域中的应用，通过政策倾斜、资金支持等推进乡村教育信息化发展，促进城市优质教育资源利用线上平台向乡村延伸；医疗服务方面，吉林省应注重同步提升城乡医疗服务信息化水平，支持利用远程培训、远程指导等方式，促进优质医疗团队和资源下沉基层服务，推进市、县、镇、村四级医疗机构信息共建共享，提升基层医疗服务能力和效率；金融服务方面，吉林省应支持金融机构围绕农业农村现代化发展创新产品和服务，鼓励在农村经济社会建设中拓展数字金融应用场景，促进提升新型农业经营主体的金融服务体验。三是加快发展乡村数字经济。支持农业科技成果、新兴技术手段深入农村转化和应用，提升农业装备科技水平，推动科技农业、智慧农业快速发展。充分发挥电子商务示范县镇的建设经验，引领更多有条件的地区发展农村电子商务，支持具有地域特色的农业相关产品、农旅融合服务等进行线上销售，培育形成更多特色农产品品牌，以及提升精品农旅融合项目的知名度。四是着力推进"互联网+乡村治理"发展。同步提升县、乡、村政务服务信息化水平，特别是加快乡村治理信息化发展，逐步实现党务、村务网上公开，为农村群众日常办事和参与监督管理提供更多便利。

第三节　推进城乡公共资源合理配置

东北振兴发展的二十年来，吉林省新型城镇化建设步伐不断加快，各级财政对城乡公共建设的支持和投入力度也逐年加大，带动乡村基础设施、公共服务水平提升，为县域城镇化建设和乡村振兴发展强化了基础和保障。"十四五"及今后一段时期，吉林省需进一步保持东北振兴以来的公共建设成效，持续在优化配置公共资源方面做出提升，在补短板强弱项上加大力度，更大程度地为全省城乡融合发展提供助力。

一、东北振兴以来吉林省城乡公共建设取得实效

（一）城乡基础设施建设加快推进

2002年以来，吉林省逐年加大基础设施投资，城乡交通基础设施、市政基础设施、新型基础设施等持续完善，老旧小区和棚户区改造加快推进，亮点工程、地标建筑也有所增多，带动城乡功能品质获得明显提升。

在交通基础设施方面，吉林省着力完善综合交通路网。从年鉴公布的数据看，2002—2020年，全省实有道路长度由4395千米增加至10952千米，实有道路面积由6024万平方米增加至19116万平方米。近年来还陆续建设了8条高速公路，完成了珲春至长岭子一级公路和图们、圈河一级口岸桥等一批干线公路项目，长春至通化高铁等重大项目获得国家批准，沈白高铁全线开工，白敦高铁建成运营，长白山机场扩建工程也已完成。

在城市更新改造方面，吉林省充分发挥在资源型城市转型、老旧城区改造方面的先行优势，结合多年来的建设经验，积极响应国家关于深入推进城市更新行动的安排，通过推进老旧小区改造、加快基础设施建设、整

治市容市貌环境等一系列工程和举措，促进城乡人居环境和功能品质获得很大程度的提升。截至2021年末，全省22个城市启动实施了城市更新项目356个，完成老旧小区改造1623个、供热管网改造1102千米、供水管网改造482千米、老旧燃气管网改造85.6千米、老旧燃气"阀管灶"改造82万户，还新增了城市绿地902公顷。此外，吉林省加快推进新型基础设施建设和应用，城镇智慧水务、智慧燃气、智慧供热全面铺开，线上缴费、线上服务等功能不断完善，为居民生活提供了诸多便利。

在农村基础设施方面，吉林省着力加大对农村公共建设的资金投入，二十年来大幅提升了农村基础设施保障水平，为农村居民日常用水、用电、出行、垃圾处理等带来了便利。从年鉴公布的数据看，2006—2020年，吉林省农村公用设施投入由10.87亿元增加至57.27亿元，集中供水的行政村由2815个提升至6843个，供水管道长度由15093.82千米增加至55457.59千米，村庄内道路长度由76977千米增加至84200.43千米。近年来吉林省还进一步加快农网改造升级工程，陆续新建及改造了66千伏变电站17座、线路216千米、配电变台1793台，10千伏以下线路3358千米，工程涉及全省9个市（州）42个县。吉林省中部城市引松供水工程全线也已具备投入使用条件，预计能够实现退还农业用水1.48亿立方米，新增灌溉面积48.2万亩，满足中部3个地区8个县（市、区）和沿线26个乡镇生产生活供水，总受益人口可达1060万人。

（二）城乡公共服务水平不断提升

吉林省始终将民生保障摆在经济社会发展的重要位置，东北振兴以来持续在就业、教育、医疗、社会保障、文化服务等方面加大投入力度，推进建设多项惠民工程，使各地民生面貌获得了很大改观。

在就业服务方面，吉林省相关部门针对就业形势逐年改进和创新就业政策，全面提升公共就业服务，全省就业人数由2002年的1186.6万人增加至2020年的1261万人，并且在2021年实现城镇零就业家庭动态清零。针对就业形势日益严峻的高校毕业生群体，吉林省结合特色主导产业和龙头企业发展需求，推出了大学生就业促进计划、创业引领计划，鼓励有条件的企业和部门积极开发适合高校毕业生群体的就业岗位，支持基层单位结合"三支一扶"等项目吸引大学生返乡入乡发展，同时还重视培育新职业、灵活就业等新形式，截至2021年末，已经实现高校毕业生留吉就业达9万人，创近年来最高水平。

在教育发展方面，吉林省持续推进优势教育资源向县镇延伸，近年来还积极落实"双减"政策，义务教育学校课后服务已经实现全覆盖，控辍保学保持动态清零，家庭经济困难学生全部纳入教育资助。全省师资力量也在逐年扩充，2021年累计培训幼儿园、中小学、职业院校等教师6.6万人次，还通过公费师范生、特岗教师等补充师资超过3700名，在加快充实各类教师队伍的同时，也有效提升了教师教书育人的能力水平。

在医疗卫生方面，经过二十年的发展，吉林省城乡医疗卫生体系不断完善，省内医疗对接管理服务水平日益提升，目前已经实现了省内异地就医急诊直接结算、转诊转院定点医疗机构全流程办理；与此同时，县乡村医疗卫生机构也已实现全覆盖，还为超过4700名村医进行了学历提升教育，"一村一名大学生村医计划"也在深入推进实施；另外，吉林省还在全国率先开展了养老护理制度试点，现已建设文养结合试点77个，服务老年人200多万人次。

在社会保障方面，吉林省加快整合城乡医保制度，城镇居民与农村居民的医保待遇、用药报销范围等政策由城乡有别逐步发展到整合统一；居民大病保险制度也在不断完善，分段报销标准逐渐调整统一，并且提升了起始报销比例；社会保险待遇也有所提高，在全国率先建立了失业保险、工伤保险省级统筹制度；退休人员养老保险待遇水平保持连续17年提高，城乡低保标准也分别提高了12%和22%。

在文化服务方面，吉林省重视城乡公共文化设施建设，通过实施文化惠民项目、推进公共文化服务示范区建设等，在发展中总结形成了公共文化服务经验，促进提升了城乡公共文化服务水平。从国家公共文化服务体系示范区试点城市看，近年长春市着力加快文化馆、文化站、基层文化中心等载体建设，致力于为城乡居民提供更多公共文化空间；延边州重视塑造地方特色文化品牌，"德润书屋""心理咨询""文化讲堂"等文化服务项目已经发展成熟。吉林市侧重发展文化志愿服务，市域艺术院团每年进广场、下基层为城乡居民免费提供多场文艺表演，现已打造成为文化志愿服务品牌。辽源市探索运用新兴技术打造公共文化云平台，平台整合了具有地方特色的文化、旅游、非遗、地方志等文化产品和服务资源，为城乡居民线上、线下共享公共文化服务提供了便利。

二、吉林省城乡公共资源合理配置的推进路径

（一）改造提升农村配套基础设施

"十四五"时期，吉林省应继续着眼于农业农村优先发展，针对农村公共领域的短板和弱项加强建设，进一步提升农村公用设施条件，为农村居民生产生活提供更多便利条件，为乡村振兴发展创造更优发展环境。

第一，全面改善农村公用设施条件。在生产性设施方面，一是加快供水、灌溉等工程建设和改造，加强水利设施建设；二是加大力度推进秸秆资源化利用，鼓励农村生物质能源开发；三是支持在农村设立科普站、种子站等服务网点，促进农村生产问题得到及时有效解决。在生活性设施方面，一是加快农村供水设施补缺提档建设，为农村集中供水、农村居民使用自来水等提供便利条件；二是推进农村电网建设和改造，提升农村生产生活供电水平；三是重视农村环境设施建设，推进清洁化、无害化处理农村生活垃圾、污水、粪尿污物等；四是加快村级文化服务设施建设，支持利用村庄闲置空间改建图书馆、体育馆、活动馆等。另外，还应及时跟踪记录农村各类基础设施的使用情况，建立各类基础设施有效管护机制，确保相关建设资金和扶持政策发挥应有效用。

第二，进一步加强农村交通基础设施建设。一是推进城乡交通一体化衔接，针对基础条件较好的镇村，加快旅游路、资源路及"四好农村路"建设，推进改善和管护村内主干道、老旧公路和桥梁，保障汽车、客车、大型机械等顺利通行；二是根据区位和地缘条件，支持在节点县、乡、村分级建设仓储设施和物流网点，一方面为特色农产品运输和销售打通进城的交通和物流通道，另一方面，有助于农村居民生产生活所需用品及时运送下乡。

第三，加快补齐农村信息设施建设短板。一是推进农村宽带网络、4G移动通信网络等基础设施建设，并向有条件的镇村延伸和升级光纤网络、5G移动通信网络覆盖；二是加快对乡村基础设施进行数字化改造，推进实施村级综合服务设施提升工程，为农村居民日常生活和办事创造便利条件；三是学习借鉴其他省份的数字乡村建设经验，选取基础较好的镇村建设数字乡村试点，在政策创新、资金支持、设施保障等方面探索特色化的建设路径。

（二）优化完善乡村公共服务体系

吉林省需进一步提升教育、医疗、文化等优质公共资源对农村居民的覆盖面，持续改善农村居民生活面貌，吸引人才等更多要素资源入乡发展。在教育保障方面，应支持建设城乡教育共同体，鼓励职业院校在省内县镇建立分校，引导城镇优质师资力量与县乡教师定期进行教学交流及远程教学辅导，加快农村中小学校标准化建设，进一步提升农村师资力量配置，逐步实现城乡教育资源的相对均衡发展。在医疗保障方面，应进一步推动优质医疗资源向县镇下沉，支持市县共建医疗共同体，通过开展学术研讨、远程医疗等交流合作活动，提高农村医疗卫生机构和人员的业务能力，促进为农村居民提供均衡可及的医疗卫生服务。在文化服务方面，吉林省应根据农村居民的实际需求，丰富适宜性的公共文化供给。一方面，应充分借助乡村文化资源和节庆活动，利用好农村公共空间，根据乡村生产生活特色定期编演节目、放送电影、宣传政策，以接地气的内容和形式创新乡村公共文化服务和传播，另一方面，应持续推出文化惠民政策，鼓励农村居民利用村域空间及自媒体平台，由"台下观众"变为"台上主角"，成为传播乡村特色文化、宣传乡村特色产品、展示乡村振兴成果的主体。

（三）健全公共建设多元投入机制

吉林省应着力整合各级各类城镇化专项资金，确保财政资金优先向农村公共建设领域投放，同时引导工商资本向乡村基础建设和公共服务投资，促进形成城乡公共建设多元投入和参与机制。具体来说，一是加大省级财政转移支付力度，针对增强基层公共服务供给能力，推进向省内落后农村、边境农村公共建设倾斜资金；二是充分借助财政资金引导、运用税收优惠和补贴等多种方式，调动社会多元主体、工商资本入乡参与建设，逐步推进乡村公共建设由政府直接供给转向政府购买服务、委托经营等形式，促进乡村公共建设向多元化投资发展，同时也将有助于提升乡村公共供给的专业化运营水平；三是针对一些村庄无集体收益、公共设施管护难、公共服务水平不高的现状，探索借鉴成都、南京等发达城市的相关创新经验，如设立村级公共服务和管理专项资金、出台公共服务运行维护标准等，逐步以制度化工具保障乡村公共领域供给增加和效率提升。

第四节 发挥试验区辐射带动效应

2019年，国务院提出设立国家城乡融合发展试验区，以此探索城乡融合发展创新路径和体制机制，总结推广相关经验做法。吉林省长吉接合片区于2020年获批建设国家城乡融合发展试验区，范围包括长春市的九台区、双阳区、长春新区、净月高新技术产业开发区，吉林市的船营区、昌邑区、丰满区、中新食品区、永吉县。2021年4月，长吉接合片区国家城乡融合发展试验区正式启动建设，侧重在依法自愿有偿退出农村权益、农村集体经营性建设用地入市、乡村资产抵押担保、搭建城乡产业协同发展平台、促进农民持续增收等方面实施改革任务，其发展经验对于全省城乡融合发展、加快城镇化建设发挥了重要作用。

一、长吉接合片区国家城乡融合发展试验区建设成效明显

（一）农村各项改革持续深化

在国家城乡融合发展试验区政策指引下，长吉接合片区城乡融合发展试验区深入推进完成农村土地、金融等重点领域改革任务，目前已经取得了阶段性成效。农村土地相关改革方面，长吉接合片区针对进城落户农民依法自愿有偿退出农村权益做出了有益尝试，依托国家宅基地制度改革试点建设，试验区内颁发了农村宅基地使用权及房屋所有权证29.3万本、集体建设用地使用权证1210本；试验区还在农村集体经营性建设用地入市方面推进改革，长春市、吉林市分别制定了实施方案及配套文件，从九台区公布的数据看，已实现入市地块235宗，总面积达到108公顷，成交价款达到1.6亿元，入市净收益1.1亿元，实现农民与集体收益6000多万元。农村金融改革方面，长吉接合片区优先在农村产权交易、金融服务、信贷担保等方面推进改革创新。具体而言，一是借助吉林省农村产权交易市场及交易网站，提高农村产权交易效率，累计实现挂牌71宗，成交26宗，涉及金额179万元；二是加大农村金融服务站建设，在九台区、双阳区铺设了206个村级基础金融服务站，累计投放贷款2460笔；三是健全农业信贷担保体系，降低涉农主体融资成本，比如，长春市成立了农业融资担保公司，与建设银行、交通银行等开展银担合作授信，授信额度达到9.5亿元；四是进一步拓宽了农村抵质押物范围，鼓励涉农银行设计推出"农户综合授

信""土地经营权抵押"等创新信贷产品和服务，有效提升了农村产权抵押登记流转效率，促进更多"三农"主体享受到了金融创新服务。

（二）农业农村现代化稳步发展

长吉接合片区积极搭建城乡协同发展平台，促进城镇生产生活要素资源向乡村流动和融合，推动了农业农村现代化建设步伐不断加快。一是城乡产业协同发展先行区建设取得新进展。九台经济开发区已入住农产品加工企业20余户，实现产值约10亿元，解决2000余人就业；吉林（中国—新加坡）食品区数字农业产业园项目已建成并投入使用，正大百万头生猪产业化项目已完成投资3.25亿元。二是省级特色产业小镇发展加快。吉林省已批准建设四批特色产业小镇，长春红旗智能小镇、安图矿泉水小镇等成熟型特色产业小镇建设走在全国前列，鹿乡梅花鹿小镇等成长型小镇的特色产业竞争力也有所增强，这些省级特色产业小镇正加快发展为省域城乡融合的重要平台和空间载体。三是农业园区实现发展跃升。吉林市昌邑区国家现代农业产业园成为全省首个以粮食产业为核心的国家级园区，长春市双阳区鹿业现代农业产业园、永吉县国家农村产业融合发展示范园发展领先，其他一些果蔬现代农业产业园、农产品加工园、养殖产业园等特色园区的建设也在不断加快，加速提升了吉林省农业农村现代化发展水平。

（三）农村居民增收渠道日益拓宽

长吉接合片区城乡融合发展试验区经过一年多的加快建设，新型农业经营主体数量增多，农村增收渠道进一步拓宽，农村居民收入水平有所提升。具体而言，一是在长吉接合片区城乡融合发展试验区相关政策的引领下，区内一些示范县试点加快建设，如农民合作社质量提升整县试点、家庭农场示范县创建试点等，带动区内新型农业经营主体规模有所扩大；二是试验区内针对农村居民、农业转移人口的技能培训不断增多，农民工向农技工转型培训计划深入实施，农业种养、农产品加工等技术培训以及家政、养老、保安等岗位培训有序开展，为农村剩余劳动力提供了更多就业技能和机会；三是吉林特色劳务品牌培育壮大，"吉林大米农技工""长白山菌类园艺工"等得到广泛认可，加上"春风行动"等对接活动持续开展，不断为区内流动就业群体提供就业资源和渠道；四是试验区农村集体产权改革深入推进，比如，吉林市昌邑区成立了82个村级股份经济联合社，确认股权1228.9万股，永吉县加快农村集体经营性资产折股量化进程，实现折股农户1.6万户，涉及集体经营性资产750万元，较以往大幅提升了当地农村居民的财产性收入水平。

二、长吉接合片区国家城乡融合发展试验区形成特色经验

长吉接合片区大力推进完成国家城乡融合发展试验区的重点改革任务，区内各地纷纷立足自身发展基础和产业特色，探索具有针对性和原创性的改革思路和具体做法。经过一年多的建设发展，长吉接合片区率先在农村土地制度改革、融资相关改革、城乡产业融合、农民创收增收等方面形成了建设经验和特色模式，为全省乃至全国城乡融合发展及推进就近、就地城镇化提供了实践探索。本部分主要以长春市九台区和双阳区为例，结合相关案例资料，总结了一些较具代表性和推广性的发展经验。

（一）九台经验

在长吉接合片区建设中，长春市九台区被赋予完成前述全部五项试验任务，结合近年已经进行的发展探索，九台区率先形成了具有地方特色的建设经验，尤其是在深化农村土地、融资改革及推进产业协同发展方面起到了示范作用。

深化农村土地改革方面，九台区积极探索农村集体经营性建设用地入市路径，其中土们岭街道在符合规划、用途管制及农民自愿的前提下，通过重点实施马鞍山乡村旅游试点项目，形成了"以改革聚资本"推进城乡融合发展的创新模式。马鞍山村作为曾经的省级贫困村，充分利用闲置农

村集体经营性建设用地发展新业态。在推进过程中，不仅积极争取到上级政府相关部门的政策和资金支持，还吸引了工商资本入乡投资，通过共同投建乡村旅游综合体、打造乡村旅游新产品等，极大地推动了当地乡村旅游发展和农民持续增收。具体而言，马鞍山村基于自身旅游资源和土地资源基础，积极争取到长春市文广旅局的支持，得以与长春文化国际旅行社进行合作，共同开发利用闲置的集体经营性建设用地，打造出了民宿合作社、望山餐厅、马鞍工坊等特色旅游项目和载体，广受市场好评；而后进一步挖掘红色旅游资源，获得了九台区投资2500万元，兴建了三下江南战役纪念馆，为当地乡村旅游产品谱系增添了新的精品线路；在上述旅游项目顺利运营的同时，马鞍山村为了进一步壮大乡村旅游规模、丰富特色产品构成，还积极引入了工商资本，获得50亿元投资建设田园综合体项目，现已形成了包括休闲旅游、观光农业、康养度假、红色传承在内的乡村旅游产品体系，不仅强化了自身的营收基础和运营能力，也促进了城乡要素资源流动并更多投向马鞍山村建设。九台区利用典型乡村盘活了土地、释放了存量，为农村新产业、新业态发展强化了用地保障。有序推广九台区的经验和模式，有益于省内更多农村推进三产融合发展，并带动更多农村居民实现增收。

在完善乡村资产抵押担保权能方面，九台区着力推进实践创新，在冬季棚室项目上探索出了特色经验。为提升涉农主体对棚室投资的积极性，九台区组织实施了"千顷地、万栋棚"冬季棚室发展项目，在棚室热源和融资两端发力，帮助涉农主体降低融资成本，提高棚膜经济效益。具体而言，热源是制约冬季棚室发展的关键因素，对此，九台区牵头与华能电厂达成协议，为设施农业争取到了较低价位的供热保障；融资是涉农主体投资棚室项目的另一瓶颈要素，为解决这一问题，九台区建立了政担银企合作机制，为棚室发放了权属证，支持以较低门槛的融资条件，吸引涉农主体及周边贫困户参与棚室项目，推进实现了共同增收。

在搭建城乡产业协同平台方面，九台区的清水村模式具有代表性，在实践中探索出了具有当地特色的产业带富模式。以锦绣山河复绿工程建设为例，清水村吸引到龙头企业入乡投资建设，支持以龙头企业引领集体经济发展，同时还成立了省内唯一的镇域集体经济联合组织——"锦绣山河"经济联合总社，探索将"小而散"的村集体经济整合转变为组织化程度高、抗风险能力强的联合实体，带动农村居民增产增收。另外，清水村还围绕特色苗圃资源创富，借助"互联网+"和电商平台，开设了线上苗博园，通过VR宣传推广和数字化营销，扩大了当地苗木花卉的市场知名度和销售量，实现了集体带动庭院经济快速发展。

（二）双阳经验

在长吉接合片区国家城乡融合发展试验区的建设中，长春市双阳区全面实施国家赋予的五项试验任务，在打造特色主导产业、促进农民持续增收方面积累了诸多创新经验，获得了全国休闲农业与乡村旅游示范县、全国农村劳动力转移就业示范县等一系列荣誉称号，为推动全省新型城镇化建设、城乡融合发展发挥了示范作用。

双阳区的发展经验主要体现在：一是着力推进特色主导产业链条延伸发展。双阳区现代农业发展具有较为明显的区域领先优势，特别是在鹿业、奢岭设施园艺现代农业产业园区的引领带动下，双阳区的特色产业全链发展趋势日益加快。鹿业方面，2021年全产业链产值突破了65亿元，鹿业现代农业产业园区建设成果显著，已经开发生产了7个系列的鹿产品，涉及140余个品种，长春科技学院梅花鹿产业关键技术研究取得了突破性成果，获得了吉林省科学技术进步二等奖，为双阳区鹿业创新发展提供了更强的技术支持。在设施园艺方面，奢岭设施园艺现代农业产业园区建设不断加快，形成了都市农业园区12个，果蔬基地达3.6万亩，2021年果蔬现代产业园区通过了省级验收。在其他产业园区建设方面，双阳区积极创建市级现代农业产业园，目前已经拥有绿色水稻、平湖山野菜、生态循环产业园3个，还发展了其他各类农业园区（基地）85个，涉及农产品知名品牌、驰名商标50余个。二是积极发展具有当地特色的旅游新业态新项目。双阳区大力支持以农业嘉年华为载体，拓展农业多种功能，鼓励融合当地农业资源发展休闲旅游、康养娱乐等新模式、新业态，目前已经建成神鹿峰旅游度假区、将军泉田园综合体等农业嘉年华项目30余个，拓宽了当地农村居民的增收渠道。2021年，神鹿峰旅游路线获评为全国"十大最美农村路"，双阳区也入选了全国乡村旅游发展典型案例。三是大力推动乡村特色经济形成新增长点。双阳区持续推进"一乡一业、一村一品"建设，支持各乡镇因地制宜培育增收产业，目前草莓、葡萄、毛酸浆（东北方言称"菇娘"）、山野菜等的产业链条日趋完善，绿色有机果蔬、水稻基地已经发展到5800余公顷，逐步发展成为乡村特色经济的新增长点。四是积极营造有益于要素资源汇聚的发展环境。双阳区围绕支持农村创新创业发展，积极出台就业创业、人才引育、公共服务等方面的扶持政策，为资金、人才、技术入乡投资建设和交流合作营造了良好的氛围和环境，在很大程度上促进了乡村三产融合及城乡产业协同发展。总体而言，双阳区因地制宜推进完成试验区重点任务，依托优势资源转变农业发展方式，在积极打造特色农业全产业链的同时，着力推动三产融合发展，带动了农村居民更多享有产业增值收益，其创新经验和发展模式有益于推动全省城乡融合及就近、就地城镇化建设。

第七章

吉林省新型城镇化与特色文化建设

持续推进基本公共文化服务标准化、均等化，加强公共文化服务体系城乡一体化建设，探索公共文化数字化建设，将公共文化资源配置向农村、基层倾斜。丰富公共文化服务产品供给，扩大公共文化服务范围，打造城镇特色文化街区，完善城镇文化服务设施，依托区域性文化消费城市建设，推动文化服务能力持续升级。

第一节　完善城镇公共文化设施

一、吉林省城镇公共文化设施建设取得的成就

（一）公共文化服务日益完善

2011年以来，长春市、延边州、吉林市、辽源市先后成功申报创建国家公共文化服务体系示范区，各地亮点和特色的服务内容与形式让广大人民群众的基本文化权益得到有效保障，助力全省公共文化服务社会效益稳健

提升，进一步促进了吉林省文化事业的繁荣发展。目前，长春市拥有24个文化馆、图书馆，167个综合文化站、2100余个基层综合文化中心，全部实现免费开放，各场馆每周开放时长达56个小时以上，长春市直图书馆和群众艺术馆全年不休息，尽可能为百姓提供便利条件。吉林市新建永吉县文图博"三馆"、舒兰市图书馆、蛟河市美术馆；昌邑区进行文化馆提档改造，由国家二级馆升级为一级馆；建成10个独立设置的标准化村级基层文化服务中心。自创建国家公共文化服务体系示范区以来，延边州持续发力，公共文化服务水平取得了新的突破。以创建示范区和后续建设为契机，延边州新建、改建、扩建了一大批文化场馆，新增文化场馆面积30多万平方米，文化阵地得到了强有力的巩固和加强。在设施设备方面，辽源市重点打造南部新城"新三馆"（图书馆、文化馆、博物馆）项目，全市两级综合文化服务中心和农村文化小广场基本达到全覆盖。为了更好地服务特殊人群，辽源市还建成了9314平方米的辽源残疾人康复中心，并积极开展"残疾人文化活动周""残疾人文化进社区""残疾人艺术节"等活动。与此同时，妇女儿童活动中心、科技馆、青少年宫、工人文化宫等场馆同步开展创建工作，以全方位、多角度地为百姓提供优质的文化活动场所。

（二）公共文化服务半径不断扩大

为进一步扩大公共文化的辐射半径，长春市不断延伸服务触角，建成图书分馆200余个、群众艺术培训基地6个、图书公交式服务线路15条，为10个县（市、区）配置了20台流动服务车，引进了以宣讲地方法制为主要内容的"人民讲堂"，建成了全省首个儿童医院图书分馆。在发挥市内文化单位职能的同时，长春市也在不断扩大社会力量的参与，建立文化艺术培训联盟、设立志愿者协会等，让各界力量都能参与到公共文化建设中来。吉林市注重开展与高等院校的合作，初步形成在图书资源、文化志愿服务等领域的共建共享；加强民间文化队伍建设，共培育和发展行政村（社区）民间文化队伍1800余个，市、县2级文化馆培育和发展民间文化队伍300余个；持续发挥市文化志愿者协会在志愿者招募、注册、管理、活动组织等方面的作用，常态化开展文化志愿者沿江风景线和各类线上线下文化服务。全市各级各类公共文化机构共招募文化志愿者42000余人，其中注册文化志愿者3600余人；通过社会化合作的方式，建设新型文化空间59个。延边州以"德润书屋"为代表的总分馆建设全面铺开，图书流通站从行政村延伸至边境自然屯的小卖部和农民家中，被农民亲切地称为"火炕上的图书馆"。延边州的文化服务触角延伸到边远山村、边防哨所，文化艺术走进校园课堂、社区广场，亲民为民融于民。

（三）公共文化服务数字化建设加快推进

长春市公共文化服务产品供给丰富，服务体系也较为完善，而不断创新则让长春市的公共文化服务能力持续升级。在稳固硬件设施设备的同时，长春市加强数字网络服务，建立了公共图书馆数字馆、艺术馆数字馆、公共数字文化服务平台。目前，数字图书馆可用电子文献330万册（件），全年网站访问量300万次，移动客户端点击量700万人次。吉林市推动公共图书馆、文化馆功能转型升级，建设智慧图书馆、文化馆，乡镇、村（社区）公共文化服务场所具备基本数字资源提供能力和服务能力；城乡群众可通过"吉林演出网""吉林市行"及各级公共文化场馆微信公众号、抖音号、官方网站等数字平台，享受到艺术慕课、展览展演、国图公开课、讲坛视频精选分享等数字公共文化资源服务；全市数字文化资源总量达100TB。辽源市探索运用"互联网+公共文化"服务模式，积极推动文旅与科技深度融合。运用云计算、大数据等现代数字技术整合图书、文化、文博、非遗、旅游、体育等各类文旅资源，建立起一个全方位覆盖、多终端访问、多通道发布的公共文化云平台，打通公共文化服务群众的"最后一千米"。

二、大力推进基层公共文化设施建设

推进总分馆制项目建设。根据《公共文化服务体系保障法》及公共文化示范区建设标准要求，依托总分馆制建设平台，逐步实现中心馆、总馆、分馆之间公共文化服务优势资源的统一调配、共建共享，中心馆通过政府采购的方式，根据各馆需求，强化专业培训师资，原则上为每个文化馆配备一名文化志愿者。继续扩大试点范围，以试点带动全市县级文化馆、图书馆总分馆制建设，有效整合公共文化资源、促进优质资源向基层倾斜和延伸。构建覆盖市、县、乡、村四级网格化布局，更好地发挥服务效能。实现固定设施与流动设施、数字设施有机结合、相互补充和有效覆盖。

完善社区文化设施。加大政策和财政支持，鼓励企业和社会人士投资社区文化建设，适时更新社区文化设备。完善小区公共服务设施配套建设。根据社区居住人口的构成情况和需求状况，科学合理分析居民文化需求，进行服务精准投送。引导、培育以群众为主体的各类文化协会、学会，组建以居民为主体的业余文艺团体，开展艺术馆、文化馆、图书馆、博物馆流动服务进社区活动，培育和引导社区民间文化组织和文化志愿者队伍，通过典型引路等激励措施，吸引更多的群众参与。持续开展更多丰富多彩的文艺进社区、进小区活动，积极培育社区文化队伍、编排更多广大人民喜闻乐见、贴近群众、走进群众、接地气的文艺节目。努力通过组织各类文化活动营造良好的文化氛围，增强城市文化内涵，提升文化品位，为广大市民营造文明、和谐、健康的文旅环境。

完善乡村公共文化设施。一是推进示范性村级综合性文化服务中心建设。各地要根据乡村文化资源体量和群众的实际需求，在人口集中、文化氛围浓厚、积极性高的村（屯），通过自建、援建、置换、各方赞助等方式建设独立的示范性村级综合文化服务中心。每个县（市）要至少推动建设一处建筑面积不小于200平方米、功能基本满足村民需要、制度健全的村级示范性综合文化服务中心。二是推进农村文化小广场建设。各地要根据村屯实际需求稳步开展农村文化小广场向自然村屯进行延伸建设相关工作，满足村民对室外活动场地的实际需求。同时，以县级为单位制定完善农村文化小广场使用管理相关制度，确保农村文化小广场可以长期使用。三是推进乡镇综合文化站治理工作。各地要在前期治理的基础上，结合乡镇机构改革、总分馆制和文明实践中心建设，按照中央和省里的要求继续加大乡镇综合文化站的治理力度，夯实乡镇公共文化阵地建设，实现一体多用。

三、健全公共文化服务设施网络

持续推进基本公共文化服务标准化、均等化，加强公共文化服务体系城乡一体建设，探索公共文化数字化建设，将公共文化资源配置向农村、基层倾斜，完善省市县乡村五级公共文化设施网络，不断缩小城乡公共文化服务差距。加快建设市县两级数字图书馆和数字文化馆，行政村建设综合文化服务中心和文化小广场。广泛开展群众性文化活动，实施文化进万家、书香吉林阅读季等文化惠民工程。完善省科技馆、省博物馆功能，发挥普及科学知识、提升公民科学素质的重要平台作用。探索推进高校图书馆向社会开放，逐步扩大公共文化设施免费开放范围。加强智慧广电建设，推进智慧广电固边工程。

拓展公共文化服务空间。公共文化空间的公共性体现在公共参与的开放性，而社会参与更是体现在新型公共文化空间的共建、空间和文化服务的共享上。良好的公共文化空间不仅可以吸引居民参与到公共文化活动，更可以形成独特的城市风格，提升城市软实力和文化魅力。近年来城市文化记忆和老建筑改造的新型公共文化空间、多方共同参与共建的城市书房、社区中活跃的文化家等多种类型的公共文化空间逐渐涌现，新型公共文化空间的人文性和社会性提升了空间品质也培育了公共精神。按照规模适当、布局科学、业态多元、特色鲜明的要求，应引入社会力量，打造一批融合图书阅读、艺术展览、文化沙龙、轻食餐饮等服务的"城市书房""文化驿站"等新型文化业态，营造出具有美丽长春特色的公共阅读和艺术空间。

完善文化设施建设。优化市县两级公共文化服务设施，不断完善两级公共图书馆、文化馆、博物馆等设施。加强基层公共文化设施建设，整合街道（乡镇）、社区（村）综合服务资源，统筹推进基层综合公共文化服务中心建设，逐步形成完善的公共文化服务设施网络。加大体育设施建设。实施全民健身计划，构建符合市情、覆盖城乡的全民健身服务体系，推广全民健身活动，提高居民身体素质、健康水平和生活质量，加快公共体育场地设施建设。加强青少年体育健身工作，开展阳光体育运动，在大中小学设置冰上运动课程。推动全民健身与竞技体育协调发展，培育竞技体育群众基础，加强冰雪等优势项目高水平体育人才培养，积极承办国内外高端体育赛事。加强运动场馆建设，提升人民广场、滨江休闲健身智能步道等公益场所建设水平，推进建设吉林市体育中心和北大湖体育公园等项目。加强城市绿道、健身步道、自行车道、全民健身中心、体育健身公园、社区健身广场、足球、冰雪运动等场地设施建设，鼓励社会力量建设体育场地设施。

推进均衡发展，提升公共文化服务效能。坚持"政府主导、社会参与、重心下移、共建共享"的基本原则，优化城乡文化资源配置，推动公共文化服务扩大覆盖面、提高开放度、增强实效性，推动全省公共文化服务体系建设与乡村振兴、城镇化建设协调发展。提升公共文化服务效能。推动公共文化优质产品供给，持续提升公共文化服务能力和水平。推进公益性文化单位免费开放与服务质量提升，强化公共文化产品有效供给。加快数字文化设施和流动文化设施的规划建设，指导公共图书馆开展智慧图书馆体系建设，推动文化馆开展公共文化云建设，指导全民艺术普及核心功能服务和资源总库建设。推动有条件的县级公共图书馆、文化馆开展法人治理结构改革。支持开展基础数字资源和支撑平台建设。丰富群众精神文化生活。深入开展市民文化节、农民文化节、书香吉林阅读季、"我们的中国梦"——文化进万家等系列文化活动，与旅游相结合，培育和打造省、市、县、乡、村具有地域、民族等特色的文化旅游活动品牌。持续推进"春雨工程"等国家级文化志愿服务项目，培育和打造基层文化志愿服务品牌。开展公共文化数字化资源库建设。利用群众文化资源，积极组织参加国家群星奖。加强对民间文化艺术之乡建设的指导。

第二节 打造城镇特色文化街区

一、吉林省特色文化街区建设取得的成就

（一）历史文化街区焕发新活力

长春的新民大街，展现了长春的民俗文化特色和当代城市发展趋势的韵味。新民大街始建于1933年，最初叫作顺天大街，1946年改名民权大街，中华人民共和国成立后更名为新民大街。大街两侧伫立着十几栋建筑，现在是吉林大学基础医学楼、吉林大学第一医院、吉林省文旅厅、地质宫等。2007年，长春市政府对新民大街及其周边自然环境进行修复和整治。2010年，吉林省人民政府公布，新民大街为省级历史文化街区。2012年，获评"中国历史文化名街"，这也是吉林省首条中国历史文化名街。伴随着长春现代化的发展，新民大街更像一条公园道路。

长春第一汽车制造厂历史文化街区，是2010年经吉林省人民政府批准公布的历史文化街区，2013年，经国务院批准为国家级文物保护单位，2015年，被住建部评为中国历史文化街区。长春第一汽车制造厂是中国第一个大型汽车生产基地，被誉为中国汽车工业的摇篮。1956年，新中国第一辆汽车在长春下线，结束了我国不能自主生产汽车的历史。长春第一汽车制造厂的建设和汽车下线是新中国在努力实现工业化国家过程中的标志性历史事件，集中反映了新中国的巨大经济建设成就。因此，长春第一汽车制造厂也被亲切地称为"共和国长子"。1956—1987年，长春第一汽车制造厂累计生产"解放"牌汽车128万多辆，占全国载重汽车保有量的一半左右，为国民经济做出巨大贡献。第一汽车制造厂历史文化街区保护范

围北起创业大街北侧一汽宾馆用地北侧，南到长沈铁路，西起一汽厂区9号路，东至宽平大路，总占地面积约176.2公顷。街区独特的价值及特色在于，第一汽车制造厂保存完好并沿用至今，该街区是新中国最大的工业区及配套居住区之一，也是规模最大的该类型历史文化街区之一，其规划手法在我国现代城市规划史中占有特殊地位。第一汽车制造厂是中国汽车工业发展的重要历史见证、是功能环境延续性良好的工业遗产聚集地；它的建立是新中国在努力实现工业化进程中的标志性历史事件、是新中国重大经济建设成就与社会主义时代精神风貌的集中体现、是具有鲜明中国特色的"单位大院"居住空间建设的典范，其集体生活记忆与丰富的空间延续至今。

2022年3月，吉林省人民政府批复同意，将长春电影制片厂列为吉林省历史文化街区。长春电影制片厂不仅是新中国电影的摇篮，也是广大影迷和游客来到长春必"打卡"的重要文化地标之一。长影成立于1945年，是新中国第一家电影制片厂，累计创作拍摄译制各种影片3300多部，用银幕故事伴随了几代中国人的成长。长影电影院坐落于长影老厂区，2013年被国务院核定并公布为全国重点文物保护单位。长春电影制片厂老厂区的长影旧址博物馆是国家级重点文物保护单位、国家AAAA级旅游景区、吉林省爱国主义教育基地、红色旅游基地。自2014年开馆以来，累计接待游客超500万人次。此前，长影旧址博物馆还入选了"建党百年红色旅游百条精品线路"，作为"民族工业·科技之星"精品线路的重要一站，是吉林省入选"建党百年红色旅游百条精品线路"的23处红色资源之一。

（二）中医药文化街建设全面启动

中医药文化街是长春汽开区2016年引进的重点项目之一，目前已经通过吉林省发改委立项为省级重点扶持项目，也是吉林省第一条中医药文化街。中医药文化街总长300米，坐落于长春市飞跃路和锦程大街周边。中医药文化街规划建设尚医堂中医院、尚医堂儿童推拿馆、尚医堂中医美容馆、尚医堂中医火疗馆、尚医堂艾灸馆、尚医堂中医减肥馆、尚医堂食养药膳馆、尚医堂长白山道地药材馆、尚医堂传统中医药馆、尚医堂中医药文化交流中心等十余个项目。整体规划的项目全部围绕传统中医药文化进行，旨在弘扬传统中医药文化，为群众提供高端、专业的中医药服务。为促进中医药产业链迅速发展，国家发布了《中医药发展战略规划纲要（2016—2030年）》《中医药健康服务发展规划（2015—2020）》，体现出国家对中医药产业链的大力支持。中医中药文化街是推动吉林省中医药健康产业基本建设的关键战略举措。

（三）长春十大艺术街区彰显魅力

2018年，在庆祝改革开放40周年的特殊节点，在由长春市委宣传部主办、长春日报社承办的"长春十大艺术街区"评选活动中，通过群众投票、市民评价，评选出了长春十大艺术街区。这十条艺术街区展现了长春市的文艺气质、文化内涵和特有城市品位，也是持续城市文脉和产品质量的媒介。

1.红旗街长影文化艺术街区

长影——中国电影的摇篮，位于中国知名的电影城——长春。长影艺术街区全长510米，坐落于湖西路旁，起于长影大门，止于长影音乐厅，它串起了长影的历史。"传承电影文化"是这条街的特色。大街上的电影和雕塑作品，模仿外景拍摄的公用电话亭，刻着长影传统电影详细介绍的星光大道，各种各样的夜店、咖啡厅、饭店、"密室逃脱"店、"剧本杀"店一字排开。电影与新时代的结合，显示了它的独有个性。在长影步行街小剧场，每到春暖花开时，戏剧表演发烧友都会来这儿欢聚。中国著名的腰果乐队、痛仰乐队的北部分队也"藏"在这条街上，这里是摇滚青年聚会活动的地点，这是他们的秘密花园。红旗街长影文化艺术街区同时也是时尚博主和年轻人最喜欢的打卡点，常常能够看见年轻人拿着专业的器械在这里拍照，穿行在街头巷尾，体会光与影的感觉。

2.牡丹街咖啡文创生活艺术街区

长春最著名的文青打卡地：牡丹街文化创意生活艺术街区。这里的空气都泛着咖啡的香醇。牡丹街从20世纪起便是长春知名的"咖啡一条街"，这儿有许多有名的咖啡厅，每一家的室内装修风格都那么与众不同。因为以前违章建筑过多，这一艺术街区在2017年经历了一次整顿，但还是保留了曾经的文化气息。如今的牡丹街上，藏在盒子里的"猫的理想国咖啡厅"是年轻爱猫人士的家；大街上的"银杏树咖啡厅"是长春文艺范儿发烧友最喜欢的集中地。最有名的店面是老张的"光阴咖啡馆"，其面积自小后墙一直延展到占有三分之一商业街，极为复古的装饰设计风格吸引了人们的目光。

3.文化广场南延新民大街老建筑艺术街区

这条街曾经是东北沦陷时的政治中心，大街上的建筑经历了80多年的风吹雨打。伪满洲国的国务院办公厅、军师部、法律事务部、商业部、交通运输部、司法部门、质监总局都集聚在这儿。因而，这条街也被命名为"中国历史文化名街"，时刻提醒大家不要忘记历史。新民大街始建于1933年，当时叫顺天大街，1946年改名为民权大街。中华人民共和国成立后，更名为新民大街。街道两侧耸立着十几幢建筑。如今分别是吉林大学基础医学楼、吉林大学第一医院、吉林省文旅厅、地质宫等。新民大街街区在2010年被命名为历史文化街区。2012年，新民大街成功当选"第四届（批）中国历史文化名街"。

4.万福街关东文化艺术街区

这条路连接着过去和未来。有着二十多年历史的万福街在2017年7月被改造，以关东民俗为枝，以福字对联为叶，塑造了一条集餐饮、游戏娱乐、购物、住宿于一体的东北特色商业街。东北家乡话印字板、东北十六怪民间雕塑作品、铜雕塑闯关东系列作品，在大街上经常可以看到。走在万福街关东艺术街区，好像置身于东北民俗历史博物馆。

5.东风大街大屋檐历史建筑艺术街区

可以上溯到20世纪50时代的"时光隧道"，在东风大街的两侧，这里的俄国建筑背负着岁月的沧桑。这种建筑具备浓厚的俄国风格，但建筑师保存了"大屋檐"的中国传统建筑风格。这些建筑因此成为我国特有的中西结合的住房建筑，"大屋檐"一直保存出来，变成长春市的新地标。

6.春城大街有轨电车落叶景观艺术街区

俄罗斯有雪国列车K3列车，日本有浪漫的江之电，而春城大街的54路和55路有轨电车也有不逊于这些的轨道风景。1958年，长春有轨电车企业的员工生产制造了一辆名为"长春号"的有轨电车，并且于1960年投入使用。1960年，长春有六条有轨电车线路，全长52.63千米。随后的两年，有轨电车相继停止运营和拆除。1995年，仅有一条线路仍在运作。长春有轨电车于2000年逐渐更新改造，2005年，长春有轨电车被选为长春市二级文物古迹。《54路有轨电车改扩建工程项目》在2012年正式宣布建设，长春公交车55路有轨电车在2014年开启经营，不断完善为现在的有轨电车经营模式。长春公交集团在2015年购买了三辆仿古式电车，分别仿造了"长春号"和20世纪50年代的200型有轨电车。此后，这条线路变成一道风景。经过春城大街时，落叶色彩缤纷，电车在导轨上慢慢向前，像一幅走动的水彩画，变成长春市与众不同的名片。

7.平阳街老长春文化艺术街区

从地铁站2号线平阳街站C出口走出，映入眼帘的是廊檐、拱形门、镂花，接着迎面而来的便是"平阳埠地"牌坊。整条街全是灰色和深红色交错的仿古式设计风格，长春知名的平阳市场也掩藏其中，令人好像回到了旧时光里。在平阳街和至善路的交叉路口，有一幅刻着"孝：百善孝为先"字样的"百善图"。个性化的字体里的"善"从左至右慢慢变为"膳"字，右侧的文字则是"食：民以食为天"。平阳街本名长顺街，新中国成立更名为平阳街。今日这令人有"穿越时空"之感的设计风格，来源于长春旧城区的改建。这条仿古街是2018年夏季在周边群众的提议下建

造的。这条路曾是长春最热闹的商业步行街，因此大街上的石牌坊取名为
"埠地"，意思是生意人和货品集散中心的地区。

8.东北亚文化创意科技园千米文创艺术街区

东北亚创意科技园的千米文创艺术商业街充满了新时期设计风格的印
记。文创艺术商业街坐落于东北亚创意科技园，有文创主题风格商业街、
美食城、俱乐部、展览厅、图书馆等。东北亚创意科技园从2017年至今总
计项目投资超出一亿人民币。将四栋建筑交织在一起，全部建筑群极具科
技感；图书馆也适应了年轻人的共享需求，创业人互动平台变成年轻人共
享创业经历的场地。

9.南广场小剧场历史文化艺术街区

长春的金融中心曾经在长春南广场，这里最大限度地保存了历史建筑。
南广场保存了许多旧时期建筑，最开始是因修建铁路而形成的城市广场，现
在已经变成长春人民艺术剧场、长春市话剧院和长春杂技宫等东北地区民俗
文化的传播地。如今的长春杂技宫是横滨郑锦金融机构的原址。斑驳陆离的
建筑刻画出长春剧场的主脉，也表现出老长春人对戏剧艺术的执着。

10.净月潭环潭西路冰雪艺术街区

净月潭作为国家AAAAA级旅游景区，是长春市最著名的景点之一，而
净月潭环潭西路冰雪艺术街区更是一个四季分明的美丽街区。从第一场雪
开始，银装素裹的"净月雪世界"就展现在我们眼前。穿过"星光隧道"
后，便抵达了净月潭的正门。雪后，诞生了冰雪王国的美丽容貌。体育、
美景、时尚在这儿相融，形成了独具特色的东北雪景。

二、加强特色商业街区的产业集群功能

围绕商业街招商合作、商铺拍卖、租用的有关条件，引入合乎商业街
产业链特色的公司。正确引导商业街以商业服务为主导线，突显商业服务
特色，科学调节提升商业业态，积极主动引入地区特色、百年老字号、行
业龙头和世界各国知名品牌，丰富商业业态构造。在传统式特色商业街中

引入历史博物馆、艺术体验、艺术创意等商圈，详细介绍商业街的旅游休闲功能。支持和鼓励商业街里的工程建筑维持其外形和典型性预制构件，并使之与城市和城市日常生活有机融合。鼓励特色商业街依规采用统一回租等方法，依规融合商业街产权年限（使用权），推动商业街调整布局和统一招商合作。必须适度添加造型艺术、出游等元素。充分发挥特色商业街知名品牌聚集优势，提高品牌知名度，举办丰富多彩的营销活动和颇具意义的艺术主题活动，突显商业街集聚和吸引顾客的能力。推动名品、名店、名街互动，积极主动引入国内国外著名加盟品牌，大力推广"首店经济"破旧立新。正确引导地区特色知名品牌和老字号品牌进驻，打造出百年老字号、非遗技艺、传统民俗商品集聚区。鼓励在特色商业街设立旅游观光、休闲娱乐、时尚购物、二十四小时连锁便利店、二十四小时书院、"深夜食堂"特色餐馆等夜间经济交易室内空间，打造商务接待、旅游消费聚居区。

三、统筹协调和开发利用特色商业街

融合发展"小店经济"，适当提升产品展示，做好商业街商业服务气氛。将不同地区的自然资源、历史文化和建筑类型融进特色商业街的搭建和更新改造，使其内容更加丰富，营造具备历史、文化、旅游、地区特色的特色商业街，让"老街巷"变成"新商业"的运载室内空间。全力聚集长白山人参、长颈鹿、木耳、舒兰大米、中草药材等特色商品和我国IP（知识产权）资源，将特色商业街打造成展示吉林省特色资源的主要对话框和买卖吉林省特色商品的主要网络平台。提升园林景观、风景名胜的维护、继承和开发设计水平，立足于目前商业街，不进行大拆大建。举办多种多样、多种形式的主题宣传策划和交易推广主题活动，扩大特色商业街的品牌知名度和认同度。做优做强"老字号"，教育引导"老字号"提高管理和服务水平，使特色商业街变成吉林"老字号"的集中展示场地和媒介。

第三节　建设区域性文化消费城市

一、吉林省文化消费城市建设取得的成效

（一）国家文化消费试点城市建设步伐加快

自2016年长春市成为首批国家文化消费试点城市以来，长春市注重从文化供给侧和需求侧两端发力，围绕"形成若干行之有效、可持续和可复制推广的促进文化消费模式"的核心目标，统筹22个委办局、15个县（市）区成员单位，对全市各行业各领域市场资源进行了有效整合和科学统筹，实施了文化艺术进店堂，文惠券、文惠卡、文化艺术培训、文化消费活动事后补贴、"双十佳"评选等创新举措，有效开创了领域分类引导、区域广泛覆盖、全民深度参与的文化消费创新格局。在探索具有长春特色的促进文化消费模式、引领示范带动区域发展方面，推出了一整套促进文化消费的政策体系、工作机制和具体举措，取得了一定实效，其试点工作成果多次得到国家相关部门的高度评价和复制推广。2020年12月，文化和旅游部、国家发展改革委、财政部公布了第一批国家文化和旅游消费示范城市名单，长春市榜上有名，成为东北地区唯一一个示范城市，实现了由试点城市到示范城市的飞跃。此外，2020年，吉林市和通化市也入选国家文化和旅游消费试点城市。吉林市作为第一批国家文化和旅游消费试点城市，发挥歌舞演艺、雾凇冰雪、影视制作、地域特色文化等文旅资源优势，激发文化和旅游消费潜力。通化市作为第一批国家文化和旅游消费试点城市，着力增加优质文化和旅游产品供给、着力提高文化和旅游服务效能、着力优化文化和旅游发展环境、着力推进文化和旅游融合发展、着力建设文化和旅游的数字化场景，推

进红色文化、民俗文化、休闲文化、旅游城镇、乡村旅游、森林旅游、森林康养、森林风景、冰雪世界等建设。

（二）地域红色文化资源潜力不断释放

红色旅游作为精神文化消费的重要方式，受到越来越多游客的青睐，在庆祝中国共产党成立100周年的热烈氛围中，长影旧址博物馆、长春电影制片厂、长春一汽等红色景点的红色旅游热潮不断升温。长白山老黑河遗址是迄今为止长白山腹地发现的唯一的集合日寇侵华罪证、抗日根据地于一体的遗存。它的发现对吉林省开展爱国主义教育、铭记艰苦卓绝的抗联斗争、居安思危、牢记日寇侵略罪恶行径具有重大意义。2020年6月，老黑河遗址被吉林省委、省政府命名为省级爱国主义教育基地，被中宣部命名为全国爱国主义教育示范基地。通化完善多个红色旅游精品景区建设，打造中心城区杨靖宇专题性红色文化体验区、榆林治安红色旅游景区、老岭抗日根据地、通集铁路红色之旅项目、热水河子红色教育实践基地、鸭绿江口岸国门景区、兴林红色旅游小镇等，推出多条红色旅游精品线路，全力打造红色之旅目的地。

（三）文化和旅游融合进程加快

2021年，长春市文旅事业产业继续企稳向好，全市接待游客超1亿人次，实现旅游收入1940亿元。围绕全域、全季、全要素、全产业链，长春市不断拓展区域文旅产业发展空间，文化事业、文旅产业繁荣发展，亮点频现。此外，新兴业态方兴未艾。莲花岛、关东文化园、国信南山温泉、天定山民宿、慢山里、辽金时代等乡村旅游经营单位组织游客挂灯笼、贴窗花、贴对联、放鞭炮，开展杀年猪、祭灶王、包饺子、吃年夜饭等特色年俗活动，进行堆雪人、拉爬犁、抽冰猴等趣味冰雪活动。延吉市以恐龙文化、朝鲜族民俗文化、自然生态风景三大板块为核心，整合旅游资源，建设延吉帽儿山（恐龙）文化旅游区。其中，大型游乐主题公园延吉恐龙王国、中国朝鲜族民俗园、延吉不夜城美食街形成夜间经济区域协同发展，通过推出夜游、夜宿、夜秀、夜娱、夜购等多样的互动娱乐玩法，为游客提供了丰富的一站式夜游体验。吉林市完善文化和旅游消费环境建设，积极推动移动支付便民示范工程，提升文化和旅游消费场所网络覆盖水平，加快部署第五代移动通信（5G）网络，努力融合资源，提升入境旅游统一宣介平台（含App、小程序等移动端）水平；强化智慧景区建设，引导文化和旅游场所广泛应用互联网售票、二维码验票，不断提升游客消费便利性。

二、提升文化消费城市竞争力

紧紧围绕长春现代化都市圈建设，进一步发挥示范引领作用，推动形成促进文化和旅游消费的新模式，探索激发文化和旅游消费潜力的新机制，积极培育壮大文化和旅游消费新业态，提升文化和旅游消费质量和水平。进一步发掘利用文化资源，升级文化产品。利用杠杆效应，丰富文化消费的种类，增强消费体验。通过发放消费券等形式吸引更多的消费者参与进来。构建健康良好的文化消费环境，塑造文化消费城市美丽形象。提倡文明消费、健康消费，进一步完善文化消费的安全保障，保护知识产权，加强网络文化建设和管理，完善消费者权益保障。积极探索业态发展新模式，注重文化消费与科技创新相结合。利用科技创新打造新型文化消费，提升文化产品的科技含量，实现文化产品服务技术、传播技术等关键领域的突破，提升居民的文化消费积极性，扩大文化消费市场。通过数字经济赋能文化消费。以城市形象为载体进行文化衍生产品的开发和市场推广，推出不同年龄层的产品，以此全面刺激文化消费市场，打造文化消费的全产业链。

三、提升文化消费城市知名度

做大做强文化消费品牌。依托长春电影节，做好电影主题广场音乐会、电影文化公园秀、电影歌曲大家唱，以及"户外交响音乐会""长春消夏文化夜市"等春夏文旅活动，让文化惠民深入人心。打造国际强势品牌，树立品牌理念。打造老字号和非物质文化遗产文化消费。推出文创商店、特色书店、小剧场、文化娱乐场所、体验型主题街区等多种业态的文化和旅游消费集聚地，充分发挥示范引领作用。加强宣传力度，提高文化消费城市知名度。加强宣传引导。广泛宣传长春的文化消费环境、文化消费产品、文化消费服务等，提升长春文化消费的口碑与名声。根据文化消费新业态、新模式的发展情况，做强做大文化消费这张名片，为打造国际文化消费城市奠定基础。强化政策扶持引导，完善基础配套设施，建设区域性消费中心城市，全盘谋划制定实施方案，打造特色商业街区（含夜间经济示范街区），发展会展经济，重点培育一批特色商业街区或者夜间经济示范街区，使之成为促进本地消费升级的平台、展示城市文化的窗口、扩大对外开放的载体。

牢固树立文化立市、特色建城的理念，挖掘城市文化资源，强化文化传承创新，把城市打造成为文化氛围浓重、时代特色鲜明的人文魅力空间。注重旧城改造中文化遗迹、城市记忆、历史传承、民族风情的保护及周边环境治理，加强新城新区建设中传统文化元素的融入，促进其与原有城市自然人文特征相协调。加强重点文化和自然遗产地、全国重点文物保护单位、历史文化名城名镇名村保护设施建设，强化非物质文化遗产保护，注重抢救和修复历史文化遗产。推动地方特色文化发展，保存城市文化记忆，打造汽车、山水、冰雪、电影、琵琶、剪纸、农民画、二人转、长白山采参习俗等特色城镇文化品牌，加快建设城市文化公园和文化街区，逐步免费开放公共图书馆、文化馆（站）、博物馆、美术馆、纪念馆、科技馆，提升城市文化软实力，提高城市品位，增强市民精神归属感。

四、促进市场融合，释放文旅消费新潜力

坚持扩大内需，国际国内循环相互促进，把文化和旅游消费同提高人民生活品质结合起来，加快形成强大的消费市场，实现入吉游客、过夜游客旅游购物娱乐消费持续增长。提升文化旅游消费环境。优化消费市场环

境，规范市场秩序，助力消费升级，鼓励依法依规对传统演出场所和博物馆进行设施改造提升，合理配套餐饮区、观众休息区、文创产品展示售卖区、书店等，营造更优质的消费环境。引导文化娱乐场所、景区景点等广泛应用互联网售票、二维码验票；优化旅游交通服务，科学规划线路、站点设置，提供智能化出行信息服务。完善文化旅游惠民措施。举办文化和旅游消费季、消费月，举办数字文旅消费体验等活动。在依法合规的前提下鼓励发放文化和旅游消费券，并给予特惠商户折扣、消费分期等用户权益。鼓励把文化消费嵌入各类消费场所，依托社区生活综合服务中心、城乡便民消费服务中心等打造群众身边的文化消费网点。大力发展夜间文旅经济。建设一批具备吃住行游购娱功能、具有地方特色的夜间文旅消费集聚区，提升这有山等文旅夜经济地标，升级文旅夜经济商圈，培育夜间文旅生活圈，优化文化和旅游场所的夜间餐饮、购物、演艺等服务。丰富夜间文化演出市场，鼓励各级图书馆、美术馆、文化馆等公共文化设施在旅游旺季适当延长开放时间。鼓励开展景区夜游、雪场夜滑服务，推动完善夜间照明等设施，健全相关安全措施，开发夜间游览路线和项目。建设文旅消费试点示范城市。总结推广长春、吉林、通化等国家文化和旅游消费示范城市、试点城市工作经验，按照国家工作部署要求，继续推动示范城市和试点城市建设，充分发挥引领带动作用。重点打造一批区域性消费城市，培育一批新型消费示范城市和特色消费小镇，改造提升一批步行街、商业综合体和文旅消费集聚区

促进服务融合，增强人民群众获得感。坚持让公众和游客更加满意的导向，不断完善文化和旅游公共服务设施，全面构建高品质、人性化的文化和旅游公共服务体系，进一步提升文化和旅游公共服务水平。提升公共文旅设施建设。统筹规划，合理布局，"建管用"并重，进一步推动完善省、市、县、行政村公共文化基础设施网络建设，补齐基础设施建设短板。大力推动省有六馆（图书馆、文化馆、博物馆、美术馆、展览馆、大剧院）、市（州）有三馆（文化馆、图书馆、博物馆）、县（市）有两馆

（文化馆、图书馆）的建设目标，扩大公共文化服务覆盖面，为广大基层群众搭建活动平台和载体。培育和扶持村级独立综合性文化旅游服务中心。完善旅游集散中心体系，构建由三级集散中心组成的旅游集散体系。以环线高速公路和高铁线为依托，优化完善高速公路服务区、加油站点的旅游咨询、信息查询等配套服务功能，为游客提供方便、快捷的旅游集散服务，在AAA级以上景区、重点旅游区、重要乡镇旅游点等建设旅游综合咨询服务中心。加强配套设施保障体系。统筹全省旅游交通网络建设，加快建设以长春龙嘉国际机场为核心的"一主多辅"机场群，围绕旅游产品优化航空网络，开辟长春机场与旅客吞吐量1000万人次以上机场间的空中快线，加密和优化长白山至重点客源地航线，搭建长春和长白山之间"长长飞"旅游中转航空巴士航线，启动开通长春—法兰克福航线，支持支线机场构建区域航空运输网络。加强区域内主要城市和重点城镇互联互通，加强干线公路至景区旅游公路交通建设，开拓旅游专线与旅游公交。到2025年，持续实现AAAA级以上景区二级以上公路全覆盖。以哈大、珲乌"大十字轴"为支撑，构建布局合理、功能完善、快捷高效的"蝴蝶形"快速铁路网。提升自驾车服务体系，督促各地在节假日加强高速公路和景区道路交通管理，增加公共交通运力，及时发布景区拥堵预警信息；完善全省高速公路、国省干线沿途旅游交通标识牌；依托高速公路服务区、旅游公路沿途特色村镇、加油站等，建设自驾车旅游型服务区；发展旅游汽车租赁产业，提供电子预约租车、送车上门、异地还车、汽车救援等服务。建设生态绿道和慢行系统，以旅游城市为依托，建设以滨河休闲、城市商业、文化体验、康体健身、社区服务等为主题的城市休闲绿道；鼓励以景区、城镇、乡村等为单位，建设功能齐全、设施完善的旅游慢行绿道系统；明确休息驿站、饮水、充电、急救、咨询等设施建设和服务标准；鼓励有条件的地区整体规划建设自驾车绿道、自行车绿道、轮滑绿道、水上绿道、步行绿道等慢行绿道体系和雪地穿越旅游廊道，形成吉林生态绿道网络，串联绿色慢生活。

| 第八章 |

吉林省新型城镇化与生态体系建设

新时代背景下的新型城镇化建设，是以生态文明建设和打造地域特色的城镇建设为主要目标。新型城镇化建设应该以和谐可持续发展作为基本原则。吉林省是我国的传统老工业基地，经济发展与城镇化建设中的资源环境问题一直备受关注。吉林省的生态环境本底相对较好，经济发展和城镇化建设应该以生态文明为基础。吉林省新型城镇化发展以来，坚持把生态文明的理念贯彻到城镇化建设的过程中，以生态本底为基础，因地制宜构建生态城镇化格局，加强对生态环境的保护和修复，强化对环境污染的综合防治，重视各类资源要素的节约集约利用，在城镇化建设中贯彻绿色发展理念，努力实现新型城镇化建设和生态环境之间的协调发展。

第一节　新型城镇化进程中生态环境的变迁

在吉林省新型城镇化建设进程中，吉林省委、省政府高度重视生态环境保护工作，将生态文明理念贯穿始终。吉林省充分发挥自身的生态环境资源优势，制定了让吉林的天更蓝、水更清、山更绿的目标任务，加强生态环境保护和资源利用转化，大力推动低碳绿色发展，更加注重新型城镇化建设的质量，将城镇化过程中的环境质量改善提升到前所未有的高度。

一、大气环境质量变迁

（一）空气环境质量日益好转

新型城镇化建设以来，吉林省的空气环境质量日益好转。"十一五"时期，吉林省认真贯彻落实科学发展观，全面实施《吉林省环境保护"十一五"规划》。吉林省的城市空气环境质量有所提升，各市（州）政府所在地城市空气质量全部达到Ⅱ级标准，好于Ⅱ级标准的天数均达到292天。随着新型城镇化建设的推进，2010年，吉林省地级城市空气质量优良天数平均为341天，占全年天数的93.4%，空气环境质量明显好转。同时，吉林省二氧化硫污染控制区所有城市的空气中二氧化硫年平均浓度全部达到国家Ⅱ级标准。到2015年，吉林省平均优良级天数为73.7%。在吉林省各城市的所有超标天数中，以$PM_{2.5}$为首要污染物的比例最高，高达76.8%；位于第二位的是O_3，所占比例为14.9%；位于第三位的PM10，所占比例为8.6%，是吉林省空气污染的主要污染物。到2020年，吉林省城市环境空气质量持续向好，吉林省9个地市（州）城市环境空气质量优良天数比例在84.3%—91.8%之间，与2015年相比均有所提高；重度及以上污染天数比例在0.3%—1.6%之间，与2015年相比均有所降低；2021年是"十四五"开局之年，吉林省深入开展空气质量巩固提升行动，吉林省各市（州）政府所在的9个城市环境空气质量优良天数比例提高到了94.0%，高于全国平均水平6.5个百分点，同比上升4.2个百分点，吉林省的空气质量得到了显著提升，重度及以上污染天数比例仅为0.3%，同比下降了0.9个百分点，"吉林蓝"已经成为常态。

（二）大气污染防治取得积极进展

东北振兴以来，吉林省稳步推进大气污染防治工作，取得了较好的成效。在东北振兴之初，吉林省大气煤烟型污染问题较为突出，尚未从根本上得以解决，二氧化硫的排放量也呈现出增加的趋势，并且伴随着汽车保有量的不断增加，机动车尾气污染也逐年加大，大气污染防治任务艰巨。为解决大气污染问题，吉林省稳步实施"蓝天"工程，将颗粒物特别是细颗粒物作为大气污染防治的重点。"十二五"时期，吉林省按照《大气污染防治行动计划实施细则》和《大气污染防治目标任务书》的要求，深入推进"1+N"大气污染防治模式的落实，大气污染防治取得积极进展，地级城市环境空气质量稳中向好。"十三五"时期，是吉林省全面振兴发展的攻坚期，吉林省深入贯彻生态文明理念，以满足人民日益增长的优美生态环境需要为出发点和落脚点，坚决打好打赢污染防治攻坚战。吉林省深入实施清洁空气行动、蓝天保卫战和"一微克"行动，以推进产业结构、能源结构、运输结构和用地结构优化调整为核心，以工业污染治理、燃煤污染控制、柴油货车攻坚、秸秆禁烧和扬尘管控为抓手，促进环境控制质量持续改善。吉林省出台了《吉林省农作物秸秆全量化处置工作方案》，全面推进秸秆"五化"利用+无害化处置的秸秆全量化处置，科学实施禁烧限烧管理。修订了重污染天气应急预案，建立完善应急减排清单，明确不同预警级别下的减排措施，强化联防联控工作，有效应对重污染天气。2021年，吉林省继续扎实推进大气污染防治，实行秸秆全域禁烧，实施"五级网格"全域全覆盖。深入推进燃煤污染治理，吉林市松花江电厂、华能松原热电有限公司相关机组完成超低排放改造并投运。持续强化工业污染治理，吉林省钢铁企业累计完成超低排放改造项目25个；深入推进移动源治理，全面实施汽车排放检验与维护制度（I/M制度），强化机动车污染管控。积极应对重污染天气，进一步完善应急减排清单，推动各地重污染天气重点行业绩效分级管理，强化联防联控工作，有效应对重污染大气。

（三）污染物减排任务较好完成

东北振兴以来，吉林省将污染减排作为转方式、调结构的重要抓手，作为改善环境质量的重要手段，持续稳步推进。2010年底，吉林省化学需氧量排放量35.21万吨，在2005年（40.7万吨）基础上削减5.49万吨，削减比例13.48%；二氧化硫排放量35.63万吨，在2005年（38.2万吨）基础上削减2.57万吨，削减比例6.72%；化学需氧量和二氧化硫两项指标分别累计完成"十一五"总量削减任务的130.7%和142.7%。"十一五"期间，吉林省圆满完成了国家下达的减排任务，为"十一五"期间吉林省经济社会又好又快发展提供了有力支撑。2015年，吉林省超额完成了"十二五"时期主要污染物排放总量减排任务，化学需氧量、氨氮、二氧化硫和氮氧化物排放总量分别较2010年削减12.7%、11.4%、12.8和7.5%，完成3430个减排项目，实现20万千瓦以上燃煤发电机组脱硫设施、30万千瓦以上燃煤发电机组脱硝设施、90平方米以上钢铁烧结机脱硫设施、日产熟料2000吨以上水泥窑脱硝设施。"十三五"时期，吉林省以提高能源利用效率和改善生态环境质量为目标，以推进供给侧结构性改革和实施创新驱动发展战略为动力，强化主要污染物减排，化学需氧量和氨氮、二氧化硫、氮氧化物排放总量分别控制在68.92万吨、4.78万吨、29.8万吨、41.2万吨以内。"十四五"时期，吉林省全面实施"一主、六双"高质量发展战略，加快生态强省建设，落实能源消费强度和总量双控、主要污染物排放总量控制制度，实施节能减排重点工程，推动能源利用效率大幅提高、主要污染物排放总量将持续减少，保证吉林省的污染物减排任务较好地完成。

二、水环境质量变迁

（一）地表水环境质量持续优化

新型城镇化建设以来，吉林省的地表水质有所改善，局部区域地表水质持续优化。"十一五"期末，吉林省主要江河65个监测断面水质有34

个达到一至三类标准，所占比例比"十五"期末提高了20%；达到水质控制目标的断面有38个，所占比例为58.5%，比"十五"期末提高了14%。2015年，吉林省主要城市的20个集中式饮用水源地水质状况良好，其中，地表水源地17个、地下水源地3个，一类水质的水源地1个、二类水质的水源地7个、三类水质的水源地12个，居民的饮水安全问题得到了保障。在"十三五"期间，吉林省的水环境质量持续优化，水质状况由"十二五"末期的轻度污染逐步转为良好，域内国控断面达到或好于三类水质断面的比例逐年增加。吉林市启动水源地迁移工程，撤销了吉林市二水厂、三水厂、四水厂，新增供水水源工程及六水厂。饮用水质量持续改善，2019年、2020年连续两年，吉林省地级及以上城市饮用水水源地达标率为100%。2021年，吉林省紧紧围绕深入打好碧水保卫战的目标，以"两河一湖"为重点，全面推进水污染治理。按照"一河一策""一断面一策"原则，组织地方制定"8+2"劣五类水体整治方案，实施劣五类消除工程，建立"问题、措施、项目、责任"四个清单，111个国考断面优良水体比例达到76.6%，吉林省的地表水环境质量不断优化。

（二）重点流域水污染防治扎实推进

新型城镇化建设以来，吉林省扎实推进重点流域水污染防治工作，取得了较好的成效。"十一五"时期，吉林省认真落实"让松花江休养生息"的政策措施，全面推进松花江、辽河流域水污染防治，干流、支流污染防治齐抓，重点流域水污染防治工作取得明显成效。到2010年底，松花江流域"十一五"规划中的86个项目已全部完成，在全国重点流域"十一五"规划实施情况考核中名列第2位。辽河流域"十一五"规划的26个项目完成21个。吉林省重点流域水污染防治扎实推进，按照松花江、辽河流域水污染防治"十二五"规划，深入推进松花江、辽河等重点流域水污染防治。2015年，吉林省主要河流75个国省控监测断面中有52个断面能够达到水质控制目标要求。"十三五"时期，吉林省聚焦"两河一湖"，切实解决突出环境问题，全力实施辽河流域综合治理，《吉林省辽河流域水污染治理与生态修复综合规划（2018—2035年）》中需2020年前完成的130个项目，已全部完工。扎实推进饮马河流域水环境整治，劣五类水体治理和水环境质量提升谋划的6大类210个饮马河治理工程项目已全部完工。加快实施查干湖治理保护规划，积极推动查干湖旅游岛生活污水处理厂等一批查干湖区域污染治理项目建设，基本完成查干湖氟化物本底值专题研究，开展查干湖底泥专题研究。

（三）水环境保护的顶层设计日益优化

2008年，吉林省为防治松花江流域水污染，保护和改善水质，制定了《吉林省松花江流域水污染防治条例》。为加强城镇饮用水水源保护，2012年，吉林省制定了《吉林省城镇饮用水水源保护条例》。2018年，吉林省环境保护厅、吉林省水利厅制定了《吉林省集中式饮用水水源地环境保护专项行动实施方案》。吉林省委省政府全力推进碧水保卫战，出台了黑臭水体治理、饮用水源地保护、农业农村污染治理三大标志性战役作战方案，制定了《吉林省重点流域劣五类水体专项治理和水质提升工程实施方案（2019—2020年）》，修订了《吉林省城镇饮用水水源保护条例》，辽河流域出台了《吉林省辽河流域水污染综合整治联合行动方案》《吉林省辽河流域水环境保护条例》和《关于深入推进辽河流域治理的意见》等系列法规、文件，建立了覆盖吉林省河流和重点湖泊的"五级河湖长制"。2021年，吉林省为推进重点流域水生态环境保护，编制了《吉林省重点流域水生态环境保护规划（2021—2025年）》，有利于持续推动吉林省水生态环境质量的提升。

三、生态环境质量变迁

（一）生态环境质量持续改善

新型城镇化建设以来，吉林省的生态保护工作不断加强，生态环境状况总体良好。在"十一五"时期，吉林省加强对自然保护区的建设与管理，以及资源开发的生态保护工作。到"十一五"期末，吉林省共有各级、各类自然保护区38个，其中国家级13个、省级17个、市县级8个，基本形成梯次结构较为合理、类型较为齐全的自然保护体系。2015年，吉林省9个地市（州）中，生态环境状况较好的是延边朝鲜族自治州，生态环境状况指数最高，生态环境等级为"良"的有白山市、吉林市、辽源市和通化市；长春市、松原市、四平市、白城市的生态环境相对一般。吉林省编制了《吉林省生态环境质量提升十年纲要》，开展了环境质量提升和生态环境建设两个重大课题研究，全面实施生态环境领域改革创新各项措施。吉林省科学谋划区域战略布局，统筹东中西协调发展，加快建设西部生态经济区，河湖连通等一批重大生态水利工程取得突破性进展，加强中部地区生态环境保护和建设，构建和保护长春和吉林城市之间"绿心"，依托中部地区的交通轴带，构建绿色生态廊道，务实推进东部绿色转型发展区、矿产资源勘探开发、生态保护修复等重点工作，生态建设取得良好进展。2021年，吉林省生态环境状况指数为68.07，等级为良，生态环境状况指数级别"优""良"和"一般"的面积总和分别占吉林省面积的45%、19.6%和35.5%。

（二）生态安全屏障更加稳固

吉林省在新型城镇化建设过程中高度重视对生态环境的保护，自2017年起，吉林省生态环境厅连续4年会同相关省级行政主管部门开展"绿盾"自然保护区强化监督专项行动，持续推进自然保护区违法违规问题排查、整改，取得了较好的成效。同时，对侵占破坏生态环境问题开展排查和整治，重点对侵占林地、草原、湿地、湖泊、河道等破坏生态环境突出问题进行整治，推动各地加快问题的排查和整改。吉林省在加强生态环境保护的过程中，坚持系统观念，统筹实施山水林田湖草沙一体化保护与修复，着力构建"两屏两廊"生态安全格局，实现吉林省自然生态功能的相对稳定。近年来，吉林省持续开展大规模的国土绿化工程，不断夯实自然保护地监管，对生态环境领域的违法违规问题加大整治力度。进一步加大生物多样性保护力度，开展清山清套清网和候鸟护飞专项行动，越来越多的野生旗舰物种在吉林安家。积极推进设立"吉林生态日"，组织开展首届"吉林生态日"宣传活动，营造首届"吉林生态日"良好的社会氛围。不断提升生物多样性保护水平，加强"5·22国际生物多样性日"宣传工作，提高公众的生物多样性保护意识。

（三）农村环境综合整治积极推进

吉林省积极推进农村环境综合整治，加强了农村环境保护，改善了农村人居环境。在"十一五"时期，吉林省充分利用国家实施农村环境综合整治"以奖促治"政策，争取国家7212万元专项资金支持，在73个村开展了农村环境综合整治，极大地改善农村人居环境。在这期间，吉林省17个乡镇被批准为"全国环境优美乡镇"， 3个村被批准为"国家级生态村"，15个乡镇被批准为"省级环境优美乡镇"。"十二五"时期，吉林省农村环境保护进一步加强，累计投入资金14.96亿元，在69个重点县（市、区）建设农村综合整治示范村2225个，受益人口达到400万。随后，吉林省大力开展美丽宜居乡村建设，2017年，吉林省印发了《吉林省改善农村人居环境四年行动计划（2017—2020年）》，截至2020年底，吉林省村庄环境整治成效明显，90%以上的行政村基本实现清洁干净目标，为农村居民营造了良好的生活环境。在农村环境整治方面，吉林省持续投入各类专项资金，用于村屯绿化和美化，村屯的绿化面积逐年增加，村庄的公共亮化设施日益健全。

四、新型城镇化与生态环境保护之间的矛盾依然存在

（一）经济绿色发展模式尚未建立

与国内发达省份相比，吉林省经济发展相对落后。当前以及未来吉林省的经济发展，既要加快经济发展方式的转变，又要注重经济发展的质量，经济发展与环境保护的问题需要得到持续关注。吉林省是典型的老工

业基地，工业发展对资源依赖相对过重，工业增长模式有待改善，亟待优化和升级，经济绿色发展模式尚未建立。在工业领域，自主创新的能力还有待提高。吉林省传统工业的发展，带来了一定的资源环境问题，导致资源过度开发，资源利用的效率也不高，给环境带来的压力也较大，资源环境承载力与工业发展之间的矛盾依然存在。近年来，吉林省注重产业的转型升级，大力推广和发展绿色产业，但绿色产业的整体规模依然较小，无论是规模和种类都有待进一步提升。吉林省大力推广和利用秸秆资源，但目前"秸秆肥料化和饲料化为主、燃料化为辅、原料化和基料化为补充"还处于起步阶段。此外，吉林省企业与企业之间依然没有形成一种生态的互动，企业之间的生态关联不够，循环经济发展模式还没有建立起来。

（二）产业结构绿色转型有待深入推进

吉林省是我国典型的老工业基地，资源型产业占比较高，重工业在产业结构中所占比重较大。偏重的产业结构，必然消耗大量的资源和能源，给生态环境带来较大的压力，不可避免地存在产业发展与生态环境保护之间的矛盾，给吉林省新型城镇化的发展带来了阻力。吉林省先后推进化解产能过剩以及供给侧结构性改革等措施，但由于产业发展存在一定的路径依赖，推进效果尚不显著，资源型城市的转型发展还有很长的路要走。同时，吉林省大力推进产业结构调整和优化升级，积极发展第三产业，尤其是现代服务业。但是，由于产业基础以及多方因素影响，第三产业发展与发达省份相比较为缓慢。产业是经济发展的核心，产业发展水平直接影响到吉林省的经济发展质量，并且阻碍了新型城镇化的进程。因此，提高吉林省的产业支撑能力是加快新型城镇化建设的关键。

（三）环境基础设施短板有待补齐

吉林省在环境基础设施建设方面依然存在短板。在污水处理方面，吉林省大部分县市的污水处理设施不完善，存在处理能力不足的问题。在垃圾处理方面，生活垃圾处理设施供需结构不平衡、发展不充分，短板比较明显，规划建设系统性不足，现有的收转运和处理体系难以满足分类要求，生活垃圾资源化利用水平不高、智能化水平低等问题，成为制约生活垃圾处理设施高质量发展的瓶颈。吉林省部分市县垃圾填埋场超负荷运行，个别县还存在季节性垃圾渗滤液积存的情况，个别市县建筑垃圾管理不到位，存在散乱堆放现象。农村生活垃圾收运处置设施还没有实现全覆盖，农村生活污水治理处于起步阶段。此外，城乡接合部、乡镇、农村散煤污染问题较为突出。部分已经完成整治的城市黑臭水体返黑返臭。河流两岸生态缓冲隔离带建设相对滞后。畜禽养殖专业户和散养户粪污收集不及时、处置不到位，畜禽粪污治理体系有待完善。仍有大量企业和园区近水靠城分布，环境风险防范压力仍然较大。

（四）生态环境质量改善的基础还不稳固

新型城镇化建设以来，吉林省的生态环境质量得到明显的改善。但是，我们在看到生态环境保护与治理取得的成绩的同时，也应注意到吉林省生态环境质量改善的基础还不稳固。在大气环境质量方面，吉林省总体上仍属于"气象影响型"，在秋冬、冬春季节受不利气象条件影响，比较容易出现重污染天气。水环境质量方面，吉林省境内区域性、流域性污染问题依然存在，部分流域水环境质量改善成效还不稳固，已消除劣五类的水体仍然存在反弹的风险，优良水体也存在水质下降的隐患，特别是受季节性水资源短缺影响，在枯水期部分断面较易出现水质超标问题。2021年，绥芬河水系水质为轻度污染，与上年相比水质有所下降，监测的2个断面均为四类、三类水质，断面比例同比下降50.0个百分点，四类同比上升50.0个百分点，无五类、劣五类水质，同比持平。在土壤环境质量方面，虽然农用地和建设用地土壤环境质量总体较好，但局部地区土壤受到一定程度污染，特别是工业企业周边、有色金属采选冶炼地区的土壤环境问题相对突出。

第二节 新型城镇化进程中生态环境保护与治理机制

在吉林省新型城镇化进程中，强化生态环境领域的改革和创新，逐步形成了有利于推动生态环境保护工作落实的体制机制，不断提高生态环境管理系统化、精细化、科学化和信息化水平，稳步推进吉林省生态城镇化建设，坚持绿色发展理念，扎实推进绿色转型发展，增强环境保护动力。

一、吉林省生态环境治理体系和治理能力稳步提高

（一）生态环境治理体系日益健全

伴随着吉林省新型城镇化的深入推进，生态环境治理体系日益完善。首先，在法律法规政策体系方面，吉林省颁布实施了《吉林省松花江流域水污染防治条例》《吉林省辽河流域水环境保护条例》《吉林省大气污染防治条例》《吉林省危险废物污染环境防治条例》《吉林省生态环境保护条例》等，制定出台了《吉林省环境信息依法披露制度改革实施方案》等。其次，在监管体系方面，吉林省全力推进《排污许可管理条例》贯彻执行，开展固定污染源排污许可证质量、执行报告审核，强化排污许可证后监管。已经常态化、制度化推动生态环境损害赔偿，截至2021年，吉林省共开展损害赔偿案件124例。最后，在监测体系方面，吉林省优化调整"十四五"环境监测网络设置，出台《吉林省环境空气质量自动监测网络城市站运行管理办法（暂行）》，21个县级空气自动站上收省级事权，48个省级水质自动站投入运行，吉林省已形成126个大气环境自动监测站和127个水环境自动监测站组网运行的网络监测能力，基本覆盖了吉林省所有县级行政区和重点湖泊、地级以上城市集中式饮用水水源地、重点流域跨

省界、市界、县界断面。

（二）生态环境污染治理能力不断增强

在大气污染治理方面，围绕全面推进打赢蓝天保卫战目标，吉林省实行秸秆全域禁烧，实施"五级网络"全域全覆盖，出台了《吉林省农作物秸秆全量化处置工作方案》，不断完善秸秆处置"5+1"模式和火点处置体系。积极应对重污染天气，进一步完善应急减排清单，推动各地重污染天气重点行业绩效分级管理，明确不同预警级别下的减排措施，强化联防联控工作，有效应对重污染天气。在水污染防治方面，吉林省制定了《吉林省清洁水体行动计划（2016—2020年）》，紧紧围绕深入打好碧水保卫战的目标，以"两河一湖"为重点，全面推进水污染治理。深入推进辽河流域水污染治理，严格落实《深入推进辽河流域治理工作意见》的相关要求。围绕水质不稳定的国考断面，强化研判、会商、溯源、整治、督查等行之有效的水质管控机制。大力提升吉林省优良水体比例，全面落实《吉林省水环境质量巩固提升行动方案》4方面19项具体任务，强化重点流域二三级支流及村屯沟渠水生态环境管控，对城镇污水处理厂、工业集聚区污水处理厂和乡镇污水处理厂实施清单化管理。在生态环境保护方面，持续强化自然保护地和生态保护红线监管，持续开展"绿盾"自然保护地强化监督工作，完成发现问题整改，整改率达到99%，在全国率先开展自然公园人类活动遥感核查，进一步摸清自然公园生态问题底数。积极推进设立"吉林生态日"，组织开展首届"吉林生态日"宣传活动，营造首届"吉林生态日"良好的社会氛围。

（三）生态环境监管能力不断提高

针对生态保护监管法律法规和标准规范不够健全，源头预防、过程严管、后果严惩的全过程监管制度体系尚需完善等问题，吉林省以加快推进生态治理体系能力现代化为重点，持续完善自然生态保护制度体系，自然生态环境管理与监督能力显著提高。2019年颁发了《吉林省人民政府办公厅关于加强生态环境监管工作的实施意见》（吉政办发〔2019〕18号），从健全生态环境保护责任落实机制、完善生态环境过程监管机制、健全完善生态环境监管保障机制、强化生态环境监督考核评价机制等方面提出加强吉林省生态环境监管的重点方向。同时，吉林省初步划定了生态保护红线，自然保护地整合优化工作取得阶段性成果，基本形成以国家公园为主体的自然保护地体系。此外，吉林省连续4年组织开展了"绿盾"自然保护区强化监督专项行动，组织开展侵占、破坏生态环境大排查大整治专项行动，自然生态空间违法违规问题基本完成排查、整改。启动2015—2020年全省生态环境遥感调查与评估，进一步摸清了吉林省自然生态状况。生态环境监管能力不断加强，国控企业全部建成污染源自动监控系统，市（州）政府所在地城市全部具备新标准监测能力并实时发布监测数据，网格化环境监管体系初步建立。

（四）防范生态环境安全及应急能力稳步提升

近年来，吉林省有效防范和应对突发环境事件，制定了《吉林省突发环境事件应急预案》，严密防控环境风险。2021年，开展了松花江流域水污染突发环境事件应急联动演练，检验了预案多个响应环节，各相关单位及处室的联动和配合能力得到了锻炼。健全与辽宁、黑龙江、内蒙古突发水污染事件联防联控机制，切实加强省际流域上下游的联防联控。此外，切实保障核与辐射安全，吉林省制定出台了《吉林省核安全协调机制》，修订了《吉林省辐射事故应急预案》，编制了《吉林省边境及周边地区辐射环境应急预案》《吉林省边境及周边地区辐射环境应急实施方案》，开展2021年吉林省辐射事故综合应急演习，严格落实边境地区应急备勤制度，坚决守住生态环境安全底线。

二、吉林省稳步推进生态城镇化建设

（一）吉林省生态城镇化建设历程

党的十八大提出了生态文明建设理念，生态城镇化是转变发展方式的必然要求。近年来，吉林省高度重视生态城镇化建设，在新型城镇化进程中，将生态文明理念贯穿发展始终，生态城镇化发展水平不断提高。为加快推进生态城镇化建设步伐，吉林省人民政府办公厅印发了《关于吉林省生态城镇化的实施意见》（吉政办发〔2014〕32号），将"生态化"作为新型城镇化建设的发展理念，提出了吉林省未来生态城镇化建设的总体要求、主要任务和保障措施，力争走出一条以人为本、资源节约、环境友好、布局优化、生态文明的新型城镇化道路。随后，2016年，吉林省发展改革委开展了生态城镇化的试点，通过试点先行先试，探索推进生态城镇化建设的有效路径。临江市、通化县、敦化市、东丰县、镇赉县等县（市）先后开展生态城镇化试点，获得了专项资金支持，大力推进生态城镇化建设进程，探索城镇化与生态文明协调发展的有效路径。截至2022年，吉林省创建国家生态文明建设示范区7个、"绿水青山就是金山银山"实践创新基地4个，省级生态县18个，以生态要素强力推动生态城镇化进程，助力生态强省的建设。

（二）吉林省生态城镇化建设的典型案例

1.吉林省东部生态城镇化试点县——临江市

临江市位于吉林省东南部，地处长白山山脉，西与白山市相连，东与长白山毗邻，北与抚松县接壤，南以鸭绿江为界与朝鲜民主主义人民共和国两道（两江道、慈江道）三郡（中江郡、金亨稷郡、慈城郡）隔江相望，辖区面积3008.5平方千米，总人口15万。自2016年成为吉林省生态城镇化试点城镇以来，坚持"绿水青山就是金山银山"理念，把牢生态红线，构建生态考核保障体系和生态环境保护体系。首先，在绿色产业发展方面，以绿色、生态、安全为导向，重点发展矿产新材料、矿泉饮品、医药健康、现代服务和特色农业等产业，加快构建生态产业体系，构筑转型振兴、绿色发展的产业支撑。如在医药健康产业方面，临江市素有"立体资源宝库"之称，依托独有的资源禀赋，大力推进医药健康产业发展。有序引导道地中药材形成规模种植，通过放大"北药基地"原料优势，推进现代医药产业集群发展。在生态旅游业发展方面，临江市依托"环长白山、沿鸭绿江"的旅游节点优势，不断加大旅游产业的绿色转型发展，旅游产业不断发展壮大。其次，立足自然生态优势，构建宜居生活体系。临江的城市建设围着山转、跟着水走，城市绿化、净化工程稳步推进。倡导低碳生活，开展以节能、节水、节材为主的绿色家园创建活动，努力建设更加美丽、和谐的城市。再次，加强城市绿地建设。按照把自然引进城市，使山、水、城融为一体的布局理念，加强城市与山水的联系，形成以花山国家森林公园和鸭绿江为骨架、森林和农田为基础、园林绿地为重点、绿色廊道为连接的临江市生态绿地系统。结合城市绿化美化示范工程建设，以街（巷）路、绿地绿化为重点，注重城乡接合部及公园、广场、游园建设，加大城市园林绿化建设力度，重点建设鸭绿江沿岸绿地绿化、公园、广场等美化工程。

2.吉林省东部生态城镇化试点县——通化县

通化县位于吉林省东部的长白山南麓，辖区面积3726.5平方千米，总人口24万，素有"长白门户·辽吉咽喉"之称。通化县的新型城镇化建设坚持生态文明建设统领全局，把生态文明建设融入城镇化建设的全过程，将"长白山生态宜居城"和"中国生态养生城"作为通化县的发展主题，努力实现经济社会的绿色、可持续发展。经过多年的努力，通化县生态城镇化建设取得了较好的成绩，先后获得了"国家卫生县城""国家园林县城""国家生态县""中国最佳生态休闲文化旅游名县""全国绿色发展百强县""国家生态文明建设示范县"等荣誉称号。首先，在城市建设中，通化县将生态、健康、养生、宜居、宜业、宜游等元素全面融入，积极推进城市绿化建设，实施市容街景改造、公用设施更新、破墙透绿、环境长效管理等一系列的城市建设工程，使通化县城的环境面貌明显改善，进一步提高了通化县的生态宜居水平。其次，在产业发展中，通化县大力发展节能环保产业。通化县的生物医药、葡萄酒、人参等产业发展较好，科技创新程度相对较高。东宝药业被评为省级"蛋白质生物药双创平台"，通天酒业成为"吉林省葡萄酒产业技术攻关战略联盟"董事企业，快大人参产业园被评为省级双创实训基地。振国药业、吉通药业被认定为全省首批科技型"小巨人"企业，白山药业被认定为国家级高新技术企业。再次，通化县依托较好的生态资源和区位优势，加快发展生态游、红色游、乡村游、民俗游、冰雪游、生态农业观光游，已经初步形成了以重点景区为龙头、骨干景点为支撑、"农家乐"为基础的乡村休闲旅游业发展雏形。此外，通化县还是国家农村一、二、三产业融合发展试点县，在农村一、二、三产业融合发展方面积极探索，采取"龙头企业+基地+农户""休闲旅游+农业""互联网+农业"等方式，推动三次产业深度融合，成功培育了禾韵现代股份有限公司、江达米业有限公司、转水湖农业开发有限公司、参威人参产业园等融合经济体，极大地促进了农村产业的发展。

3.吉林省东部生态城镇化试点县——敦化市

敦化市位于吉林省东部的长白山区，是吉林省的重点生态功能区，生态环境本底较好。敦化市辖区面积11957平方千米，总人口46.1万。敦化市委、市政府高度重视生态城镇化试点工作，提出"生态优先、项目突破、产业跃升、开放带动、创新引领"的发展战略，把生态市建设考核指标纳入敦化科学发展观考核体系，增强生态城镇化建设主动性、积极性。首先，敦化市大力调整和优化产业结构，筑牢生态城镇化建设的产业支撑。在农业方面，现代农业发展步伐加快，敦化市建设绿色高产高效示范园区20个，并且在绿色新技术创新与推广上，加大与农科院、农大等科研院所合作，引进和推广绿色高产高效新技术达9项，应用于敦化市农业生产。在工业方面，敦化市依托经济开发区集群效应，抓好医药、食品、高端制造等绿色支柱产业的集聚发展。在生态旅游业发展方面，敦化市以创建国家全域旅游示范区为目标，强化产业融合，大力实施"旅游+"全产业融合发展战略，旅游+冰雪，旅游+林业、旅游+农业、旅游+文化，全要素融合推进生态旅游业发展。其次，在生态环境保护方面，敦化市启动牡丹江源头综合治理，开工建设牡丹江湿地公园和南湖生态公园，进一步提高了生态管护和治理水平。此外，保护好水生态是生态城镇化发展的基础，敦化市在吉林省率先实行"河长制"，并且在突出防污、治污职责的同时，完善了河长在加强水资源保护以及水域岸线管理等方面的责任。再次，敦化市生态城市承载能力显著增强。城市道路管网建设日益完善，立体交通网络加速形成，市民出行更加便利。同时，敦化市先后建设了乡镇生活垃圾处理项目、城市污水管网配套项目，城市排水管网清淤疏通等工程，生态城镇化建设的承载能力显著提升。

4.吉林省中部生态城镇化试点县——东丰县

东丰县位于吉林省的中南部，处于吉林中部创新转型先导区和吉林东部绿色转型发展区叠加区域，为东丰县创新转型和绿色发展提供了机遇；东丰县坚持生态优先、绿色发展理念，加快实施"三百工程"，统筹生态环境保护和高质量发展协调促进，为东丰县探索绿色发展新路径指明了方向。首先，东丰县加强统筹，注重协同有效推进城镇化建设、生态环境、土地利用等各类规划的"多规合一"，坚持走可持续发展的道路。其次，绿色转型效果明显，发展质量和核心竞争力稳步提升。东丰县以"改造升级传统产业、培育壮大新兴产业、做大做强特色产业"为路径，加快产业转型升级步伐。在农业领域，全力打造现代、绿色、特色农业典型示范区，大力推介绿色稻米、梅花鹿、食用菌等特色农产品，创建一批知名品牌；在工业领域，围绕"钢铁铸造产业升级工程""梅花鹿+医药健康产业提质工程""新兴产业培育工程"等，做大做强支柱产业，增强生态城镇化建设的产业支撑；在服务业方面，东丰县深化全域旅游示范区创建，挖掘整合传统特色文化、生态景观等资源，围绕皇家游、鹿苑游、休闲游、乡村游，打造精品旅游线路。再次，东丰县充分发挥城市建设对拉动经济以及改善民生的重要作用，成功创建国家卫生城、园林城。推进老旧小区改造、棚户区改造进程，居民的居住环境得到了较大的改善。同时，加快道路、管网、污水和生活垃圾等基础设施的建设，城市建成区绿地率33.63%，城市功能更加完善。梅花鹿、农民画特色元素融入城市建设，城市内涵更加厚重，个性魅力更加突出，城市品位得以获得较大提升。此外，东丰县制定了"美丽乡村"建设规划，稳步开展了农村人居环境整治三年行动，城乡的人居卫生环境得到了明显改善，极大地提高了居民的幸福感和归属感。

5.吉林省西部生态城镇化试点县——镇赉县

镇赉县位于吉林省的西北部，镇赉县高度重视推进生态城镇化建设工作，坚持把推进绿色城镇化、生态城镇化作为优化镇赉县空间布局，转变经济发展方式的重要途径。先后获得了国家园林县城、"全国绿化模范县""中国新型城镇化建设·中国宜居城镇"等荣誉称号。经过多年的探索和试点，生态城镇化建设取得了一定的成绩。首先，科学构建生态城镇化格局，以"一主三副、三轴两区"的城镇空间格局为依托，构建"一区、四带、多点"生态安全格局。构建以莫莫格国家级自然保护区为核心的重点生态功能区。推进嫩江、洮儿河、二龙涛河、呼尔达河四条主要江河水系治理，成为重要生态发展轴带，不断提升生态支撑功能。其次。镇赉县积极培育壮大生态工业、现代农业、商贸物流、休闲娱乐、健康养老等产业，着力提升规模发展的乘数效应和产业园区的辐射带动能力，加快了产业集群发展、资源集约利用和人口合理聚集步伐。再次，镇赉县坚持把完善城镇基础设施和公共服务设施作为提升城镇品位的重要举措，加快实施城乡道路交通、城市管网、污水垃圾处理及绿化亮化等项目，生态城镇化承载能力显著提升。最后，镇赉县不断巩固提升全国卫生县城创建成果，切实加大城乡环境综合整治力度，持续深入开展农村柴草集中清理活动、乱堆乱放、乱搭乱建、乱停乱靠、乱泼乱倒等问题得到有效解决，城市生活垃圾无害化处理率达100%，城镇环境建设得到明显改善。

三、吉林省扎实推进绿色转型发展

（一）绿色转型发展体制机制日趋完善

吉林省力争充分发挥生态环境保护转方式、调结构、优布局、促发展的重要作用，以生态环境高水平保护促进经济高质量发展，吉林省的产业结构、能源结构、交通运输结构、农业投入结构持续优化。吉林省先后出台了推进环保产业振兴发展、推进农业绿色发展、推进绿色金融发展等政策，加强绿色发展体制机制的建设，从政策层面引导吉林省绿色转型方向。2021年，吉林省人民政府出台了《关于加快建立健全绿色低碳循环发展经济体系的实施意见》（吉政发〔2021〕18号），提出加快建设生态强省，完善绿色低碳循环发展的生产体系、流通体系、消费体系、能源体系、政策保障体系，加快基础设施绿色升级，建立健全吉林省绿色低碳循环发展的经济体系。2022年，吉林省委办公厅、省政府办公厅印发了《关于建立健全生态产品价值实现机制的实施意见》，提出以吉林省的生态环境本底为基础，注重体制机制的改革创新，建立生态产品调查监测机制，不断探索完善生态产品价值实现路径，推动形成具有吉林省特色的生态产品价值实现新模式，为吉林省经济社会全面高质量发展提供支撑。此外，在金融领域，创新环境保护领域投融资机制体制，拓宽环境基本公共服务供给渠道，拓宽重大环保项目融资渠道，充分发挥绿色金融对生态保护的支撑作用。

（二）因地制宜推进区域经济绿色转型

吉林省立足各区域的资源禀赋、地理区位、产业基础及生态本底等方面的实际情况，提出了建设吉林省西部生态经济区、东部绿色转型区和中部创新转型区。吉林省西部地处科尔沁草原和松辽平原交会地带。2014年吉林省人民政府印发了《吉林省西部生态经济区总体规划》，西部生态经济区面积5.5万平方千米，区域主要围绕生态建设，重点推进草原和湿地修复、绿色造林、河湖连通等生态建设工程。2015年，吉林省人民政府印发了《吉林省东部绿色转型发展区总体规划》，吉林省东部地区主要围绕着绿色发展的主题，保护长白山森林系统生态环境的同时，在原有产业基础上大力发展生态、绿色产业、重点发展生态旅游、边境旅游等，加快实现吉林省东部区域的绿色转型，力争将吉林省东部地区建设成为全国绿色发展示范区。同年，为进一步推动吉林省中部的创新转型发展，吉林省人民政府印发了《吉林省中部创新转型核心区总体规划》。中部创新转型核心区面积91072平方千米，区域主要围绕创新的发展主体，未来围绕区域主导产业，继续深入实施创新驱动发展战略，促进产业优化升级，进一步加强对外开放合作，力争建设为吉林省重要的增长极。

（三）充分发挥试点示范的平台载体和典型引领作用

吉林省深入贯彻落实中共中央、国务院关于加快推进生态文明建设的决策部署，充分发挥试点示范的平台载体和典型引领作用。吉林省的通化县、抚松县、梅河口市3个县（市）被评为国家"绿水青山就是金山银山"实践创新基地。以梅河口市为例，2021年，梅河口市被生态环境部命名为"绿水青山就是金山银山"实践创新基地。梅河口牢固树立"两山"理念，依托区位优越、资源丰富、产业集聚等良好条件，开拓"点绿成金"绿色发展模式。梅河口素有"中国皇粮御米之乡"，共有优质水稻田46.3万亩，年产32万吨，年产值26亿元，形成"以企业带基地，以加工促产业"绿色可持续发展模式。"松子之都"激发绿色动能，梅河口是亚洲最大果仁加工集散地，营造红松果林20多万亩，实现以果仁加工产业发展反哺"绿水青山"，果仁产品供应量占国际市场总供应量50%以上，年产值50亿元，年出口创汇2.5亿美元。梅河口市药材种植面积4.3万亩，围绕中药材种植、产品研发、医疗保健等产业要素，形成全产业链的发展格局。同时，积极推进中医医疗服务体系建设，推动大生态与大健康产业融合发展，实现生态增值。此外，梅河口市成功创建国家全域旅游示范区，围绕景城一体、产业融合、乡村旅游，打造生态旅游品牌。2020年，接待游客80.41万人次，实现生态旅游收入50.01亿元。白山市、通化市、梅河口市、辉南县、池北区等6个市、县（区）被评为国家生态文明建设示范区。这些试点示范地区为吉林省扎实开展生态文明建设，加快经济发展绿色转型起到了很好的示范和带动作用。

第三节　探索新型城镇化与生态环境协调发展路径

我国已进入高质量发展阶段，绿色转型发展步伐不断加快，绿色产业、绿色业态、绿色产品发展势头强劲，为从源头上加强自然生态保护提供了强大助力。吉林省实施"一主、六双"高质量发展和生态强省建设两大战略，提出着力打造生态系统安全体系，把自然生态保护提到更加重要的位置，为实现自然生态高水平保护提供了良好的战略机遇。未来，吉林省继续树立并践行"绿水青山就是金山银山"理念，坚持生态强省，推动城市绿色低碳发展，推动形成绿色生产和生活方式，持续改善城市生态环境质量，加强生态环境的保护和修复，为人民提供更多优质生态产品，以生态环境高水平保护促进新型城镇化的发展。

一、推动城市绿色低碳发展

（一）以绿色发展作为城市经济发展的本底

吉林省未来仍需加快转变经济发展方式。牢固树立"绿水青山就是金山银山"理念，吉林省一方面应充分发挥自身山清水秀的生态优势，在经济发展中坚持绿色发展的理念，加强吉林省的生态建设和环境保护，推进经济向绿色、低碳方向转型，加快构筑可持续发展长效机制。另一方面，吉林省应以绿色发展作为经济发展的本底，注重产业的绿色生态化转型，加快构建绿色生态的产业发展体系，建设绿色城市，助力生态吉林的建设。首先，促进城市产业绿色转型，围绕"环保、节能、资源利用"等领域，发展绿色经济，充分发挥吉林省的生态环境优势，推进生态资源优势转化为吉林省未来经济发展的优势。加快产业的绿色化和生态化改造，推广最新研发的技术、新材料以及新标准，进而推动产业向绿色化和生态化方向转变，促进城市经济转型，建立绿色产业链条，促进城市高质量发展。其次，大力发展循环经济，加强资源循环利用基地建设，加快蛟河石材循环经济产业园、吉林省化学工业循环经济示范园区循环经济平台的建设和改扩建，促进可再生资源的有效回收和利用，从而推进吉林省经济的绿色和低碳发展。再次，营造有利于绿色生态产业发展的环境，大力推进绿色城市以及智慧城市建设，倡导循环经济和绿色低碳发展理念，助推城市绿色转型。

（二）以绿色城镇建设提高城市宜居水平

吉林省城市的高质量宜居发展，要突出生态环境优势，很多城市都具有良好的生态本底，以生态和绿色作为各城市的发展主题，在城市发展的各个方面都要以生态环境保护为前提，科学地划定吉林省的生态红线，研究各城市的生态承载能力，强化对城市的生态指标的考核。在城市发展的各个阶段，根据城市所在地的生态资源环境承载能力和生态环境特征，在城市主导产业项目、配套基础设施、社区配套服务设施、各类功能布局等方面，都需要以绿色发展理念作为指导。根据吉林省各个城市的经济社会发展现状以及资源环境本底特点，加强吉林省各个市（州）的发展规划、城市建设和管理，牢固树立低碳、绿色、生态的发展理念，大力推广绿色建筑、使用绿色能源、倡导绿色出行，加快构建绿色的生产、生活方式以及消费方式，努力形成人与自然和谐发展的城市建设格局，推进绿色城镇建设，从而形成可持续发展的长效新机制。深入开展节约型机关、绿色家庭、绿色学校、绿色社区、绿色商场等绿色生活创建活动。加强各城市的市政基础设施和公共服务设施建设，改善城市功能配套设施，构建完善便捷的道路交通网络，合理规划和布局市政设施的管网，重点推进各市（州）的城市综合管廊建设项目，加快建设白城市海绵城市以及长春市等智慧城市，加快提升城市的综合功能以及建设品位，提升区域的宜居水平，进而提高城市的竞争力，吸引更多高层次人才在吉林省工作和生活。同时，在城市的建设过程中，生态空间的建设应与生产空间的重构相结合，只有紧紧抓住产业的绿色化、生态化这个龙头，才能真正地实现城市的生态环境优美和可持续发展。此外，在生态空间的布局和建设上，要以城市的原有生态环境为本底，合理规划和布局城镇生态廊道、绿化小品、公园等美化措施，吸引更多人才到特色城镇生活和创业，推动吉林省各城市的可持续发展，最终达到经济社会与生态环境的协调发展。

（三）以产业转型加快生态城镇化建设

产业的绿色低碳发展是生态城镇化建设的核心。增强生态城镇化的产业支撑能力，主要可从改造提升传统产业、大力发展战略性新兴产业和高新技术产业、培育壮大优势主导产业以及发展循环经济等几个方面着手。首先，吉林省在传统产业改造升级方面大力探索，不断地淘汰落后的产能和技术。加快推动吉林省传统制造业与现代科学技术进行融合，不断地向高端化和智能化的方向发展。通过设立专项资金的方式，支持企业技术升级，通过引进国内外的新技术、新工艺，不断地淘汰一些高耗能、高污染的落后产能，提高企业产品的科技含量，增加产品的附加值。其次，吉林省大力发展战略性新兴产业和高新技术产业。依托吉林省丰富的科技资源和科技成果优势，吉林省加快培育生物医药、信息技术、新能源汽车、高端装备与新材料以及数字创意等战略性新兴产业，推动新旧动能的快速转换，促进经济的高质量发展。第三，吉林省培育壮大优势主导产业，强化主导产业对经济发展的支撑作用。汽车制造、石油化工、农产品深加工等产业是吉林省经济发展的支柱产业，对吉林省经济振兴发展起到主导和支撑作用，应继续做大做强，培育产业集群发展，延长产业链条。此外，还需要逐步培育医药健康、装备制造、旅游业发展成为新的支柱产业。第四，以优化资源利用方式为核心，大力发展循环经济。在吉林省经济社会发展的各个领域贯彻循环经济发展理念，加快构建循环农业体系、工业体系和服务业体系。大力开展资源的综合利用，围绕核心资源发展相关产业，并引导开发区、产业园区等产业集聚区，形成资源高效循环利用的产业链条。推进既有产业园区和产业集群循环化改造，推动公共设施共建共享、能源梯级利用、资源循环利用和污染物集中安全处置等。

二、持续改善城市生态环境质量

（一）深化城市水环境综合治理

深入打好碧水保卫战，开展水环境质量巩固提升行动。严格流域水质长效管控，深入落实河湖长制，全面持续排查摸底，明确影响水质的主要因素和来源，按要求详细制定劣 V 类和不达标水体的整治方案，系统发力，综合整治。在水污染整治方面，紧盯工业园区的工业污水、城镇污水处理厂的生活污水、农业面源污染等，高度重视水污染治理设施运行执法监管，全面排查环境风险，重点打击污染治理设施不规范、偷排、漏排等现象。加强季节性污染的治理，在每年的冬春季、汛期前集中开展清河行动，全面完成吉林省内大小河流、沟渠的生活垃圾、畜禽粪便等外源污染的清理工作，严防水体污染。加快完善城镇生活污染处理设施，推进污水收集处理设施建设及改造，加快污泥无害化处置和资源化利用。加强黑臭水体整治，到"十四五"末，吉林省基本消除城市建成区生活污水直排口，城市黑臭水体基本消除，对已整治完成的黑臭水体做好日常维护。加快雨污分流改造，新城区管网建设实行雨污分流制。强化饮用水水源地保护，全面开展集中式饮用水水源地保护区划定，加快推进水源地规范化建设。

（二）推动城市大气质量改善

在推进吉林省大气质量改善方面，继续深入打好蓝天保卫战，推动吉林省的空气质量全面改善。首先，吉林省继续加强大气污染防治，推进细颗粒物和臭氧协同控制，在大气污染防治方面综合利用各领域先进技术，并综合考虑细颗粒物的传输规律，以及吉林省及周边省份臭氧污染区域伴随季节的变化规律，多省份协同制定有针对性的、精细化的协同管控措施。其次，推进城市大气环境持续改善，推进大气环境网格化监管系统建设，推进城市环境空气质量达标管理，环境空气质量未达标城市需要制定空气质量达标规划，并且新建项目的主要污染物必须全面执行大气污染物特别排放限值。再次，继续实行秸秆全域禁烧。秸秆燃烧对吉林省秋冬季空气质量有较大影响，建立健全各级网格化监管体系，在监管机制方面实施省级巡查、地方检查的模式，落实地方政府的主体责任，严厉打击违规露天焚烧秸秆的行为，从源头上控制秸秆燃烧对空气质量的影响。

（三）加强固体废物治理和监管

因地制宜建立生活垃圾分类投放、分类收集、分类运输、分类处理系统，建立政府、社区、企业和居民协调机制，通过分类投放收集、综合循环利用，促进垃圾减量化、资源化、无害化。加快推进长春市、公主岭市、吉林市、桦甸市、四平市、辽源市、通化市、梅河口市、松原市、白城市、珲春市、长白山开发区等地区的厨余垃圾处理设施建设。推进农村生活垃圾治理，加快县城生活垃圾无害化处理设施建设，整治非正规垃圾填埋场。推广垃圾综合循环利用，合理规划布局生活垃圾焚烧处理设施，积极发展生活垃圾焚烧发电。加强城镇生活大垃圾处理场运行监督管理，重点加强垃圾渗滤液处理处置等。加强工业固体废物处理处置，开展工业固体废物集中申报登记，建立数据库、强化对工业固体废物贮存、处置的监管。

三、加强生态环境的保护和修复

（一）提升生态系统稳定性

加强国家重点生态功能区与生态保护红线等重要区域的生态系统保护和修复，完善森林、草原、湿地等保护长效机制。东部长白山生态区以生态保育为主，加强森林、湿地、草原和重要生物保护。中部台地生态区是森林生态系统向西部草原、湿地生态系统过渡带，是松嫩平原中心地带，该区域以生态建设为主，扩大环境容量和生态空间，缩小区域内生态质量梯度，提高生态承载力。西部低平原生态区是科尔沁草原的重要组成部分，该区域以生态恢复为主，通过采取人工干预措施，恢复草原、湿地功能，增加林草植被，增强生态系统稳定性。科学划定并严守生态保护红线，依托国家生态保护红线监管平台，实现"一条红线管控重要生态空间"，确保生态系统格局长久稳定，生态环境质量稳步提高，生态功能持续提升，筑牢全省生态安全屏障。吉林省要持续有效地保护域内生物的多样性，建设自然保护地体系，进一步抓好东北虎豹国家公园的建设，加强对中华秋沙鸭等野生动物的保护。

（二）深化生态试点示范创建

吉林省需要继续以试点示范为引领，高质量建设国家生态文明建设示范区和"两山"实践创新基地。吉林省以生态强省建设为统领，以改善生态环境质量为核心，进一步加大生态文明建设示范区和"绿水青山就是金山银山"实践创新基地创建力度，启动县域重点生态功能区的创建工作，为提升吉林省生态环境质量和绿色发展水平发挥更显著的引领带动作用。积极争创国家生态文明试验区，支持白山市建设践行"两山"理念试验区，抓好四平市全国海绵示范城市建设。进一步优化完善示范创建的标准体系，加强生态文明示范区创建成效的定期评估与动态监管，严格准入和退出机制，推动吉林省各地建立长效和持续创新体系。以国家重点生态功能区为主体，以各级各类自然保护地为重点，把保护生态环境、提供生态产品作为主要目标，禁止或限制大规模、高强度的工业化城市开发，制定一批生态保护修复政策，实施一批生态保护修复项目，支持一批重要生态功能区的人口逐步有序向城市化地区转移，提高生态服务功能。加大国家重点生态功能区转移支付、重点生态保护修复治理专项资金安排对示范创建的支持力度。

（三）增强生态环境治理能力

"十四五"时期，吉林省需要加强对生态环境的保护，采取多种措施，进一步提高和增强吉林省的生态环境治理能力，推进生态环境的稳步恢复。首先，以系统论作为指导，吉林省继续统筹实施山水林田湖草沙一体化治理工程，不断创新治理思路和模式，促进城乡绿化增量提质，吉林省西部地区继续稳步推进林草湿生态连通工程，恢复生态功能，增强区域的可持续发展能力；其次，在加强生态保护和修复方面，大规模开展国土绿化行动，突出抓好"四边"（山边、路边、村边、水边）植树，建立生态保护红线监管制度，对生态系统保护的成效开展监测评估，保护生态环境；再次，在生态环境保护和治理方面，推进区域环境监测网络一体化建设，探索建立各市（州）生态环境部门之间的联动机制，开展跨区域突发环境事件应急机制对接，共同推进污水、废气、固体废弃物等多污染物综合防治和统一监管；第四，加快推进吉林省的生态产业化以及产业生态化的进程，促进产业的绿色转型，利用吉林省良好的生态资源优势，积极探索吉林省生态产品的价值实现路径；最后，完善吉林省域整体的生态保护补偿机制，针对不同的主体功能区类型以及不同的生态资源本底，探索建立跨区域的综合生态保护补偿机制，从而最大限度地激发地方政府在加强生态环境保护方面的积极性和主动性。

| 第九章 |

吉林省新型城镇化与城市治理体系

城市治理需要凝聚城市各个主体共同力量，这不仅是城市治理的需求，更是现代社会发展的要求。充分发挥基层党组织领导核心作用，夯实城市基层治理体系效能中体现的组织优势，提高行政管理效能，推进智慧城市建设，健全完善城乡社区治理体系，完善城市发展的体制机制。

第一节　提高行政管理效能

一、提高城市治理温度和精度

重视城市市容市貌的建设。加强城市治理的措施之一是改善居住环境。想改善城市居住环境，就要提升周围环境整洁度。从改造老旧乱小区开始，将治理细节落脚于城市中背街小巷、城中村等违规建设，解决这些地方垃圾不及时回收、清洁不及时不到位、相关环保设施不合格等问题，创设干净卫生、无垃圾无蚊虫的生活环境。通过规范垃圾运输、储存等相关环节，设立专人负责道路清扫，提高城市隐蔽地区清洁频率，将生活垃圾合理分类，可持续回收相关资源，建设干净整洁的城市环境，同时注重对建筑噪声等扰民问题的解决，还居民一个安静的生活环境。当前部分城市街区存在牌匾乱挂、违章建筑等现象，以及路标破损、墙壁上乱涂乱画屡禁不绝等问题，因此，已专门指派人员拆除不规范违章建筑，及时清理乱堆乱放的杂物，合理规划电线走向，尽可能实现空线入地，消除城市用电安全隐患。

重视城市占道经营等问题。违规占道经营不仅影响市容市貌，更带来安全隐患，例如，侵占盲道影响残疾人出行，侵占路面妨碍车辆正常行驶。基于此，根据城市居民住地进行规划，合理配置相关集市点，引导流动商贩及时进入相关安置点，并建立完善管理体系，重视早市、夜市等地区的清洁与管理，加强相关场地的专业化管理与建设。

重视城市公共卫生环境。合理设立公共卫生如厕点。将城市公共卫生建设当作城市治理的重点之一，根据城市人口密度和实际需求对公厕建设点进行规划。考虑到人民群众实际需求，适当提高女性厕位所占比例。除此以外，号召临街事业、企业单位参与到厕所开放联盟当中，实现厕所免费公开使用。通过合理建设公厕，减少随地大小便等不文明行为，同时将部分落后旱厕进行改造，避免气味影响居民正常生活。针对厕所的清洁与打扫，实行所长制，强化相关平台建设，真正解决居民上厕所难这一问题。

二、优化行政资源配置

健全有利于新型城镇化的区划管理制度，优化行政区划设置，促进行政管理与城镇化发展水平相匹配。优化行政资源配置。按照城市管理服务职能需求，整合优化机构设置和人员编制，规范权责事项和工作流程，构建面向人民群众、符合基层事务特点的基层管理体制。统筹行政编制、事业编制资源，探索更加灵活高效的编制配置方式，强化重点领域、重点方位和基层编制保障，提高编制资源使用效益。加强法治政府建设，健全依法决策机制，强化规章制度建设，依法全面正确履行政府职能。深化行政执法体制改革，强化行政权力监督和制约，推进严格规范、公正文明的综合行政执法行为。

加快推进新型城镇化建设，科学规划县域空间布局。深入实施同城化发展战略，积极完善并加快实施城镇化发展规划，强化工作对接、政策衔接，全面推动城市规划、基础设施、产业格局、要素市场、公共服务、生态环保的一体化，实现优势互补、资源共享、共建共赢。加快城市建设步伐，推进县城防洪规划实施，完善城市排水系统，提升城市防洪和应急度汛能力。利用主城区区位优势，推动同城化发展。优化国土空间布局和产业布局。

三、加强智慧城市建设

智慧城市建设能够提升城市治理的效能。智慧城市建设为城市治理提供数据化、科技化治理方案和策略。智慧城市建设过程中，要注意对大数据、人工智能等互联网技术的及时运用，建设智慧城市相关平台，运用技术手段为城市治理增加效能。智慧城市的建设更离不开法治基础，法治是文明社会根基，想要建成智慧城市必须出台相关如市容市貌、环境卫生管理等规定，形成具有法治基础的常态化管理机制，进而以法制和技术双重抓手，为智慧城市建设提供建设方案，从而推进城市治理整体水平。

智慧城市建设核心依然是人民群众，智慧城市建设最终目的也是服务人民群众，通过利用技术手段改善居住环境和实际行政效率，促进营商环境活跃发展，将城市治理智慧化、智能化，形成现代化城市治理智慧模式，为人民群众创造便利的生活条件。

智慧城市建设必须基于科学化技术支持，而使用科学技术能够提高对城市各类资源有效利用，特别是对部分稀缺资源高效利用，尽可能地让城市各个主体之间进行交流沟通，进而实现共治共享，通过技术手段强化城市治理效果。现代科技发展为沟通交流，更为居住环境改善提供了技术支持。大数据、云计算等前沿技术的出现不仅提升制造业生产效率，同时也为城市治理体系注入新思想、新技术，革新当前城市治理技术水平，完善城市治理理念，进一步赋予城市智慧。智慧城市是未来城市发展的必经之路，城市发展不仅需要细节和理念，更需要大数据相关支撑。智慧城市建设通过利用大数据为城市发展提供合理规划，针对细节问题及时进行改善，利用大数据和耐心锻造出智慧城市，进一步推进城市治理水平现代化、科技化。

按照"数字中国""数字吉林"战略的总体部署，着力发挥大数据、人工智能等新一代信息技术对城市发展的促进作用，以提升城市治理能力和治理水平为目标，有序推进新型智慧城市建设。通过构建完整的数据中枢系统，明确权责，打通"一网通办"中的政务服务"事项"和"一网统管"中的城市治理"事件"，梳理二者之间互相关联的逻辑关系，做到"办管结合、两网融合"。其中，数据中枢是"体"，事件中枢是"用"，体用结合就可使城市智能体的各应用场景相互融通，形成一个完整的有机体。统筹运营智慧城市建设，集合云平台互联网数据、智能化、安全等方面为各部门提供相关信息平台，能够提高平台运营效率，帮助各个部门建设符合其实际需求的个性化运营平台，让了解业务的部门进行管理引导，针对不同应用场景开发相应功能。同时，也能够有效保证数据安全，避免用户隐私数据被盗用。通过使用互联网技术有效搭建数字平台，能够确保各部门信息有效互通，同时针对涉密部门信息单独开发，各部门全面接入电子外网，深化数据对业务的服务作用，加强数据在各领域的应用；平台、系统和应用场景的建设，基于底层能力全面实行智能化升级，场景中的人工智能算法下沉到AI平台进行复用；建设统一的安全服务平台，全面提升网络安全、系统安全和数据安全的保障能力。

统筹城市发展的物质资源、信息资源和智力资源，增强创新引领动力，提高城市的土地、空间、能源等资源利用效率和综合承载能力，改善城市生态环境质量，提升城市居民生活幸福指数。加快跨部门、跨行业、跨地区的政务信息共享和业务协同，破除"信息孤岛"现象，实现信息资源社会化开发利用。实施"宽带吉林"工程，建设省数据中心产业基地，加强数据的采集和积累，完善多层次、多领域的基础数据库。加快物联网、云计算、大数据等新一代信息技术创新应用，扩大5G网络覆盖范围。推进国家智慧城市建设。推进长春国家三网融合试点城市，吉林市、延边州、长春净月首批国家信息消费试点城市，一汽集团汽车物联网平台、车载信息终端开发应用、食品药品追溯物联网试点、信息惠民工程试点和长吉电子商务示范区试点工作。

考虑到智慧城市建设必须统筹规划各项业务，通过以下几个场景建设完成这一目标："一屏统览"是指将数据进行归纳整理，将原本杂乱无章的数据进行图表化，方便使用者进行数据读取，同时针对不同部门需求建立指标库，各部门按照相关规定进行数据上传，最终数据不仅可以在运营中心的大屏上进行展示，为了方便各部门便捷工作，在移动电脑和手机端上也同样可以进行使用。"一网通办"通过联合全市各个业务部门，有效地保障了市民业务办理，减少居民反复来往业务部门进行办理的时间和精力，强化一个事情一次办成理念，实现了掌上可办，无论何时何地都能顺利办理。同时运用人工智能系统，通过语音辅助等引导弱势群体使用线上平台。"一网统管"则全面覆盖城市各个领域，结合视频数据、物联网数据、遥感数据、舆情数据及大数据等智能分析手段，实现了事件的发现、受理、分发、处置、反馈、评价全流程的统筹协同和分级处置，有效提升了应对突发事件的效率。

"一码通服"通过对全市各部门人事物等进行统筹管理，仅需要扫码就可以及时获取相关信息，方便政府工作人员通知和管理。此外，市民也可以通过"码上社区""码上公交""码上路牌"等场景随时随处地扫码，减去了以往需要反复填写信息的麻烦，享受到更为便捷的公共服务。"一键联动"将事件协同办理，应急资源和指挥平台有效整合，进而实现各部门的高效沟通，根据各部门的职责充分发挥了各部门的业务处理和社会服务效能，实现了"对管理的管理、对指挥的指挥、对服务的服务"，进一步强化长春作为城市整体的协同能力。

此外，例如，"灵动长春"和"政长通"两个统一门户，长春市民使用"灵动长春"可以打车、完成水电费的缴纳等，基本上社会当前应用场景都被囊括在内，同时也可以使用这一程序进行投诉和建议。"政长通"是政府侧门户，其可整合政府所有的工作平台，为工作人员提供统一的办公和行政入口，提高各部门工作协同效率。这两个线上平台为提高长春整体运作效率，畅通市民与政府间沟通构建了平台与渠道。

四、打造优质应用场景

统筹推进各类智慧应用场景建设，积极推进省统建一体化政务服务平台部署应用，积极谋划"761"智能信息网项目，建设数智云场景，构建数据服务、人工智能、云计算服务供需交易平台，推动数字产业融合、增强数字服务能力、赋能企业数字化资源、构建数字服务生态。建设智慧出行应用场景，打造公众出行服务系统，市民可以根据自身的出行习惯发布出行需求，定制个性化出行方案，以方便出行。建设智慧泊车场景，统筹整合停车泊位信息，构建一体化停车场，为市民出行提供便利服务。建设政策直达应用场景。采用人工智能数据等算法，为需要了解政策的人推送相关信息，帮助企业和市民减少了解与搜集政策信息的时间成本，有效惠民，有效改善营商环境。建设智慧社区应用场景，采用丰富的智能化感知及大数据分析手段，可为市民提供更为便利的生活服务；信易贷、信易工、信易借、信易游等"信易+"系列场景，可为诚实守信者提供更方便、快捷的服务，有助于形成"信用有价，守信有益"的良好社会氛围。冬季天气寒冷，市民对煤炭和供热的需求较为庞大，而精准供热与大数据互联互通，分析居民当前热力需求状况以及企业相关供热水平，及时改善相关管理模式，在冬季为全市输送温暖。智能医生助理则为每位医生提供人工智能帮助，辅助医生更好地进行医疗诊断，提升市民在基层医疗机构看病体验感。

第二节 完善资金保障机制

一、逐步建立多元化、可持续的城镇化资金保障机制

城市治理需要凝聚城市各个主体共同力量，这不仅是城市治理需求，更是现代社会发展要求。现代社会是开放多元化、利益主体多变化、相关诉求不同化的社会，在这样的社会中开展公共治理，往往更考验当地政府的实际能力。政府需要引导居民与政府、企业等多方关系，构建和谐发展整体，促进各个主体积极参与城市治理，合理考量不同主体利益需求。因此，必须充分发挥主观能动性，成为各个主体间的沟通桥梁，促进整体合作发展，同时帮助每个主体把握边界，确定具体责任和义务，以防不作为和乱作为等现象发生。通过政府调动多元主体积极性，形成强有力的合作机制，不仅能够为城市建设提供资金保障，更能提高城市治理效能。

按照"政府主导、社会参与、市场运作"的原则，加快财政体制和投融资机制改革，创新金融服务，放开市场准入，逐步建立多元化、可持续的城镇化资金保障机制。深化以基本公共服务均等化为目标导向的财政体制改革，合理界定各级政府事权，建立健全城镇基本公共服务支出分担机制，建立财政转移支付同农业转移人口市民化挂钩机制，省级财政安排转移支付要考虑常住人口因素。逐年增加财政对城镇化建设引导资金的投入，探索建立新型城镇化基金，运用财政贴息、奖补和股权投资等手段，引导和带动民间、社会、域外资金投入，放大财政资金的杠杆和乘数效应。

二、完善融资平台建设机制

以股权投资、注入资金等方式实现平台的增资增信。鼓励企业资本、社会资本进入担保领域，加快建设政策性、商业性、行业性、互动性等多元化信用担保体系。研究出台支持城镇化建设投融资政策，引导银行机构加大对城市基础设施、土地一级开发和城市公用设施建设的政策性信贷支持力度，支持符合条件的投融资主体采取发行债券、上市融资、发行信托计划等形式筹集城镇化建设资金。加大城市建设开放力度，积极争取国内外信贷资金、保险资金及社会资金参与城市基础设施和公用事业建设，争取设立城市基础设施或住宅政策性金融机构。

设立中小企业转贷资金平台。小微企业由于其资金回笼速度慢，与银行信贷期限存在错配，当经济形势略有波动时，往往会出现资金回流困难，难以还贷等现象。因此，企业往往会选择或延期向银行还贷，或从民间机构借取资金自行进行周转。但前者容易导致不良征信，影响后续发展，后者则滋生影子业务，破坏金融体系稳定性。因此，建立中小企业转贷资金平台已经成为促进金融稳定和激活企业活力的必要方案。

中小企业转贷金平台的建设必须依托于市场化管理，通过市场募集资源，吸引有资质的小微企业进行融资，在前期宣传中，可以通过走访企业实地调研，进一步切实了解企业需求，更好地建设平台，减少不必要流程对资金的损耗。此外，平台建设还可以与金融机构合作，由政府进行引领，与金融机构签署相关合作协议，进一步从金融机构引入充沛资金和较为成熟的资金管理体系。

组建政策性融资担保平台。首先调动市区与县级两级政府形成完善担保体系，形成国有控股局势，这一担保体系完全覆盖长春各县（市、区）。其次，针对当前的担保体系制定相应的规章制度，明确担保责任，为小微企业敢于担保，提供制度保障。最后则是创新开展担保业务类型，例如可以针对小微企业现状开展无还本续贷等贷款业务，尽可能地为企业提供较为充裕的贷款周转周期，有效缓解企业资金回流与贷款周期不匹配的困境。

搭建金融服务线下、线上中心。首先是在市政服务大厅设立相关金融服务机构窗口,邀请银行等相关机构从业人员进入,根据实际情况分别设立咨询窗口、洽谈窗口和业务办理窗口等,分门别类地为企业贷款人提供需求,尽可能地做到一站式服务,实现现场解答、现场签署等场景,除了建立线下金融机构平台外,线上也要积极开展服务中心,通过设立相关网站,及时发布贷款需求,邀请银行受理,相关信用机构进行评估,最终发放贷款,帮助企业实现线上业务办理,降低企业贷款成本。

建立企业挂牌上市孵化基地。孵化基地必须基于以与股权托管中心、投资管理公司等金融机构合作基础上,为企业提供资金、技术、经验等相关支持。此外,加强政府与银行的沟通,为孵化基地的建立提供相关政策支持、经验培训等,帮助孵化基地尽快地建立完成。

引入保险资金参与城市建设。首先要联合相关产业企业设立投资基金,根据城市具体发展需求设立不同领域基金。其次则是确立债权投资计划,对产业园区内等公共设施进行改造和建设。最后则是促进国有企业购买相关债券,进一步为投资基金注资,积极支持如轨道交通开发等能够促进城市经济发展的相关项目。

设立"园区贷"快速通道。想要设立快速贷款通道,必须联合银行企业,建立相关服务平台,实现由银行放贷企业接收的快速通道,并成立相关担保公司为企业担保。其次则是拓宽抵押品范围,将部分能够拥有抵押属性的产品纳入抵押担保范围内,最后在放贷同时也要重视对风险的防控,成立相关小组,积极筛选具有成长潜力的优质企业,合理评估企业未来经营状况,将符合放贷资质的企业递交给银行,并进一步协助银行对筛选出来的企业进行放贷,在企业经营过程中及时关注企业各项指标动态变化。

推动融资平台公司市场化转型。要推进融资平台积极进行市场化转型,特别是对房地产、水务、交通等各个行政机关下属优质产业进行高效整合，将资源最大化利用，成立针对某一领域的城投公司，由政府牵头，给予城投公司相关特许经营权，以城投公司牵头，吸纳社会闲散资金，形成PPP项目，专门对公益性项目，如环保治理、城市公共设施建设等民生项目进行招标引资，进一步提高城市治理水平。

三、健全政策协调联动机制

按照规划目标任务，结合经济发展形势，合理确定政策取向。发挥好财政资金引导作用。聚焦拓宽资金渠道支撑新供给，健全投融资机制，坚持"市场主导、政府引导"原则，积极争取中央预算内资金和各类政府产业投资引导基金支持，科学安全用好地方政府专项债券、企业债券等政策资金，保持财政性资金合理较快增长，激活民营经济投资，撬动社会资本，吸引域内外资金，形成投资内生增长机制。创新城镇化建设投融资机制。争取省预算内基本建设资金（新型城镇化建设），通过直接补助、先建后补等方式，支持新型城镇化项目建设。鼓励地方政府在核定的债务限额内，通过发行地方债券以及采取市场化等方式拓宽城镇建设融资渠道。进一步放宽准入条件，采取财政补贴、收费收入支持、特许经营权授予等方式，吸引社会资本参与具有长期稳定收益的城镇化项目建设。鼓励有条件的地区设立新型城镇化发展专项基金。建立现代财税体制。强化预算管理，推进财政支出标准化。全面实施预算绩效管理，将"四本预算"和所有市直部门预算项目纳入管理范围，形成事前评估、事中监控、事后评价的闭环机制。推进教育、文化、科技、交通等基本公共服务领域财政事权和支出责任划分改革。落实现代税收和非税收入管理制度，全面构建优化、高效、统一的税收和非税收入征管体系。

健全政府债务管理制度。构建防范和化解政府债务风险保障机制。加强对融资平台公司隐性债务管理的动态监控，坚决遏制隐性债务增量，妥善化解隐性债务存量，防范化解隐性债务风险，完善政府债务风险评估和预警机制。提升金融服务质效。持续开展企业上市培育行动，支持优质企业上市，提高上市公司质量和直接融资比重。构建金融有效支持实体经济的体制机制，加大对重点项目建设及中小微企业的融资服务力度。引导金融机构面向"三农"创新金融产品和服务模式，扩大涉农担保物范围，为新型农业经营主体增信，分担金融机构风险。开发适应农村的保险产品和服务，提高农村保险覆盖率和金融风险预防能力。

第三节　加强基层社会治理

一、加强党建引领，夯实城市基层治理体系建设

对于城市基层的治理，一直坚持党建引领是我国体系的独特优势，在城市基层治理中，可作为行动力、执行力和动员力的重要依托。对城市基层治理的相关机制，党建引领不断完善，将党和政府对城市基层治理的政策要求落实落细，形成基层党建配合贯穿城市基层治理的完整周期，推动党建有力有效引领城市基层治理体系建设。可以从以下几方面具体看：一是对党建引领城市基层治理要主动策划，二是将问题导向、目标导向和党建引领有机结合起来，三是中心任务的高效完成与有效解决现实难题紧密结合起来，增强城市居民对城市的归属感和责任感，促进城市基层治理在城市居民中的适应度。

社会治理和基层建设需要以坚持党的建设、党的执政基础为主线，倡导改革创新精神，进一步探索加强基层党的建设，优化引领社会治理的路径。加强和改进街道（乡镇）、城乡社区基层党组织对社区其他各类组织和各项工作的直接领导，确保全面贯彻落实党的路线方针政策。下沉各项管理和服务力量，引导基层党组织进一步强化政治功能，以基层党组织建设作为街道（乡镇）党（工）委的工作重心，做好公共服务、公共管理、

公共安全工作，为经济社会发展提供良好公共环境。树立社区服务型党组织建设，全面提升服务能力和水平，更好地服务改革、发展、民生、群众和党员。在街道（乡镇）、城乡社区与驻社区单位之间形成共建互补的关系，深入拓展区域化党建的建设，在一些城市新兴领域，如商务楼宇、商圈市场、网络媒体等也要实现党建工作覆盖。社区党组织领导基层群众开展自治组织工作的相关制度须建立健全，依法组织居民开展高效自治，基层群众自治中存在的困难和问题能够及时得到帮助与解决。

强化党建引领机制。加强乡镇（街道）、村（社区）党组织对社区各类组织和各项工作的领导，建立健全社区党建工作联席会议制度，定期研究落实城乡社区服务工作。加强村（社区）服务型党组织建设，健全村（社区）党组织领导、基层群众性自治组织主导下多元参与城乡社区服务的体制机制。牢固确立村（社区）党组织在城乡社区协商中的领导地位，涉及城乡社区服务的重要事项由村（社区）党组织、村（居）民委员会组织利益相关方开展协商。规范打造村（社区）党群服务中心、网格（小区）党群服务站，扎实做好联系群众工作。健全落实在职党员进社区报到制度，推动党政机关、企事业单位与村（社区）结成包保对子。建立健全社区党组织领导下的居民委员会、业主委员会和物业服务企业议事协调机制，构建形成党建引领、权责清晰、多方联动、群众满意的物业管理服务格局。加强乡镇（街道）、村（社区）党组织对社区社会组织参与社区服务的领导，完善社区社会组织规范管理和评估机制。

二、健全完善城乡社区治理体系

增强制度供给，对城市基层治理体系效能强化制度保障。当下，相关体制机制的改革尚未落实到位，制约了城市基层治理效能的有效提升，同时对于制度供给还须加强。一方面，制度设计要加强，厘清权责边界，将错综复杂的条块关系理顺，从基层的街乡镇管理体制开始深化改革，将治理重心逐步下移至基层，建立健全责任清单，政务流程再造呼应群众需求。另一方面，要坚决杜绝各种各样的形式主义，充分发挥基层作用，提升基层积极性、主动性和创造性，积极总结行之有效的经验、做法，对不好的进行反思提炼，形成可复制、可推广的系统的相关制度，建立城市基层治理方式方法库，并不断丰富，进而促进城市治理体系和城乡基层治理体系两方面的建设和完善。

构建多方参与格局。发挥政府主导作用，推动基本公共服务供给向城乡社区高效配置和有效辐射。发挥基层群众性自治组织作用，将村（社区）居民参与社区服务融入村（居）民自治章程和村规民约、居民公约，增强城乡社区自我服务能力。支持群团组织、社区社会组织和志愿者积极参与社区服务，完善公益创投、慈善捐助、政府购买等机制，鼓励支持党组织健全、管理规范的社会组织承接社区服务项目。支持依托社区综合服务设施设立社会工作服务点，推动"五社联动"（社区、社会组织、社会工作者、社区志愿者、社区公益慈善资源）、融合发力，不断提升服务质效。积极动员社会组织参与乡村振兴，为农村居民提供社会化服务。支持引导驻区单位向社区居民开放停车场地、文化体育设施、会议活动场所等服务资源。支持社区服务企业发展，积极引导市场主体进入社区服务领域、开展连锁经营。组织实施社会力量参与社区服务行动，推动形成人人有责、人人尽责、人人享有的城乡社区服务新格局。

区县职能部门、街道办事处（乡镇政府）在社区治理方面分类制定权责清单，对街道办事处（乡镇政府）和基层群众性自治组织依法厘清权责边界，明确基层群众性自治组织所需要承担的社区工作事项清单，列出协助政府的社区工作注意事项清单；除了上述社区工作事项之外的其他事项，街道办事处（乡镇政府）可以向基层群众性自治组织提供购买服务方式。基层政府承担着主导职责，要切实履行城乡社区治理的义务，从政策支持、财力物力保障和能力建设加强等方面对城乡社区治理提供指导与帮助，规范对基层群众性自治组织建设的指导，不断提高依法指导城乡社区治理的能力和水平。

　　基层群众性自治组织须进一步加强规范化建设，合理确定好其管辖范围和管辖规模，比如与网格化服务管理有效衔接。在工矿企业所在地、国有农（林）场、城市新建住宅区、流动人口聚居地的社区居民委员会等须建立好工作制度。对于城乡社区民主选举，在完善选举制度的基础上，规范民主选举程序，城市社区居民委员会成员中本社区居民比例应依法稳步提高，并切实保障外出务工农民等每一个合法公民的民主选举权利。基层群众性自治组织开展社区协商、服务社区居民的能力须进一步增强。居委监督委员会要进一步建立健全，推动居务的公开和民主管理，广泛弘扬公序良俗，促进法治、德治、自治有机融合。

　　在政策上，制定完善孵化培育、人才引进、资金支持等扶持性政策，落实税费优惠政策，减轻公民负担；在社会风气上，大力发展纠纷调解、健康养老、教育培训、公益慈善、文体娱乐、邻里互助、居民融入等活动；在工作体系上，推进社区、社会组织、社会工作"三社联动"，及时发现居民需求、统筹设计服务项目、支持社会组织承接、建立引导专业社会工作团队参与的工作体系；在老人关爱上，鼓励支持建立社区老年协会，搭建老年人参与社区治理的平台。除此之外，鼓励农村集体经济组织的建立以增强农村社区建设能力。积极引导相关驻社区机关企事业单位、其他社会力量和市场主体多方面参与社区治理。

三、不断提升城乡社区治理水平

（一）提升社区居民参与力度

　　推动并支持居民群众参与关于群众切身利益的相关问题的解决和决策，积极听取群众的意见，以激发群众参与社区治理的主动性、提高群众参与治理的能力。在此基础之上，要注意培养居民群众的协商思维、方式和能力，逐渐形成社区内民主、集中、以集体利益为主的，既注重保护大多数人的合法权利和切身利益，也注重考虑少部分人想法的城乡社区协商机制。积极推广将居民个人的社区治理参与度和公众权益保护度作为个人的社会信用评价标准。此外，还要注重学校关于社区知识的教育以及流动人口参与社区活动的途径的优化，推动人口的输入，为流动人口提供无歧视的公正待遇。

（二）注重提升社区文化指引水平

以传扬和践行社会主义核心价值观为核心，积极弘扬中华优秀传统文化，形成公众赞同的社区精神和道德准则，有效增加社区群众的集体荣誉感、认同感、责任感和归属感。促进居民公约、村规民约转化为社区居民的思维方式。注重道德本身的教化作用，完善社区道德的评价体系，对积极遵守社区道德、见义勇为的热心居民要及时鼓励和奖赏，以对其他的社区群众形成榜样示范和正面影响的作用，促进好人好事的形成。积极强化和推动社区群众互相团结、共同进步意识的形成，支持和引导居民群众举办家庭活动、发展社区志愿服务体系，逐步形成与邻相和、以邻为友、守望相助的社区环境。坚持推广并创建不同民族之间互相协作和交流的社会环境，建立民族友好团结的示范社区。深化社区公共文化服务体制改革，改善社区文化服务质量，保障不同地区的不同需求，注重形成和保护乡土以及民族特色。不断完善城乡一体的社区教育网络体系，促进学习型社区的形成。

（三）强化社区依法办事的专业水平

积极促进城乡社区治理法治体系改革，加快修订和实施《中华人民共和国城市居民委员会组织法》以及《中华人民共和国村民委员会组织法》，各个社区工作人员和社区居民要严格遵守社区的法制规则。各部门要结合各地区的实际情况合法执行其立法权，建立城乡社区治理地方性法规和政府规章。不断优化和推进法治社区建设，有效派遣警官、法官、检察官、律师、公证员、基层法律服务工作者，积极扩展和推行法治宣传和法律进社区活动，逐步建成包含所有城乡居民的公共法律服务体制。

（四）强化预防和化解社区矛盾的能力

积极培养居民群众合理表达利益诉求的能力，丰富居民群众表达诉求的途径和方法，成立党代会代表、人大代表、政协委员联系社区制度，使得党员干部能够有机会与群众进行直接的交流，有效缩减群众利益诉求向上表达的环节。积极与社会专业的工作服务机构合作和交流以建立健全社区的心理疏导体系、强化社区人文关怀，主要的帮助对象有困境儿童、精神障碍患者、社区服刑人员、刑满释放人员和留守人员等群体，注重全面深化老少边穷地区的服务体系改革。不断优化矛盾纠纷处理体系，坚持增加力度引进社区人民调解组织网络，引导人民调解员、基层法律服务工作者、农村土地承包仲裁员、心理咨询师等资深团队加入社区矛盾化解服务队伍之中，高效利用这些人群在解决物业纠纷、农村土地承包经营纠纷和民事纠纷等方面问题的能力，可显著提升社区的化解矛盾服务水平。加强促进平安社区和城乡社区治安防控网建设，全面支持社区服务的全线上治理，强化城乡社区警务系统，注重保护社区所有居民的人身安全和财产安全，形成全监控、居民安心的平安社区。

（五）提高社区信息化应用水平

注重强化城乡社区的信息基础设施和科技设备，深化建成和推广社区信息服务站一体化、社区信息亭、社区信息服务自助终端等公共服务设施。强调与"互联网＋政务服务"等重点工程的交流合作以促进社区综合信息平台的体系改革，全面实行一号申请、一窗受理、一网通办以及"一门式"的信息化服务体系。注重"互联网＋社区"行动计划的落实，有效促进互联网与社区服务治理系统的完美结合，引导社区居民利用论坛、微信、微博等公众平台积极参与社区活动，开展协商活动、促进邻里间的交流、增进邻里感情，逐步形成社区服务治理体系的新面貌，有助于社区电子商务的良好发展。全面支持智慧社区信息系统改革，持续推进智慧社区移动客户端，以更好地使服务项目、资源和信息的多平台交互和多终端同步政策落地实施。注重农村社区的网络化改革，积极推进信息和电子商务进村入户，持续推广可以让农民脱贫致富的事项，全面实行"网络扶贫行动计划"，实施扶贫开发兜底政策落地。

开发利用数据资源，保障公用数据安全。健全社会矛盾综合治理机制。强化社会风险隐患排查化解管控和社会治安综合治理。创新矛盾纠纷调处机制，努力把矛盾纠纷化解在当地，解决在基层。落实信访工作责任，推行阳光信访，确保信访事项及时受理率和按期办结率均达到100%。创新建立专群结合的群防群治工作体系，建好基层社会治理队伍，创新专群结合，专群齐动机制，切实发挥群防群治效能。深入实施城乡社区警务战略，落实"一村一警""一网格一辅警"。健全社会心理服务体系和危机干预机制。搭建公安大数据智能化平台，提升市域社会治理智能化水平。

提升数字化政务服务能力。依托全国一体化政务服务平台，打造"吉事办"特色政务服务品牌。推动政务服务平台向乡镇（街道）、村（社区）延伸，推动省市县乡村五级政务信息系统数据资源互联互通，逐步满足各类业务开展需要。加强社区公共服务综合信息平台建设，推进不同层级、不同部门分散孤立、用途单一的各类业务信息系统集成整合，推动社区公共服务"前台一窗受理、后台分类审批"模式逐步实现全覆盖。扩大政务服务事项网上受理业务种类，完善村（社区）政务自助服务网络布局，构建实体受理窗口、网上办事大厅、移动客户端、自助终端多样化服务格局。

构筑美好数字服务新场景。有序推进智慧社区建设，不断完善村（社区）地理信息等基础数据，探索构建网格化管理、精细化服务、信息化支撑、开放共享的智慧社区服务平台。以县（市、区）为单位，支持利用互联网、物联网、区块链等现代信息技术，探索智慧社区、现代社区服务体系建设，提升基层治理效能。鼓励社会资本投资建设智慧社区，运用第五代移动通信（5G）、物联网等现代信息技术推进智慧社区信息基础设施建设。推动社区养老、家政、医疗、安防等设施智能化改造升级。探索数字社区服务圈、智慧家庭建设，促进社区家庭联动智慧服务生活圈发展。

（六）完善共建共治共享的社会治理制度

推进市域社会治理现代化，打造人人有责、人人尽责、人人享有的城市社会治理共同体。城市治理重心和配套资源向基层下沉，发挥各类主体作用，加强社会治理，化解社会矛盾，维护社会稳定。健全城市基层社会治理机制。创新完善平安建设工作协调机制，严格落实平安领导责任制。加强社会治安防控体系建设，严厉打击各类违法犯罪活动，切实维护人民群众生命财产安全。建立完善扫黑除恶长效机制，常态化开展扫黑除恶专项斗争。加强安全生产风险防控和隐患排查整治，完善落实"党政同责、一岗双责、齐抓共管、失职追责"的安全生产责任体系管理制度。加强食品药品安全保障，开展食品安全"十大行动"。不断推进城市功能性照明及城市夜景亮化建设、进一步完善露天市场管理体制机制、加大城市渣土治理工作。持续推进市容管理"精细化、网格化、常态化、智慧化"进程。加强城市基层社区治理。实施机关事业单位新招录人员下沉社区服务，加快社会工作导向型人才培养。创建"民主法治示范社区（村）"，提升城乡社区法治化水平。推进智慧社区建设，加强物业管理，实施"互联网+社区"行动计划，促进社区治理数字化转型。推进城乡社区治理工作，探索现代化城乡治理和服务新机制，加强和改进网格化服务管理，确保城乡基层更好地发挥"前沿阵地"作用。提升基层社区治理水平，创新社区治理模式，建设数字化社区便民服务中心。强化社区防控工作组织领导，健全新冠疫情社区防控体系，针对性建立防护网络、联防联控。建立突发公共卫生事件规划应对体系，制定社区公共卫生工作方案和突发公共事件应急预案。培育和引导公共卫生领域社区社会组织特别是志愿者服务组织，建立健全社区卫生服务机构和公共卫生委员会协调联动工作机制。加强常态化防控条件下的社区服务，统筹推进城乡社区防控和服务工作，保障群众生活、社区政务服务办理或其他社区服务需要，加强社区服务机构与社会力量、市场主动联动，落实群众基本生活服务项目的应急应对措施。强化公共数据管理，推动公共数据有序开放，培育数据要素市场。

四、强化城乡社区服务供给

（一）强化为民服务功能

聚焦幼有所育、学有所教、病有所医、老有所养、弱有所扶和文体服务有保障的机制，推动基本公共服务资源向村（社区）下沉。支持社区托育服务设施建设，鼓励社会力量举办普惠托育机构。健全未成年人保护制度机制，提升城乡社区儿童之家建设水平。统筹发展城乡社区教育，鼓励各类职业学校、开放大学、普通高校、继续教育学院等面向社区居民开展教育培训。提升卫生、医疗服务保障能力，加强基层卫生服务机构建设，推进医保服务下沉和医保基层服务示范点建设，逐步实现医保政务服务乡镇（街道）、村（社区）全覆盖。推进社区嵌入式养老，健全居家、社区、机构、互助养老相协调、医养康养相结合的养老服务体系。加强残疾人社区康复服务供给，完善居家老年人巡访关爱机制。完善吉林就业信息管理系统，全面推进"互联网＋公共就业服务"向村（社区）延伸。扩大文化、体育、科普等公共服务供给，加快数字农家书屋、社区阅读空间、文体活动室、村史馆等设施建设。适应农村经济社会发展，增加经济强村和人口大村基本公共服务供给，加强脱贫村和易地扶贫搬迁集中安置社区公共服务配置，提高农村居民享受公共服务的可及性、便利性。

实施"城市一刻钟便民生活圈"建设行动，加快推进农村生活服务便利化。鼓励发展社区物业、维修、家政、餐饮、零售、美容美发、房屋租赁等生活性服务业态。完善社区商业功能和便民消费设施，推动"互联网＋"与社区商业服务相融合，推进规范化、连锁化、品牌化商业网络体系建设。根据居民消费规模和水平，合理布局、加快建设一批便民服务商业网点。鼓励有条件的地区引进品牌物业服务企业，建立健全业主和物业服务企业双向选择机制。持续提升村（社区）邮政、金融、电信、供销、燃气、电力、广播电视等公共事业服务水平，推动物流配送、快递、再生资源回收网点辐射符合条件的村（社区），提高居民日常生活所需的便利性。依托村级综合服务设施、供销合作社等强化本地农产品收购、农资供应等服务供给，支持依托社区空闲场所搭建农产品直供居民平台。建立健全治安保卫、公共卫生、人民调解、环境和物业管理、妇女和儿童工作等村（居）民委员会下属委员会，完善自我服务功能。

优化服务设施布局。将城乡社区综合服务设施建设纳入国土空间规划，合理确定服务设施数量、规模和选址布局。规范城市社区设立和范围调整，确保规模适度、服务便捷、管理高效。合理布局社区卫生、医疗、养老、文体等基本公共服务设施，优先保障老年人、未成年人、残疾人等特殊群体服务需要。鼓励通过换购、划拨、租赁等方式，统筹利用社区各类存量房屋资源增设服务设施，有条件的地区可通过租赁住宅楼底层商业用房等符合条件的房屋开展社区服务。鼓励开展城市社区综合服务体建设，促进便民利民服务集聚集群发展。推动社区卫生服务中心与养老服务机构毗邻建设，持续推进社区设施适老化、适儿化改造和无障碍建设，加大支持特殊困难老年人家庭适老化改造力度。支持各地合理布局，加快建设社区食堂。推进智能快件箱和邮政快递末端综合服务站等配套设施建设。加快补齐殡葬服务设施短板，统筹考虑布局农村公益性安葬服务设施建设。

提升服务设施功能。精简整合村（社区）办公空间，推行开放式办公，实现居民活动区域占社区综合服务设施总面积的60%以上。提高活动场所使用效益，实行一室多用、交叉使用、错时使用。加强城乡社区综合服务设施运行维护，建立轮值轮管制度，保证社区综合服务设施开放时间每天不少于 8 小时，节假日全天开放。结合乡村建设行动，统筹利用好村级集体经济收入、政府投入和社会资金等，对村级综合服务设施进行升级改造，完善助老、助浴、助残等功能。易地扶贫搬迁集中安置的地区要实现安置区社区综合服务设施建设全覆盖、全达标。

健全服务供给机制。完善服务统筹机制，以县（市、区）为单位统筹用好各项支持村（社区）的政策，整合面向村（社区）的服务资金、资源、项目等，以村（社区）党组织为主渠道落实。完善即时响应机制，全面落实网格化服务管理"一日两巡"要求，社区"一站式"服务大厅、村党群服务中心保留必要坐班值班人员，其他人员下沉网格、走访民情；推行"全科社工"、一窗受理，实行接诉即办、首问负责，提升社区综合服务效能。完善购买服务机制，明确政府购买服务项目立项、经费预算、信息发布、项目管理、绩效评估等长效配套措施，鼓励基层群众性自治组织、社会组织承接政府购买服务事项。完善服务评价机制，建立健全村（社区）"两委"班子成员联系群众、履职承诺和述职制度，探索建立社区服务群众满意度调查评估和"好差评"评价激励制度。

（二）健全社区服务体系

不断促进社区服务制度的改革，完善社区服务体系，创编适合居民群众阅读和理解的社区服务指南，进一步保障劳动就业、社会保障、卫生计生、教育事业、社会服务、住房保障、文化体育、公共安全、公共法律服务、调解仲裁等与居民群众切身权益相关的公共服务事项。大力优化农村社区服务供给体系，增加社区服务条目，推动服务条目、标准相衔接，进一步达到城市和农村之间、不同城市之间、不同地区之间的服务条目和力度的均等化。实现把城乡社区服务纳入政府购买服务指导性目录当中，优化购买服务的相关体系。推进城乡社区公共服务供给途径的改革，积极保障首问负责、一窗受理、全程代办、服务承诺等制度的落地实施。不断强化城乡社区的医疗服务设施和专业能力，引进高水平的医护人员和医疗设备以更好地解决居民群众的医疗卫生问题。合理利用并策划社区公共空间以及文化、体育、商业和物流等相关服务项目，不断推广生产互助、养老互助、救济互助等互助活动方式。支持并指引社会上各市场积极主动加入社区服务事项，推动供销合作社向城乡社区扩展。

健全社区服务体系，必须保障社区居民的就业和生活需求。就业则是重中之重，对关于就业的法规进行线上线下宣传，成立专门咨询点帮助解答政策问题，对社区内现有的失业人员进行逐一核对和登记，对存在就业困难的人员进行调查和了解。针对部分需要小额贷款申请担保的人员，可以成立相关工作小组逐一核查，积极与金融机构沟通联系。针对失业人员，分门别类推送相关就业信息，展开就业指导，同时为部分确实困难的人员提供社区就业岗位。针对社区内存在的劳动仲裁要积极协调。保障老年弱势群体社会补贴及时到位。

健全社区服务体系，必须加强社区救助服务。以最低生活保障为基准线，开展针对医疗、就业等各项领域的救助。社区主要建立以应急保障为主的社区内部救助体系。对社区内独居老人、残障人士等进行逐一排查登记，为其提供基本生活保障服务。针对一些确实存在就业困难和生活经济问题的群众，适当给予部分救助。对急需医疗保障群体展开相关救助服务。认真核查需要救助人员资质，发展社区内部慈善工作，积极展开捐助慈善活动。

健全社区服务体系，必须重视对社区内老年群体的服务。在全省各城市社区建设老年人活动中心，及时开展相关健康医疗知识普及。对社区内现存的年龄超过60岁的老人进行统一登记，开展慢性病医疗义诊服务，切实满足老人医疗需求，对部分生活自理能力较弱的老人提供上门服务和日间照料，建立社区老年群体信息平台，实现信息共享。

健全社区服务体系，必须完善社区卫生和计划生育服务。加快建设以社区卫生服务中心为主体的城市社区卫生服务网络，提供疾病预防控制等公共卫生服务、一般常见病及多发病的初级诊疗服务，以及慢性病管理、康复、计生技术、生殖健康指导等服务。掌握残疾人功能障碍情况及康复需求，提供辅助器具信息、简易康复训练等服务，组织开展社区无障碍设施建设。

健全社区服务体系，必须重视对社区物业服务。针对社区内存在的管理漏洞，建立以业主委员会为监督、物业服务企业为核心的管理模式。积极协调业主之间纷争，及时组织成立业主委员会，建起沟通交流平台。针对小区环境杂乱，硬件设施老化等现象，及时联系有关部门提供物业服务，进一步保障小区安全。对无物业公司的居民小区，要加强业主委员会自治能力，并为其提供相应的服务支持。

健全社区服务体系，必须加强利民便民服务。通过实地调研，切实了解小区居民生活需求，针对医疗、交通等各个领域建设相应的便民服务设施，为腿脚不便的弱势老人群体提供特殊设施和服务。加强家政服务业与社区的联系，推进家政公司进小区活动，根据小区居民的切实需求以及小区内部规划，在社区内部建立超市、菜市场、理发店等设施，进一步满足小区居民生活需求。此外，重视对社区电子网络的建设，及时登记小区内部居民信息，社区间形成数据共享，更好地为社区居民提供服务。

健全社区服务体系，必须开展社区志愿服务。社区志愿服务必须遵循自愿原则，对小区内的共产党员、团员等人员进行积极动员，鼓励身体健康青少年、大学生参与志愿服务，加强与社会公益组织的联系，定期邀请相关组织开展公益讲座。在社区内部营造互帮互助良好氛围，鼓励社区居民互相帮助，针对志愿者进行登记与注册，完善相关志愿活动激励机制，系统化建设志愿活动体系。

五、加强社区社会管理

针对小区安全治安问题，加强对社区警务室的建立与完善。动员居委会，深入了解小区居民具体情况，加强对社区安全意识宣传。特别要对小区安全隐患人员进行及时排查，针对吸毒人员、刑满释放人员等进行登记调查，及时监督与管理。对部分闲散青少年展开相关安全教育，加强青少年安全意识及自我防范意识，重视对未成年人思想道德教育，营造健康良好的成长环境。针对外部冲击，如自然灾害，建立完善应急处理机制，定期开展如地震疏散演练等。

深化城乡社区警务战略，健全完善群防群治、联防联治机制，提升村（社区）平安建设能力和水平。强化应急管理队伍力量配备和应急预案管理，加强应急避难场所、公共消防设施建设和维护。组织开展防灾减灾宣传教育活动，引导社会应急力量有序参与应急处置。建立健全疫情响应社区管控机制，提升社区治理平战结合转换能力。深入开展"法律进社区"活动，强化刑满释放人员帮扶和精神障碍人员社区康复服务。加强村（社区）未成年人保护工作，建立健全发现报告和家庭监督监护制度。支持具有相关资质的专业组织、机构在村（社区）开展社会心理服务，为有需求的村（社区）居民提供心理疏导和人文关怀。构建各民族相互嵌入式的社会结构和社区环境，不断促进民族团结、社会安定。加强社会治安综合治理平台建设，构建形成问题联治、工作联动、平安联创、矛盾联调的工作机制。

对社区内部流动人口进行及时管理。利用互联网平台等数字技术实现流动人口逐一普查。针对社区内部流浪儿童及其他流浪人员等进行及时社会救助。协助相关部门参与人口流动管理。为流动人员积极开展相关就业指导培训活动，提高流动人口安全法治意识，确保了解流动人口怎么进、怎么出、怎么走。适当开展流动人口就业技能培训。

积极开展社区法律援助。在社区内部开展执法普法活动，同时建设社区司法行政工作中心，加强与社会公益组织的联系，重点针对社区刑满释放人员社会化开展相关法律援助，帮助其尽快尽早融入社会，同时开展相关就业援助，避免其重走老路。与法律公益组织积极协调，在社区内部开展法律咨询活动，针对部分弱势群体及时提供法律援助，扫清法盲，帮助社区居民使用法律手段维护自身权益。

营造社区文化交流氛围。社区应当配有室内外活动场所，并及时配置相关健身设施，为居民提供读书、阅读、交流、开展文娱活动的场地。积极利用传统节日弘扬优秀传统文化，例如在春节、端午节等中华民族重大纪念日，开展传统民俗文娱活动与比赛，提高社区居民参与传统文化知识学习的积极性。同时针对辖区内网吧等人员聚集场所，积极参与巡查管理，避免出现不良事件。

重视社区环境治理。结合当前社会发展新常态，重视对社区内部污染的治理，重建新生态社区。针对社区生活垃圾，积极建设垃圾处理机制，积极开展垃圾分类宣传活动，及时治理社区内部噪声污染，开展节约资源相关公益宣传。通过加强对社区治安管理，避免流动人口乱贴乱发小广告，进一步维护社区干净整洁环境。针对社区绿化，联系物业管理部门，动员社区居民，积极开展各项养护活动。

重视社区基层矛盾的化解。强化社区纷争调节机制，建立相关调解小组，及时倾听社区居民矛盾。完善社区基层矛盾化解机制，增强居委会在基层矛盾化解中的主观能动性。同时开展相关普法活动，杜绝通过暴力、武力解决问题的行为，将社区内部居民矛盾消灭在萌芽状态，及时解决社区居民合理利益诉求。

积极开展社区改造活动。针对社区内部老旧设施，及时进行相关检查与排控，避免安全隐患，并针对社区相关改造活动给予专项资金，为小区居民住户营造安全健康的居住环境，从而强化社区社会保障体系。

加强对社区公益资金引流。社区改造建设往往需要大量资金，一方面与上级部门积极协调，加强相关专项资金投入，进一步满足人民群众生产生活需求。另一方面，加强与外界金融机构联系，为社区居民提供相关金融服务资金。为提高资金利用效率，积极联系第三方监管机构对社区内部资金使用进行合理评估，让有限资金尽可能地实现效益最大化，健全社区资金管理与评估机制。

加强对外界资源利用，形成多方共治体系。社区社会管理必须以政府为主导，提高对社区管理的社会关注度，推进职业化与志愿化社区工作模式并行。通过多元化渠道募集社区建设基金，加强社会公益组织对社区建设的参与度，进一步打造社区多方共治、共享局面。积极联系医疗单位等，开展对社区工作者工作技能培训，不断提升社区工作者应对突发事件、医疗救助时的专业素养。

六、加强社区队伍建设

加强社区专职工作者队伍建设，实施社区人才队伍建设行动。规范村（居）民委员会换届选举程序，落实村（社区）"两委"提名人选资格联审机制。依法选优配强村（社区）"两委"班子成员，建立健全村（社区）党组织书记后备人才库。推动城市社区工作者职业体系建设，配齐配强专职工作人员；健全落实社区专职工作人员岗位等级薪酬制度和"五险一金"等福利待遇，逐步完善薪酬动态调整及职业成长机制，畅通优秀城市社区工作者晋升通道。落实村"两委"成员基本报酬，鼓励有条件的地区为村"两委"成员办理意外伤害保险。鼓励大学毕业生、退役军人到城乡社区就业创业，优化社区服务队伍结构。加强社区服务队伍教育培训。落实省、市、县分级培训制度。依托吉林长春社区干部学院和各级各类党校干校、干部网络培训平台等开发社区服务精品课程，提升教育培训系统性、针对性。鼓励有条件的院校开展社区服务相关人才培养和社区工作者能力提升培训。加强对社区工作者民族、宗教政策法规的培训，铸牢中华民族共同体意识。加快培育发展社区社会工作人才，支持社区工作者参加全国社会工作职业资格评价，实现平均每个城市社区获得"社工证书"的工作人员数至少3个的目标。加强社区志愿者队伍建设和社会组织人才队伍建设，不断提升社会化服务能力和水平。结合农民工自身特点开展职业技能培训，引导农民工从事社区服务业。加强城乡社区网格工作队伍建设。健全城市社区"三长"联动机制，优化"三长"队伍结构，提高服务保障能力。以县（市、区）为单位开展优秀"三长"年度评选活动，加强典型宣传和荣誉激励。积极推动在职党员进社区、下网格服务，充实网格工作力量。加强农村网格队伍建设，完善以村"两委"成员、村务监督委员会成员、村民小组长、村民代表和户代表为主体的网格组织体系，推进村民自治与网格化服务管理有效衔接。

提高社区工作人员薪资待遇。社区工作往往涉及基层，工作任务重、时间紧。因此，必须建立与完善社区工作者相关薪资待遇标准，健全相关激励机制，积极提高社区工作者参与工作的积极性，针对工作者开展相关评优补助等活动。积极利用大数据平台等设施简化工作申报流程，提高工作效率。

第四节　健全城市管理机制

一、完善城市联动机制

伴随着社会主义社会市场经济的确立，依照"统一领导、统一规划、分类管理、条块结合、职责完善、责任一致"的标准，把市区的自主权交到市区，充分运用市区的主动性，逐渐建立起合乎市场经济规律的城市管理机制。更好、更快地解决城市管理中统筹协调、信息共享、联动协作和监督考评机制不到位的问题，

健全完善部门协作联动机制，以城市部件数据为基础，以数字化城管责任网格划分规则为标准，建立执法、环卫、环保、卫生、工商、绿化等部门的责任网格和街道、社区城管"大联动"责任网格。按照"法治、自治、共治"的原则，突出"条块结合、共同治理"的特点，细化社区责任网格。探索以合作、租赁等方式，推进数字化城市管理软件服务、硬件服务、数据服务等项目的社会化。依法细化城市管理产权主体、责任主体、

管理主体、执法主体和监督主体的职责。完善城市多方联动共治机制，激活文明城市创建神经末梢，充分发挥基层党组织的战斗堡垒作用和党员先锋模范作用，促进党建、文明城市创建工作双提升，凝聚党群合力激发基层社会治理新活力。

二、健全城市管理联动管理体系

要迅速处理城市管理中统筹兼顾、资源共享、联动合作和监管考核制度不到位的现象，推动形成大城市管理体系。参考示范点街道社区工作经验，创立街道社区城市管理联合会，吸收管辖区企事业单位和社区社会团体。与此同时，正确引导社区居委会、社区社会团体、管辖区企事业单位和青年志愿者积极开展城市管理工作。参考示范点社区的工作经验，依照"法制、基层民主、共治"的标准，突显"条块结合、共治"的特点，细化社区责任网格图，开设社区护卫队。依规确立街道、社区、责任单位的责任范围，细化不和谐要素案子的立（结）案规范，保证政策法规清楚、责任确立、无缝对接。

（一）自主创新城市管理联动体制

根据推动城管联动运作管理体系标准化建设，依规优化城管产权年限主体、责任主体、管理方法主体、执法主体、管控主体的岗位职责。以白色污染管理方法、夜市街管理方法和"违纪行为防治"为关键，提升责任主体、管理方法主体和执法主体之间的联动。依据城管岗位职责、制度建设城管"六日"联动体制，不断完善联动考评、行政许可事项、行政许可无缝衔接的总体目标。创建城市管理行政部门问责制度，健全广大群众满意度评价和第三方评价体制，健全城市管理评价机制。

以城市构件数据信息和数字城管责任网格区划标准为根本，创建稽查、环境卫生、环境保护、工商局、园林绿化等单位责任网格和街道、社区、小区责任网格，确立责任网格的领导干部、责任人、工作岗位职责和联系方式，产生以城市录像档案资料为基本的综合性执法局数据库系统，为精细化城市管理方法创造服务平台。探索协作租用方法，推动智能化城市管理系统软件服务项目、硬件配置服务项目、网络服务等工程的社会性。积极主动扩展违法建筑、门头广告、"门口双五包"等城市管理问题处理作用，研究开发数据分析统计模型，充分发挥统筹协调、指引融洽、监督考核功效。加快资源整合，推动全国各地城市管理和民生服务体系建设。进行执法局服务电话与110服务信息对接工作，完成市民"一次拨号，联动受理"的总体目标；加快城市管理微信公众号调节运用，通畅市民和社会组织参与城市管理。根据App系统软件，对执法局运行情况开展数据统计分析，并将点评数据信息公示公告。融合全国文明城市标准、城市管理"联动"规范、小区不和谐案子审结标准编制，为广大市民、社区志愿者、社区社会组织参加城市管理提供便利。

（二）开展城市管理联动示范工程

由政府有关工作部门带头，依照城市管理标准，关键以公共厕所、农贸市场、物业公司、文明小区、餐馆夜市街等十二项管理方法为标准，进行示范项目基本建设，逐步完善精细化城市管理体系。大力开展文明城市创建标准的宣传策划、执行和监督工作，进一步加强对全国各地文明城市创建工作中的实地考察，应用数字化城管服务平台进行监督问责，不断提升问题处理效率。依据中央城市工作会议精神，规范城市主干路的报刊亭、公交候车亭等"城市家具"；内容包含摆放位置、外立面颜色、经营内容、广告粘贴等。

（三）积极动员公众参与城市管理工作

依规标准公众参与城市治理的范围、权利和途径，井然有序通畅公众参与城市治理的方式。创建城市管理志愿者服务宣传策划、鼓励、管理方法、支持和扶持的规章制度和联动机制，正确引导青年志愿者与社会组织、公益慈善社会团体的交流合作，开展多种形式、常态化的志愿活动。对城市管理的自主权、参与权、表述权和决定权规章制度进行创建。加强城市管理执法监测、研判、预警和应急处置工作。切实推动"防违治违"工作。坚决曝光违纪行为比较严重、社会影响极大、严重危害"打非"行动的违法者。执行居民区违法建设"零增量、减存量"总体目标，完善违法建设难题举报流程，确立街道、社区属地义务和违法建设调查取证规章制度，厘清责任主体、管理主体、执法主体义务。推动广告和店牌的标准化管理。拆卸主要建筑物屋顶广告、路两边大屏幕LED、商业街店招，治理居民区的虚假广告和店铺招牌；规范管理不使用规范字的标志。重点推动白色废弃物污染源预防。进行以街道社区属地管理和单位行业规范为基本的白色污染源调查和预防工作中；进行销售市场"限塑"工作和建筑施工白色垃圾处理工作，依规处理白色废弃物污染源责任单位；提升废旧物资回收井然有序安全性堆积管理方法。提高餐馆夜市管理能力。健全夏天餐馆夜市管理方案，处理安全防护、油烟污染、噪声扰民和治安问题。加强社区服务中心属地管理和工作部门领域工作职责。健全物业管理化、社会化管理方式，提升日常查验、考评和评定。关注重点工作，认真管理市容环卫。运用执法局"大联动"，进行小区厨余垃圾公示公告和归类推广试点工作。加速组装建筑垃圾车辆运输自卸车全密闭顶盖和行驶及装卸记录仪的安装工作，增加建筑垃圾运送车辆定位调查取证幅度；提升公厕管控，执行规范化公厕建立，制订评选公厕鉴定管理条例。进一步加强出租车管理方法，重点整治管辖区出租车外形、车内环境卫生和机动车牌照，严厉查处违纪行为；建立汽车出租社会信用体系。

城市管理"联动"机制建设是一项覆盖面广、改革创新力度大、体制机制基本建设多的工作。充分运用广播节目、电视机、报刊、互联网等主流媒体，采用各种营销手段和方法，向广大群众宣传策划"大联动"体制机制基本建设的实际意义和城市管理"大联动"产生的实际效果，将有助于全面提高城市管理可持续性水平，为我区生态文明建设城市构建良好环境。

（四）加强土地规划管控力度

遵循市场规律，加强制度统筹设计，有序推进重点领域和关键环节体制机制创新，形成有利于新型城镇化发展的制度安排。严格控制新增城镇建设用地规模，严格执行城市用地分类与规划建设用地标准，实行增量供给与存量挖潜相结合的供地、用地政策，提高城镇建设使用存量用地比例。合理控制大城市新增建设用地规模，适度增加集约用地程度高、发展潜力大、吸纳人口多的卫星城、中小城市和县城建设用地供给。适当控制工业用地，优先安排和增加住宅用地，合理安排生态用地，保护城郊绿色空间，统筹安排基础设施和公共服务设施用地。

健全节约集约用地制度。完善各类建设用地标准体系，严格执行节约集约用地标准，提高工业项目用地投资强度、产出强度和容积率，探索工业用地弹性出让，严格执行建设用地标准。建立健全规划统筹、政府引导、市场运作、公众参与、利益共享的城镇低效用地再开发激励约束机制，盘活利用现有城镇存量建设用地。规范开展城乡建设用地增减挂钩试点。省级国土资源主管部门对城乡建设用地增减挂钩项目进行整体审批，国家下达的城乡建设用地增减挂钩周转指标优先安排城镇化发展重点区域。挂钩试点项目批准使用的周转指标，除安排农民安置和必要集体建设用地外，结余指标调剂给城镇使用。地方政府要加强对挂钩试点的组织领导和监督，对已批准的试点，要加快建新区回迁安置和拆旧区土地复垦，形成挂钩工作良性循环。

参考文献

［1］李霞，陈琦，贾宏曼.中国智慧城市政策体系演化研究［J］.科研管理，2022（07）：1—10.

［2］李国平，崔丹.我国城市群人口和经济承载力及其提升策略［J］.改革，2022（07）：37—48.

［3］许刚，郑沐辰，王亚星，等.中国人口与土地城镇化：演化趋势、区域和规模差异及测度方法比较［J］.中国土地科学，2022（05）：80—90.

［4］张可云，张江.城市群多中心性与绿色发展效率——基于异质性的城镇化空间布局分析［J］.中国人口·资源与环境，2022（02）：107—117.

［5］苏红键.中国县域城镇化的基础、趋势与推进思路［J］.经济学家，2021（05）：110—119.

［6］洪银兴，杨玉珍，王荣.城镇化新阶段：农业转移人口和农民市民化［J］.经济理论与经济管理，2021（01）：4—16.

［7］李国平，杨艺.国家中心城市的韧性城市建设研究［J］.区域经济评论，2021（01）：57—63.

［8］李国平，孙瑀，朱婷.“十四五”时期优化我国经济空间结构的若干对策建议［J］.改革，2020（08）：30—45.

［9］魏后凯，李玢，年猛.“十四五”时期中国城镇化战略与政策［J］.中共中央党校（国家行政学院）学报，2020（04）：5—21.

〔10〕张吉鹏，黄金，王军辉，等.城市落户门槛与劳动力回流〔J〕.经济研究，2020（07）：175—190.

〔11〕韩东松，孙雯.高质量发展背景下北京市房山区新型城镇化发展路径探索〔J〕.城市建筑空间，2022（12）：87—90.

〔12〕吴邓军.以人为核心的新型城镇化思路探讨〔J〕.中国市场，2022（03）：32—33.

〔13〕袁燕，申云帆.新型城镇化是闯新路重要抓手——访中国人民大学教授陈甬军〔J〕.当代贵州，2022（09）：48—49.

〔14〕陈其荣.在闯新路中高质量推进新型城镇化〔J〕.当代贵州，2022（24）：38—39.

〔15〕王永进，刘玉莹，陈晓佳.新型城镇化背景下的中央地方财政关系调整〔J〕.社会科学文摘，2022（07）：79—81.

〔16〕程芳.新型城镇化建设未来可期〔J〕.经济，2021（03）：116—117.

〔17〕王大伟.国家新型城镇化综合试点进展与主要经验〔J〕.城乡建设，2020（15）：6—9.

〔18〕吴丽，梁皓，虞华君，等.中国文化和旅游融合发展空间分异及驱动因素〔J〕.经济地理，2021（02）：214—221.

〔19〕孙长城，张凤太，安佑志，等.旅游业与新型城镇化耦合协调动态关系研究——以成渝地区双城经济圈为例〔J〕.资源开发与市场，2021（03）：372—379.

〔20〕刘安乐，杨承玥，明庆忠，等.中国文化产业与旅游产业协调态势及其驱动力〔J〕.经济地理，2020（06）：203—213.

〔21〕暴向平，庞燕，贾福平.乌兰察布市旅游产业与新型城镇化耦合协调度及其影响因素分析〔J〕.西北师范大学学报（自然科学版），2020（02）：117—124.

〔22〕赵磊，潘婷婷，方成，等.旅游业与新型城镇化——基于系统耦

合协调视角 ［J］.旅游学刊，2020（01）：14—31.

［23］杨主泉.旅游业与新型城镇化协同发展评价模型构建 ［J］.社会科学家，2020（01）：77—81.

［24］李先跃.中国文化产业与旅游产业融合研究进展及趋势——基于 Citespace计量分析 ［J］.经济地理，2019（12）：212—220.

［25］许映雪，高敏华，孜比布拉·司马义，等.乌鲁木齐市新型城镇化与旅游产业耦合协调发展研究 ［J］.西北师范大学学报（自然科学版），2019（01）：109—128.

［26］方忠，张华荣.文化产业与旅游产业耦合发展的实证研究——以福建省为例 ［J］.福建师范大学学报（哲学社会科学版），2018（01）：39—45.

［27］黄蕊，侯丹.东北三省文化与旅游产业融合的动力机制与发展路径 ［J］.当代经济研究，2017（10）：81—89.

［28］王春光.乡村振兴背景下农村"民主"与"有效"治理的匹配问题 ［J］.社会学评论，2020（06）：34—45.

［29］于发友，任胜洪，林智慧，等.新时代推进我国乡村教育现代化的几个面向（笔谈）［J］.吉首大学学报（社会科学版），2020（06）：25—37.

［30］李升，苏润原.户籍地禀赋与流入地融合——流动人口定居意愿影响因素研究 ［J］.南方人口，2020（04）：41—56.

［31］杜启平.城乡融合发展中的农村人口流动 ［J］.宏观经济管理，2020（04）：64—70.

［32］何阳，汤志伟.互联网驱动的"三治合一"乡村治理体系网络化建设 ［J］.中国行政管理，2019（11）：69—74.

［33］王仕勇，张成琳.利用互联网推进社会治理精准化 ［J］.重庆社会科学，2018（08）：35—42.

［34］贺丹.新时代乡村人口流动规律与社会治理的路径选择 ［J］.国

家行政学院学报，2018（03）：26—31.

［35］扈新强，赵玉峰.流动人口家庭化特征、趋势及影响因素研究［J］.西北人口，2017（06）：18—25.

［36］杜海峰，顾东东.中国人口净流出地区的农村基层组织现状——以河南省Y县为例［J］.行政论坛，2017（06）：71—80.

［37］彭新万，张凯.中部地区农民工回流趋势与政策选择［J］.江西社会科学，2017（06）：230—235.

［38］裴严萍，权丽华.论农村人口流动对村民自治的冲击及其思考［J］.甘肃农业，2012（04）：21—35.

［39］胡燊.试论农村人口流动对新农村建设的影响［J］.现代交际，2021（10）：83—85.

［40］钟海，陈晓莉.农村人口流动视阈下的乡村治理困境及对策［J］.西华大学学报（哲学社会科学版），2007（06）：66—69.

［41］沈明生.试论当前我国农村人口流动及其对农村基层民主建设的影响［J］.生产力研究，2001（Z1）：67—69.

［42］姚俊，赵俊.农村人口流动的健康不平等结果——基于劳动力再生产的视角［J］.江苏社会科学，2015（04）：58—64.

［43］李小红.论农村人口流动视域下的农民政治权力保障［J］.山西农业大学学报（社会科学版），2012（01）：33—37.

［44］杨云迪.浅析农村人口流动与乡村治理问题［J］.青春岁月，2014（09）：258.

［45］王臻荣.试论农村人口流动对农村基层民主建设的影响［J］.山西财经大学学报，2001（04）：38—39.

［46］钱文荣.乡村人才振兴的关键是构建城乡人口双向流动与融合的制度保障体系［J］.乡村振兴，2021（11）：64—65.

［47］何跃，杨博.农村人口流动对乡村治理的影响研究［J］.现代化农业，2023（02）：70—72.

［48］祝建华，蒋松杰.论新时代社会救助体系的转型升级［J］.浙江工业大学学报（社会科学版），2020（01）：67—73.

［49］王爽.新时代创新社会治理的路径选择研究［J］.延边党校学报，2020（01）：45—49.

［50］赵志虎，陈晓枫.加强自治，鼓励多元主体参与 大力推进农村社区治理转型升级［J］.人民论坛，2019（33）：62—63.

［51］郑延瑾.城镇化进程中社会治理系统的演化分析［J］.甘肃理论学刊，2019（02）：113—120.

［52］张鸣起.依法规治网络大数据 推进社会治理现代化［J］.社会治理，2018（11）：5—9.

［53］袁绍阳.新型城镇化优化人居环境［J］.当代贵州，2022（16）：36—37.

［54］任喜萍.高质量发展阶段基本公共服务供给与新型城镇化质量研究［J］.城市问题，2022（06）：16—26.

［55］倪逸丰.新型城镇化建设中公共服务均等化的政府职能发挥研究［J］.公关世界，2022（16）：173—174.

［56］曾繁荣，李玲蔚，贺正楚，等.基本公共服务水平与新型城镇化动态关系研究［J］.中国软科学，2019（12）：150—160.

［57］赵永平，王可苗.公共服务供给、空间溢出与新型城镇化发展质量［J］.经济体制改革，2020（02）：53—59.

［58］胡宏昆.易地扶贫搬迁与新型城镇化融合发展研究——以青海海北州为例［J］.武汉冶金管理干部学院学报，2019（03）：6—9.

［59］李忠斌，郑甘甜.民族地区新型城镇化发展的现实困境与模式选择［J］.民族研究，2017（05）：27—41.

［60］孔凡瑜.新型城镇化动力梗阻因素及其改进策略：以公共政策的调整与完善为视角［J］ 农村经济，2018（05）：87—92.

［61］张宏伟.政府在小城镇新型城镇化过程中的地位及作用——以江

苏省的实践为例［J］.科技视界，2018（23）：99—101.

［62］曹姗姗，白先春.农村新型城镇化进程中的地方政府行为［J］.税务与经济，2016（01）：34—37.

［63］苏日贺，卜荣.乡村振兴与新型城镇化互促交融发展对策研究［J］.山西农经，2022（20）：53—55.

［64］李国平，孙瑀.以人为核心的新型城镇化建设探究［J］.改革，2022（12）：36—43.

［65］杨正海.黔东南为生态留白给山水留位［J］.当代贵州，2022（08）：56—57.

［66］敖以深.在山地流域新型城镇化上闯新路［J］.当代贵州，2022（09）：74—76.

［67］刘鹏发，杨冰洁，周华金，等.基于规划管理者视角的浙江省平阳县新型城镇化发展的若干思考［J］.广西城镇建设，2022（09）：65—70.

［68］程芳.开启新型城镇化发展新格局［J］.经济，2021（01）：134—135.

［69］黄娅，张李楠，刘悦.优化新型城镇化发展格局［J］.当代贵州，2021（02）：30—31.

［70］许青云.沿黄地区推进新型城镇化高质量发展的探索——以河南焦作市为例［J］.经济研究导刊，2021（07）：130—132.

［71］管云.山地特色新型城镇化高质量发展［J］.当代贵州，2021（12）：48—49.

［72］袁绍阳.新型城镇化优化人居环境［J］.当代贵州，2022（16）：36—37.

［73］任喜萍.高质量发展阶段基本公共服务供给与新型城镇化质量研究［J］.城市问题，2022（06）：16—26.

［74］郭江姚，徐宁.新型城镇化背景下推动甘肃省公共服务发展的路

径选择——以陇南市碧口镇为例［J］.新西部，2022（07）：124—126.

［75］倪逸丰.新型城镇化建设中公共服务均等化的政府职能发挥研究［J］.公关世界，2022（16）：173—174.

［76］曾繁荣，李玲蔚，贺正楚，等.基本公共服务水平与新型城镇化动态关系研究［J］.中国软科学，2019（12）：150—160.

［77］赵永平，王可苗.公共服务供给、空间溢出与新型城镇化发展质量［J］.经济体制改革，2020（02）：53—59.

［78］李巍.新型城镇化视域下县级政府职能转变的困境与对策［J］.行政与法，2018（12）：35—41.

［79］珞佳.新型城镇化建设再加速［J］.群众，2019（08）：41.

［80］何玲玲，区小兰.易地扶贫搬迁与新型城镇化协调发展：广西的实践表述［J］.广西师范学院学报（哲学社会科学版），2019（04）：90—96.

［81］胡宏昆.易地扶贫搬迁与新型城镇化融合发展研究——以青海海北州为例［J］.武汉冶金管理干部学院学报，2019（03）：6—9.

［82］李萍.新型城镇化进程中基层社会治理的创新——以晋江市为例［J］.辽宁行政学院学报，2015（03）：62—65.

［83］米恒.新型城镇化进程中基层社会治理创新研究［J］.理论建设，2017（06）：78—83.

［84］景立新.新型城镇化背景下基层社会治理的创新路径［J］.农村经济与科技，2019（05）：240—241.

［85］康丽丽，唐庆鹏.新型城镇化背景下基层社会治理创新的实践与思考——基于K市J镇的基层经验［J］.农村经济与科技，2017（24）：232—233.

［86］袁绍阳.新型城镇化优化人居环境［J］.当代贵州，2022（16）：36—37.

［87］任喜萍.高质量发展阶段基本公共服务供给与新型城镇化质量研

究〔J〕.城市问题，2022（06）：16—26.

［88］郭江姚，徐宁.新型城镇化背景下推动甘肃省公共服务发展的路径选择——以陇南市碧口镇为例〔J〕，2022（07）：124—126.

［89］倪逸丰.新型城镇化建设中公共服务均等化的政府职能发挥研究〔J〕.公关世界，2022（16）：173—174.

［90］曾繁荣，李玲蔚，贺正楚，等.基本公共服务水平与新型城镇化动态关系研究〔J〕.中国软科学，2019（12）：158—160.

［91］赵永平，王可苗.公共服务供给、空间溢出与新型城镇化发展质量〔J〕.经济体制改革，2020（02）：53—59.

［92］马佳敏.长春经济圈县域土地资源网络结构及其空间配置优化研究〔D〕.长春：吉林大学，2021.

［93］郑陈柔雨.吉林省中部城市群经济联系及空间格局研究〔D〕.北京：中国科学院大学（中国科学院东北地理与农业生态研究所），2021.

［94］李琼，朱延福.推进结构性改革以促进经济稳定增长〔J〕.金融与经济，2015（05）：37—96.

［95］杨青山，江孝君，刘鉴.区域城镇化空间格局优化路径与实践——以吉林省为实证〔J〕.经济地理，2020，40（05）：10—18.

［96］车宇彤.吉林省县域经济空间格局演变研究〔D〕.长春：吉林大学，2020.

［97］徐明.我国产业结构动态化变迁与服务化的实证研究——基于VAR模型〔J〕.商业经济研究，2017（02）：31—33.

［98］吕添贵，汪立，陈小倩，等.鄱阳湖地区"五化"协同效应、空间差异及优化路径研究〔J〕.东华理工大学学报（社会科学版），2021，40（03）：222—229.

［99］祖国，李诚固，张婧.公主岭–长春同城化：都市区中心–边缘型同城化研究〔J〕.东北师范大学学报（哲学社会科学版），2013（01）：212—214.

［100］李平.吉林省推进生态城镇化建设的现状、问题和对策研究
［J］.经济视角，2018，272（05）：1—6.

［101］叶亚丽，张鹏，胡宇鑫，等.吉林省空间结构优化研究——吉林
中部城镇群与长吉图开发开放先导区的空间一体化组织［J］.哈尔滨师范大
学自然科学学报，2017，33（05）：94—99.

［102］支航.吉林省资源型城市绿色转型方式与机制研究［D］.长
春：东北师范大学，2017.

［103］刘继斌，徐伶利，张春丽.吉林省城镇化空间策略与空间结构
构建研究［J］.铜陵学院学报，2012，11（05）：105—108.

［104］庄雨适，段丽杰.吉林省自然生态环境"十四五"规划重点任
务设置思路［J］.中国科技信息，2021，655（14）：99—100.

［105］王媛，庄雨适，孙大光，等.吉林省生态保护红线分布特征
及其监管体系研究［J］.东北师范大学学报（自然科学版），2021，53
（02）：108—115.

［106］李秋雨，朱麟奇，王吉玉.全域旅游背景下吉林省旅游业-经
济-社会-生态环境协调性研究［J］.地理科学，2020，40（06）：948—
955.

［107］周兰兰.吉林省城镇化与生态环境协调发展测度及对策研究
［D］.长春：吉林财经大学，2020.

［108］宋鸽.吉林省东部绿色转型发展区空间布局研究［D］.长春：
吉林大学，2015.

［109］张赢月.吉林省辽河流域生态安全预警与调控措施研究［D］.
长春：吉林大学，2017.

［110］孙颖.吉林省东南部山区推进生态城镇化发展战略研究［D］.
长春：吉林建筑大学，2017.

［111］郭艳花，梅林，佟连军.产业集聚对绿色发展效率的影响
机制——以吉林省限制开发区为例［J］.地理科学，2020，40（09）：

1484—1492.

［112］徐昌贵.吉林省东部绿色转型发展区旅游产业发展现状及对策分析［J］.通化师范学院学报，2017，38（09）：41—47.

［113］万宇佳.振兴东北战略背景下吉林省产业结构变迁对经济增长影响研究［J］.经济视角，2020，284（05）：56—63.

［114］张诗琦，李广全.产业结构与城镇化时空耦合关系研究——以吉林省为例［J］.东北师大学报（自然科学版），2020，52（01）：144—152.

［115］刘威.吉林省产业结构转型升级问题研究——基于产品空间视角［J］.长春工程学院学报（社会科学版），2019，20（03）：25—28.

［116］刘晓飞.吉林省产业结构调整与低碳转型对策研究［D］.长春：长春理工大学，2018.

［117］2020年农民工监测调查报告［R/OL］.（2021-04-30）.http://www.stats.gov.cn/tjsj/zxfb/202104/t20210430_1816933.html.

［118］2021年农民工监测调查报告［R/OL］.（2022-04-29）.http://www.stats.gov.cn/tjsj/zxfb/202204/t20220429_1830126.html.

［119］陈彬.我国城乡基本公共服务均等化的路径选择［EB/OL］.（2017-08-21）.http://www.sic.gov.cn/News/455/8383.htm.

［120］崔维利，袁松年.深度融入"长春经济圈"——我省实施"一主、六双"高质量发展战略之"双协同"篇（下）［N］.吉林日报，2021-11-14（01）.

［121］邓珂.长春市九台区：深化土地制度改革推动乡村振兴发展［N］.吉林日报，2021-04-09（08）.

［122］丁焕峰，张蕊，周锐波.城市更新是否有利于城乡融合发展？——基于资源配置的视角［J］.中国土地科学，2021（9）：84—93.

［123］董静媚."十四五"时期东北振兴取得新突破的发展思路［J］.区域经济评论，2021（3）：136—142.

［124］段龙龙.新型城镇化与乡村振兴协同发展路径：逆城镇化视角［J］.现代经济探讨，2021（5）：10—16.

［125］范斯义，刘伟.科技创新促进城乡融合高质量发展作用机理及实践路径［J］.科技管理研究，2021（13）：40—47.

［126］冯超.争当现代农业建设排头兵——吉林省实施乡村振兴战略综述［N］.吉林日报，2021-08-11（01）.

［127］冯兴元，鲍曙光，孙同全.社会资本参与乡村振兴和农业农村现代化——基于扩展的威廉姆森经济治理分析框架［J］.财经问题研究，2022（1）：3—13.

［128］关于长春市"十四五"期间全面实施乡村振兴战略思路举措的研究［EB/OL］.（2021-10-06）.http：//nw.changchun.gov.cn/dcyj/zdkt/202111/t20211118_2939878.html.

［129］韩东朔，谷妍颖，唐传亮.抓好县域发展关键环节着力推动县乡共同繁荣［EB/OL］.（2021-12-17）.http：//fzzx.jl.gov.cn/yjcg/yjcg_294700/202112/t20211217_8325585.html.

［130］何爱平，李清华.新中国成立70年来我国城乡居民收入差距历史变迁与未来展望［J］.经济纵横，2019（10）：16—23.

［131］何立峰.全面振兴东北地区等老工业基地的行动纲领［J］.中国经济导刊，2016（19）：5—7.

［132］华泰来.新基建激发新动能——我省加快新型基础设施建设走笔［N］.吉林日报，2022-02-11（01）.

［133］黄桦，张文霞，崔亚妮.转型升级背景下开发区产城融合的评价及对策——以山西为例［J］.经济问题，2018（11）：110—114.

［134］吉林省第七次全国人口普查公报（第一号）［R/OL］.（2021-05-24）.http：//tjj.jl.gov.cn/tjsj/tjgb/pcjqtgb/202105/t20210524_8079008.html.

［135］吉林省第七次全国人口普查公报（第三号）［R/OL］.（2021-05-24）.http：//www.jl.gov.cn/sj/sjcx/ndbg/pcgb/202105/

t20210524_8079110.htm.

［136］解读：吉林省公共服务设施重点调研情况［EB/OL］.
（2020-04-16）.http：//tjj.jl.gov.cn/tjsj/sjjd/202004/t20200416_7116791.
html。.

［137］吉林省"十三五"时期新型城镇化取得明显成效［EB/OL］.
（2021-11-30）.http：//jldrc.jl.gov.cn/fzgz/202111/t20211130_8305176.
html.

［138］贾大猛，张正河.以城乡要素流动推进新型城镇化高质量发展
［J］.国家治理，2020（36）：3—5.

［139］李春生.我国产业结构演进与城市化协调发展研究［D］.北
京：首都经济贸易大学，2016.

［140］李道亮.我国数字乡村建设的重点、难点及方向［J］.国家治
理，2021（20）：23—28.

［141］李建伟.新时期我国县域经济发展的战略意义、主要挑战与路
径选择［J］.重庆理工大学学报（社会科学版），2016（30）：1—6.

［142］李路昭.吉林省产业小镇培育建设的新战略、新特点［EB/
OL］.（2020-01-15）.http：//fzzx.jl.gov.cn/yjcg/yjcg_2020/202001/
t20200115_6542264.html.

［143］李宁.推进长平区域产业协同共建取得突破［EB/OL］.
（2020-12-02）.http：//fzzx.jl.gov.cn/yjcg/yjcg_2020/202012/
t20201202_7802268.html.

［144］李清均.新时代东北振兴战略：本质、机理与路径［J］.哈尔滨
工业大学学报（社会科学版），2020（5）：143—151.

［145］李振军，刘怀，张鹤.一廊贯东西药香传万里——我省实施
"一主、六双"高质量发展战略之"双廊"篇（下）［N］.吉林日报，
2021-11-05（01）.

［146］刘俊俊.对吉林省新阶段"三农"工作的几点建议［EB/

OL〕.（2021-03-10）.http：//fzzx.jl.gov.cn/yjcg/yjcg_294700/202103/t20210310_7962175.html.

〔147〕刘泉波，刘怀，李晓静.鲲鹏展翅功初成——长春市落实"一主、六双"高质量发展战略纪实之三〔N〕.吉林日报，2021-09-20（01）.

〔148〕刘泉波，栾哲，华泰来.长春市落实"一主、六双"高质量发展战略纪实〔N〕.吉林日报，2021-09-06（01）.

〔149〕刘双双，段进军.协调推进乡村振兴与新型城镇化：内在机理、驱动机制和实践路径〔J〕.南京社会科学，2021（11）：47—55.

〔150〕刘威，张丹.东北振兴再出发：从问题思维到优势视角〔J〕.经济纵横，2022（3）：157—166.

〔151〕刘依杭.新时代乡村振兴和新型城镇化协同发展研究〔J〕.区域经济评论，2021（3）：58—65.

〔152〕罗敏.乡村振兴战略的五重逻辑：一个城乡共生的视角〔J〕.学习论坛，2020（2）：34—41.

〔153〕孟凡明，徐岩.长春坚定不移推进重大项目建设纪实〔N〕.吉林日报，2021-08-20（01）.

〔154〕孟宪平，李路昭.新形势下推动吉林省县域经济发展研究〔EB/OL〕.（2018-04-19）.http：//fzzx.jl.gov.cn/jcck/jcck_2018/201804/t20180419_3757311.html.

〔155〕聂芳芳，万双.绘制民生画卷点亮幸福生活——"十三五"我省保障和改善民生工作综述〔N〕.吉林日报，2021-03-04（01）.

〔156〕裴雨虹，孙东旭.扎实推进蓄力提升繁荣发展——吉林省公共文化服务亮点扫描〔N〕.吉林日报，2021-02-10（06）.

〔157〕任碧云，郭猛.我国新型城镇化高质量发展的策略研究〔J〕.经济纵横，2021（5）：110—116.

〔158〕盛广耀.中国城乡基础设施与公共服务的差异和提升〔J〕.区域经济评论，2020（4）：52—59.

［159］万双.吉林：从"打工经济"向"创业经济"转变［N］.吉林日报，2021-08-22（01）.

［160］王亮，李亚东，孟凡明.长吉大地起宏图——我省实施"一主、六双"高质量发展战略之"双协同"篇（上）［N］.吉林日报，2021-11-10（01）.

［161］王亮，潘锐，米韵熹.一子落定激活满盘——我省实施"一主、六双"高质量发展战略之"双基地"篇（上）［N］.吉林日报，2021-11-07（01）.

［162］王亮，赵广欣，华泰来.工业走廊锻造振兴之翼——我省实施"一主、六双"高质量发展战略之"双廊"篇（上）［N］.吉林日报，2021-10-27（01）.

［163］王亮，赵广欣，杨悦.瀚海中点亮"能源之光"——我省实施"一主、六双"高质量发展战略之"双基地"篇（下）［N］.吉林日报，2021-11-09（01）.

［164］王剑.小城镇建设：实践、困境与建设思路［J］.城市观察，2014（4）：79—86.

［165］王士君，马丽.基于宏观形势和地域优势的"十四五"东北振兴战略思考［J］.地理科学，2021（11）：1935—1946.

［166］王世雪.改革开放以来党关于东北振兴战略实施的政策演变研究［D］.长春：东北师范大学，2021.

［167］王旭，杨晓艳，陶连飞.潮涌白山松水间——我省实施"一主、六双"高质量发展战略之"双带"篇（上）［N］.吉林日报，2021-10-30（01）.

［168］王一.建国以来东北振兴与城镇化发展战略研究［D］.长春：吉林大学，2016.

［169］王一.新一轮东北振兴战略促进区域新型城镇化发展［J］.学术交流，2018（4）：107—113.

〔170〕王玉珍.吉林省特色城镇化与产业结构协调发展研究〔D〕.长春：吉林财经大学，2021.

〔171〕魏博通.中国城乡产业融合的发展模式与实现路径〔J〕.农业经济，2020（2）：93—95.

〔172〕吴先华，曹宏伟，陆晓征.产城融合的科学内涵及发展策略〔J〕.科学与管理，2018（8）：66—71.

〔173〕县域城乡融合发展问题研究报告〔R/OL〕.（2021-12-23）. http：//www.zcggs.moa.gov.cn/zcyggww/202112/t20211223_6385380.htm.

〔174〕肖兴志，张伟广."授之以鱼"与"授之以渔"——首轮东北振兴政策的再思考〔J〕.经济科学，2019（3）：54—66.

〔175〕许欣.东北振兴战略演进轨迹及其未来展望〔J〕.改革，2017（12）：15—24.

〔176〕颜丙峰.产城融合发展的现实考量与路径提升——以山东省产城融合发展为例〔J〕.山东社会科学，2017（5）：184—188.

〔177〕闫虹瑾.浓墨重彩谱华章——吉林省推进率先实现农业现代化发展工作综述〔N〕.吉林日报，2020-10-09（01）.

〔178〕阎红玉.一天不耽误一户不落下一亩不撂荒——吉林省脱贫户监测户备春耕生产进展顺利〔N〕.农民日报，2022-04-25（03）.

〔179〕杨华.论以县域为基本单元的乡村振兴〔J〕.重庆社会科学，2019（6）：18—32.

〔180〕杨梦洁.数字经济驱动城乡产业链深度融合的现状、机制与策略研究〔J〕.中州学刊，2021（9）：28—34.

〔181〕杨嵘均.论新型城镇化与乡村振兴战略的内在张力、政策梗阻及其规避〔J〕.南京农业大学学报（社会科学版），2019（5）：24—31.

〔182〕杨荫凯，刘羽.东北地区全面振兴的新特点与推进策略〔J〕.区域经济评论，2016（5）：85—93.

〔183〕杨悦.绘就幸福生活新图景——吉林省"十三五"脱贫攻坚历程

回眸［N］.吉林日报，2021-02-02（01）.

［184］叶超，于洁.迈向城乡融合：新型城镇化与乡村振兴结合研究的关键与趋势［J］.地球科学，2020（4）：528—534.

［185］伊秀丽，万玮，李樾.交得其道千里同好——我省实施"一主、六双"高质量发展战略之"双线"篇（上）［N］.吉林日报，2021-11-01（01）.

［186］伊秀丽，万玮，李樾.起笔恢弘，西线如此多娇——我省实施"一主、六双"高质量发展战略之"双线"篇（下）［N］.吉林日报，2021-11-03（01）.

［187］张红宇.缩小城乡收入差距促进农民富裕富足［EB/OL］.（2021-03-10）.http://nynct.henan.gov.cn/2021/03-10/2106915.html.

［188］张力军.黑土地上的旗帜——吉林省现代农业园区建设工作综述［N］.吉林日报，2018-06-29（05）.

［189］张力军.坚决扛稳粮食安全重任——我省实施"一主、六双"高质量发展战略之"双带"篇（下）［N］.吉林日报，2021-10-31（01）.

［190］赵广欣，杨悦.全面实施"一主、六双"高质量发展战略述评［N］.吉林日报，2021-08-16（01）.

［191］中国宏观经济研究院国土开发与地区经济研究所课题组.面向2020年后促进新型城镇化与产业结构升级联动研究［J］.河北经贸大学学报，2021（3）：92—101.

［192］卓玛草.新时代乡村振兴与新型城镇化融合发展的理论依据与实现路径［J］.经济学家，2019（1）：104—112.

［193］邹鹏亮.大道如虹通衢畅如添飞翼强发展——聚焦吉林省"双通道"建设［N］.吉林日报，2021-11-04（05）.

后　记

　　在吉林省社会科学院"吉林振兴丛书"编委会的总体指导下，在吉林省社会科学院城市发展研究所的大力支持下，《东北振兴与吉林新型城镇化》一书几易其稿终于得以付梓。在一年多的编撰过程中，本书作者通力合作，通过查阅大量文献，专家座谈、走访调查等多种调研方法，历经多次修改完善，终于顺利完成书稿。本书基于新型城镇化发展的理论基础和实践借鉴，结合东北振兴大环境建设进程，系统阐述了吉林省新型城镇化的发展和人口、资源、经济、制度等各维度特征，全面分析了吉林省新型城镇化发展的动力机制、路径对策，对于揭示城镇化发展规律，明确发展方向，制定吉林省发展战略，实现城乡协调统筹和区域一体化进程具有一定的指导意义。

　　借此之际，向以下人员表示衷心感谢。一是感谢吉林省社会科学院（会）党组领导及编委会专家，特别感谢丁晓燕研究员，在本书编撰过程中——从提纲制定到反复修稿——给予的悉心指导；二是感谢城市发展研究所崔岳春所长及所内各位同仁的支持和帮助；三是感谢吉林省社会科学院科研管理处的工作人员，他们为本书的编撰、出版等事宜做了大量的协调工作；四是感谢出版社编辑和相关人员的辛苦付出，正是他们最终让本书得以正式出版。

　　新型城镇化建设是一个长期、持续的发展过程，改革开放以后，尤其是国家实施东北老工业基地振兴战略以来，吉林省的城镇化建设取得了巨大成就。本书通过分析，提出近年来影响吉林省城镇化进程的主要推动力为经济的长期稳定增长，产业结构的优化升级和城乡基础设施建设的不断发展等方面，探寻新型城镇化发展模式，提升城镇化发展质量，走出一条集约、智能、绿色、低碳，并且具有区域特色的新型城镇化发展道路。在本书的撰写过程中，查阅和借鉴了诸多专家、学者的学术成果并在参考文献中列出，但仍恐有疏漏，在此表示衷心歉意并恳求谅解。最后，竭诚希望阅读本书的朋友们提出宝贵建议。

2023年9月